ブランディングの科学

独自のブランド資産構築篇

BUILDING
DISTINCTIVE
BRAND ASSETS

JENNI
ROMANIUK

㊔ジェニー・ロマニウク
㊞前平謙二 ㊗加藤 巧

朝日新聞出版

BUILDING DISTINCTIVE BRAND ASSETS

BUILDING DISTINCTIVE BRAND ASSETS was originally published in English in 2018.
This translation is published by arrangement with Oxford University Press.
Asahi Shimbun Publications Inc. is solely responsible for this translation from the original work and Oxford University Press shall have no liability for any errors, omissions or inaccuracies or ambiguities in such translation or for any losses caused by reliance thereon.

謝辞

Acknowledgement

本書を執筆するにあたり、独自のブランド資産に対する私の思いを快く受け入れてくれた友人、家族、同僚に感謝します。本書が出版されたとき、私以上に喜んでくれました。本当にありがとうございます。また、本書の出版を実現するために協力してくれた共著者のウィルとエラ、私のやる気を最後まで持続させてくれたマグダ、私が最も得意とすることに集中できるよう管理業務を引き受けてくれたエルクとリズには特に感謝します。研究室の同僚アルフィーとハニーにも感謝しています。2人は、1日に最低でも2回は日の光を浴びなさいと言ってくれました。最後になりましたが、この研究で提起された問題の解決を応援して下さったクライアントの皆様、そしてエビデンスに基づいた強固なマーケティング戦略の構築にご協力いただいたアレンバーグ・バス研究所の研究者と協力スポンサーの皆様にも感謝いたします。

目次

Contents

序文

Forward

江崎グリコ株式会社　執行役員
上海江崎格力高食品有限公司　総経理
加藤 巧

本書『ブランディングの科学　独自のブランド資産構築篇』は、南オーストラリア大学のアレンバーグ・バス研究所でマーケティングの科学的研究に従事するブランディングの専門家、ジェニー・ロマニウク氏が著したものです。前著『ブランディングの科学　新市場開拓篇』（バイロン・シャープ氏と共同執筆）の第5章「独自のブランド資産を強化する」を一冊の書籍としてまとめ直し、詳細に解説したスピンオフ版と言えます。徹底したエビデンスと調査結果に基づいたファクトをベースに、独自のブランド資産を構築することの重要性を示し、その具体的な構築の仕方を指南しています。

今回のテーマは〈独自のブランド資産の構築の方法〉です。マーケターなら誰しも、この〈独自のブランド資産〉を築くことを目標に日々奮闘されていることと思います。本書ではその方法について説得力のある解説がなされています。まずブランドの構成要素がどのくらいブランド名と結び付いているかを〈知名度〉として計測し、次にその知名度がどのくらい競合ブランドに対して優位さを持つかを〈独自性〉として数値化し、そしてその二つのメトリックスでブランドの独自資産の強さを表し、具体的なブランド資産構築の方法を提案していきます。膨大なデータベースを駆使して、さまざまなブランドの構成要素のうち、どの要素がブランド資産になれる確率が高いかも検証されており、ブランド資産構築の実践的ガイドとして活用できます。

そもそも、独自のブランド資産とは何でしょうか。消費者（購買者）がブランドを構成する何らかの要素を見たとき、脳内の記憶を瞬時に手繰り寄せ、その記憶を司る神経ネットワークのリンクをたどり容易に周辺記憶を思い起こさせることを可能にさせるもの、それをブランドの資産と呼びます。ブランドの構成要素とは、具体的には、パッケージのロゴやフォントや色、製品の形状、広告に登場するセレブリティや音楽やタグライン等、ブランドを成立させているすべての要素のことを指します。ブランド資産が、しっかりブランドと関連付けられて記憶されているか、またその記憶と自ブランドとの結び付きがどれくらい強いかが問題となります。

たとえば、以下の文章を読んで具体的に想起されるブランドが何かあるでしょうか？

「手のひらに収まりの良い大きさの赤い色の紙パッケージ。その正面上方にアルファベット5文字で黄色のブランドロゴがアーチ状に配置され、その背後から製品シズルがパッケージ全体に散らばったように配置されている。箱を開封するときの音。紙箱の中の銀色の内袋を取り出し切り口を開け、焼き目の入った製品上部を手で一本摘む。一口食べるときのあの音。過去のＣＭに登場した歴代のアイドルや歌手、一緒に食べている情景、その時のＢＧＭやキャッチコピー……」。ブランドを特徴づけるこれらの要素の記憶が強ければ強いほど、また、それが他の競合ブランドとは一線を画した、当該ブランドにとって独自性の強い要素であればあるほど、購買シーンで消費者がそのブランドを想起する確率が競合ブランドより飛躍的に高まります。

私の中国での駐在生活ももうすぐ6年目を迎えます。新ブランドを発売するためにブランドのロゴを中国の消費者向けに中国語で新しく開発する、ブランドのリニューアルの企画にあわせて新しいパッケージデザインを検討する、消費者へのコミュニケーションの課題解決のために新しい広告キャンペーンを開発する、クリック率を向上させるためにＥＣサイトのキービジュアルを更新する、ＳＮＳでの露出を多く獲得することを狙った記事を作り込む、店頭での視認性をさらに向上させるために新しい販促物を開発する等々、日々の仕事すべてがブランド資産の構築だとも言えます。そしてその際、最も重要視していることが一貫性を維持することです。本書でもそれが極めて肝要であると指摘されています。まったく新しいことを試してみたくなる誘惑と常に戦いながらも、長きにわたり引き継がれてきたブランドの強力な独自の資産を意図的に継続使用していくことが特に肝心です。変えないところは頑固に変えない態度を貫き、過去からの一貫性を常に担保することが、猛烈なスピードで次々と新しい試みが行われているここ中国の市場では、何よりも重要であると日々感じています。

さて本書では、主流なマーケティング理論を神話やきれいごとと一蹴する気持ち良いほどのシニカルな論調と辛口な批評は、シリーズ前作や前々作と比較するとすっかり影を潜めました。それは、最初の著作から8年を経てこの『ブランディングの科学』シリーズも、今日の世界中のマーケティング界とそこで活躍する多くのマーケターに大いに支持されてきているからだと思います。実際私もその確かな手ごたえを感じています。

『ブランディングの科学』シリーズの前二作を邦訳出版した後に、たくさんの質問やコメントをいただきました。もっとも多かったのが、「法則やその理論はわかったが、これらは大ブランドになった後の特徴を後付けで説明しているだけに思え、すでに安泰な大ブランドや膨大な予算を持っている大ブランドを担当している人が引き続きブランドを育成していく知見としては役立ちそうですが、それ以外の小さなブランドを担当している多くの人や、これから新しいブランドを市場導入しようとしている人は具体的にどうしたら良いのかをもっと知りたい」と言う声でした。本書はまさにそのような声に応えるために出版されたと言っても過言ではありません。

著者ジェニー・ロマニウク氏の、経験と理論に裏打ちされた、ブランドの本質を的確に見通す鋭い見識と豊かな知識には、ただただ感服するしかありません。本書が日本のマーケターの皆さんにとってブランディングの唯一無二のバイブルとなり、無事に独自のブランド資産が構築され、そして日本の産業界が少しでも活気を取り戻すことに貢献できればと、著者同様に私も心から願っています。読後の余韻も冷めやらぬまま、早くもシリーズ第４弾の出版が待たれてなりません。

筆者紹介

ジェニー・ロマニウク
Jenni Romaniuk

南オーストラリア大学アレンバーグ・バス研究所のリサーチプロフェッサー兼アソシエイトディレクター。独自のブランド資産とメンタルアベイラビリティ戦略のパイオニア。研究分野はブランドヘルス指数、口コミ、広告効果などにまで及ぶ。How Brands Grow Part 2（オックスフォード大学出版；邦訳『ブランディングの科学 新市場開拓篇』）の筆頭著者でもある。そのブランディングと広告の質向上への熱い情熱で消費者の共視聴の脱習慣化に貢献している。

エラ・ウォード
Ella Ward

南オーストラリア大学アレンバーグ・バス研究所のシニアマーケティングサイエンティスト。専門は、ブランディング、メンタルコンペティション、ブランドアイデンティティデザイン、ブランドポートフォリオ管理、独自のブランド資産等の研究。甘党であり、ブランドリサーチと称してデスクの引き出しにいつもたくさんのチョコレートを集めていることで有名。

ウィリアム・カルーソ
William Caruso

南オーストラリア大学アレンバーグ・バス研究所のシニアマーケティングサイエンティスト。専門は、小売り業者の売り上げ向上のためのショッパー購買行動、インストア・マーチャンダイジング、視標追跡、フィジカルアベイラビリティなどの研究。マーケティングの知見の構築と教育に熱心である一方で、“ウィル・ザ・スリル”というニックネームを持つセミプロのカーレーサーでもある。週末になると、栄光の10番をつけたバギーカーでダートトラックのスピードウェイを駆け回っている。

序章

独自のブランド資産の構築といえば、ブランドのロゴやフォントや配色の開発が思い浮かぶだろう。特に、そろそろ変えどきだと思っていた（あるいはそう言われた）担当者にとってはなおさらだろう。

「マーケティングがまたロゴを変えた。金ばかり使っている。他に何か彼らにできる仕事はないのか？」

あるＣＦＯの独り言

人間の脳、記憶、購買行動の理解は進んだが、強固なブランドアイデンティティの構築は依然として伝統や通俗に基づく心理学、あるいは旧態依然としたブランド戦略に基盤が置かれている。専門書はどれも審美性を重視したブランドアイデンティティのデザインのエクササイズ、あるいはブランドのポジショニングに着目しがちである。これではまるで、ブランディングの努力に有効期限のスタンプを押すようなものだ。

判断を誤って葬り去られた多くのロゴ、キャラクター、パッケージデザイン、キャッチコピーが、残念ながらどこかで眠っていることだろう。マーケティングが学問として確立されるためには、ブランドマネジメントの最前線の意思決定を支える確固たるエビデンスが必要だ。本書の出版にあたり、私は、リソースを枯渇させるようなロゴ開発や（Gapなど）パッケージ変更など（トロピカーナなど）、消費者にはまったく必要のないよくありがちな誤りを減らしたいと思っている。このような変更はブランドとマーケターの信頼を損なうだけだ。私は、マーケターがブランドのアイデンティティを活用して、まだ開発されていないブランド資産の価値を高めることに本書が役立つことを願っている。

『ブランディングの科学　独自のブランド資産構築篇』は、強固なブランドアイデンティティを構築するための長期的戦略の策定の一助となるであろう。本書の中で、強固な資産を構築し保護するために必要なブランド知識、メトリックス（指標）、管理システムについて詳しく解説する。

独自のブランド資産構築に特化

オックスフォード辞典の定義によれば、distinct（＝独自の）には2つの意味がある。

1. 同種のものよりも明らかに異なる性質を持つ
2. 感覚的に区別しやすい

この2つの定義は、カテゴリー購買客の記憶にブランドを呼び起こすきっかけとなるブランド名以外の要素、特に独自のブランド資産を考えるうえで重要だ（Romaniuk, 2016b, Sharp & Romaniuk, 2010）。

独自のブランド資産がブランドのアイデンティティを作り上げている。そしてそれを人は感じている。独自のブランド資産は企業が世界に向けてブランドを発信し続けてきた結果の産物だ。しかし、マーケターの行動のすべてが独自のブランド資産を効果的に構築できるわけではない。忘却やメンタルコンペティションの壁を乗り越えられた行動だけが、カテゴリー購買客に永続的なインパクトを与えることができる。本書『ブランディングの科学 独自のブランド資産構築篇』では、これらの壁を乗り越える方法を学ぶ。

本書で扱うインサイト[1]は、脳、記憶、マーケティング、メディアに関する実証的な研究から得られたものだ。新しい研究結果も載せており、独自のブランド資産を開発する方法についての理解をさらに深めることができるであろう。

心のこもった質問をしてくれたクライアントや同僚に感謝の意を申し上げる。本書の内容や構成の多くはこれらの質問に基づいている。事例を提供してくださったマーケターの皆様にも感謝の意を申し上げたい。私が発見した、過ちを例証するために引用したブランドのマーケティング担当者の方々には、不快な思いをさせてしまうことを事前にお詫びしたい。私の意図は不快感を与えることではなく筋道を示すことだ。皆さんのブランドだけが誤っているのではなく、単に私がその解説を書いたときに、そのトピックにメンタルアベイラビリティ（想起されやすさ）のあったブランドとして選んだだけなので、ご安心いただきたい。選ばれたということは、皆さんのブランドのマーケティング活動が、雑然とした私の頭の中に入り込んできたということであり、ある意味では称賛に値するとご理解いただきたい。しかも無料でブランドを紹介することができた。

ブランディングの活動を評価しよう

ブランディングは芸術なみに称賛され、ブランディングの科学は崇拝されている。しかし、ブランディングの実際の活動が高く評価されることはほとんどない。本書は、ブランディングをもっと上手に実践したいと思っている人たちのために書いた。200メートル走のタイムを上げようと思えば、ランナーは歩幅や食事、トレーニング方法などの重要な項目に修正を加える。しかしトップランナーはすべてを変えようとはしない。重要な部分に注目する。これと同じように、独自のブランド資産を構築するためにもっとも重要な側面を理解することで、自分の取り組みを向上させることができる。本書では、好機を生かし、必要に応じて進化し予測するための、またそうすることで隠れた地雷を回避するための効果的な戦略と戦術を、効果的でない戦略や戦術とも併せて紹介する。

もし本書の良さがわからなければ……

ブランドアイデンティティをテーマにした本はさまざまな方面から批判を受けることになる。マーケターや広告代理店、学者仲間と話し合っているうちに、3つの論点が浮かび上がってきたので、それについて自分の考えを述べたいと思う。

1．ブランド担当者が、クリエイティブマジックを奪うルールを作っている

デザインなどの領域に踏み込むと、アートかサイエンスかの論争が顕著になる。私の目的は創造性を阻害することではなく、創造性が成功するための最高の機会を引き出せるように、両者の運用上の境界を明確にすることだ。この境界線を作ったのは私ではないので、私を責めないでいただきたい。私たちの頭脳、環境、競合他社の行動から生まれたものだ。無視しても、境界がなくなることはない。本書は、これらの課題をより良く理解することが、より良い対処法につながるという前提に基

づいている。

2. ブランド担当者が、明確さに欠ける指示を出している

ブランドのアイデンティティを構築するために、塗り絵を塗るような型どおりのアプローチを求めているのであれば、あなたはきっと失望することになるだろう。私はいくつかの明確な戦術的ガイドラインを提供しているが、その目的は、十分な情報と根拠に基づいた判断を行うためのヒントをあなたに提供することであり、あなたに代わってその決定を行うことではない。強力な独自のブランド資産に続く王道はない。努力すべきことは、正しい道を前に進むこと、そして余計な雑音に気を取られず地味な鍛錬を続ける必要がある。そこに華やかさはない。リチウムの利用がその良い例だ。リチウムの価値は非常に高いが、それは、リチウムがダイヤモンドのようにキラキラしているからではなく、誰もが必要とする充電式電池に不可欠な成分だからだ。大きくて派手で輝くものは注目を集める。しかし、効果的な独自のブランド資産の戦略の多くは、一貫性のある優れたエグゼキューション（プランの実行やコンセプトの具体化・表現化）を追求するという、舞台裏的地味な学識の探求に根ざしている。

3. ブランド担当者が、変化の激しい世界に対応できる戦略を採用していない

変化の不思議な点は、変化が起こること自体ではなく、激しい変化に直面しても不変であり続けようとする人の能力だ。たとえば、ある研究によると、宝くじ当選者の幸福度は急上昇した後にすぐに元に戻ってしまうことがわかっている（Brickman, Coates & Janoff-Bulman, 1978）。新しい状況に直面したとき、人の脳は反発するのではなく適応する傾向がある。私たちのブランディング戦略も環境の変化に対応しなければならない。たとえば、汎用性のあるブランディング戦略よりも、携帯電話ではどう使うかといった個別の戦略にかなう独自のブランド資産を使うほうが良いときなどだ。ここで紹介するフレームワークは、予想もしていないような新しい状況にも対応できるように設計されている。優れたブランディング戦略の第一歩は、適切な問いを立てることと考えてよい。本書では、それがどのような問いであるかをマーケターにわかりやすく解説した。

マーケターに期待すること

本書は大きく3つのセクションに分かれている。

第一部（1〜7章）では戦略面について解説し、「なぜ独自のブランド資産を作るのか？」という問いに答えている。このセクションでは、どのようにして独自のブランド資産が作られるのか、また、広範なブランド戦略の中での独自のブランド資産の役割について解説する。

第二部（8〜11章）では「自分の担当するブランドの独自のブランド資産がどれほど強固か」を測定する方法について解説する。加えて、測定方法、メトリクス（指標）、メトリクスの使用方法について説明する。

第三部（12〜19章）では「どの資産を選択すべきか？」という、資産の選択と実施について解説する。このセクションでは、資産の種類を説明し、独自のブランド資産パレットのアイデアを紹介し、セレブリティ（著名人）、タグライン、カラーアセットなどのさまざまなタイプの映像資産、およびオーディオ資産を検討する。また、ブランド資産を管理／監視して潜在的脅威が大きな問題に発展する前に特定する早期警告システムを構築するための、独自のブランド資産の管理システムの構築方法についても概説する。

各章は意図的に簡潔にまとめている。巻末の参考文献リストには、各トピックをより深く掘り下げるための豊富な資料が掲載されているが、何か特別な質問がある場合は私にご連絡いただきたい。本書はさまざまなテーマを簡単に見つけて理解できるよう編集に工夫しているので、実務で何か問題が発生したらそのつど参照していただきたい。ご意見やご質問は jenni@marketingscience.info、または LinkedIn までメッセージをお送りください。

ジェニー・ロマニウク

第1章

ブランド アイデンティティの 7つの重罪

ジェニー・ロマニウク

Chapter 1

The Seven Costly Sins of Brand Identity

古い格言によれば、地獄に通じる道は善意の石が敷き詰められている[1]。ブランドアイデンティティが脆弱であれば、たとえブランドのために良かれと思って取った行動であっても、独自のブランド資産の価値が地に落ちることはないにしても減じることがある。これから紹介する７つの重罪は、私が独自のブランド資産とブランドアイデンティティを調査したときに発見した、一般的な過ちについてまとめたものである。

プライド（pride：自負）

ブランドアイデンティティにおける〈プライド〉は、ブランドの売り上げの成長または衰退が独自のブランド資産に起因しているときに現れる。成長は新しいタグラインを導入したときやセレブリティを起用したときに起きると考えられている。一方、衰退は古くなって新鮮味に欠けるブランドアイデンティティが原因とされている。売り上げの落ち込みを修正するための行動を今まさに取りつつあるというシグナルをより広範囲（顧客、株主、役員、社員など）に発信したいとき、より広く認識されている独自のブランド資産が、変更すべき資産として格好の標的になりやすい。

ブランドの成功または失敗の原因を独自のブランド資産に求めると、２つの問題が生じる。最初の問題は、成長あるいは失敗の真の原因が見えないということだ。これでは正しい問題解決は行えないし、成功から学んでそれを生かすこともできない。2つ目の問題は、行わなくてもよい変更を行ってしまうことだ。その結果、ブランドの長期的アイデンティティが損なわれる可能性がある。

独自のブランド資産が重要であるためには、全能である必要はない。しかし、上手に活用するためにはその役割を正しく理解していなければならない。第3章から7章にかけて、独自のブランド資産が果たす役割とブランドの成長にもたらす貢献について考察する。

グラトニー（gluttony：過食）

〈グラトニー〉とは、過度に摂取することを意味する。ブランドのアイデンティティを改善しようとしてその内部構造に手を入れ過ぎると、その影響がブランドアイデンティティ上に顕在化する。ブランドアイデンティティをあちこちいじくり回しているうちにたくさんの切り傷ができ、1つひとつの傷が独自のブランド資産の強みを侵食し、やがてブランドアイデンティティをゆっくりと死に追いやる。そしてカテゴリー購買客はブランドを識別することが難しくなる。

ブランドアイデンティティに変更を加えたいという欲望を抑えるためには確固たる信念と自制心が必要だ。第2章で、記憶を作り、維持し、それにアクセスするときの私たちの記憶がどのように機能するのかを明らかにし、強固なブランドアイデンティティ構築のためにはなぜ一貫性が重要か、その理由を説明する。第18章では、独自のブランド資産を更新したいという誘惑に打ち勝つ方法を考える。

グリード（greed：貪欲）

〈グリード〉は、ブランドマネージャーが一度に多くの独自のブランド資産を作ろうとするときに顕在化する。１つひとつの独自のブランド資産は、競合ブランドの活動に負けないために構築し維持し続けなければならない大規模かつ長期的な投資だ。貪欲になって一度に多くの資産を構築しようとすると、各資産への力が分散し、開発するための十分なリソースを割くことができない。可能性を秘めた独自のブランド資産を優先すべきいくつかの資産に絞り込むことが、ブランドマネージャーに求められるもっとも重要な戦略的判断の1つだ。第13章と17章では、このプロセスで役立つカラー、タグライン、セレブリティなどの様々な資産の強みと弱みについて考察する。

スロス（sloth：怠惰）

〈スロス〉とは、独自のブランド資産を無視することをいう。記憶はやがて薄れていくものなので、ブランドが人々の記憶から忘れ去られないためには、独自のブランド資産の新鮮さを保つよう努力しなければならない。それを怠ると、独自のブランド資産は次第に強みを失い、それまでに積み上げた投資の価値が低下していく。第2章では記憶の減衰から免れるための方法について、第8章から11章では、独自のブランド資産の強みを評価するためのガイドラインおよびその方法について解説する。

ラスト（lust：欲望）

〈ラスト〉とは、今話題の有名人や最新のテクノロジーあるいは今シーズンの流行色などを、もっと良いものはないかと貪欲に求め続けることだ。最良のものを求め続けていると、新しい、まだ検証されていない資産に目移りし、古い、すでに確立された資産を無視することになる。新しい資産にリソースをつぎ込み過ぎると、既存の資産は弱体化し、競合ブランドの攻撃に耐えられなくなる。何よりも大切なことは、ブランドの現在の資産を理解してその価値を認めることだ。新しい資産を探すのは、それがブランドのポートフォリオ（保有ブランドの体系的集合）に何か新しい意味を付加するときだけだ。第12章で、リソースを枯渇させるような不要な重複が生じない、バランスの取れた資産の創造について考える。

ラス（wrath：怒り）

〈ラス〉は、資産の感情的側面や意味にとらわれてしまい、資産を持つことの目的、すなわちブランドを人々の心の中に確立することを忘れたときに表面化する。感情や付加的なより豊かな意味、またはその両者を資産選択の基盤とすることは、ブランドマネージャーを惑わすだけでなく、所有できない資産に投資することにつながり、さらに、感情面も意味上も中立な資産を選択することを怠り、ブランディングの道具としての約束事が増えてしまうだけである。この問題については、第2章でメンタルコンペティションについて考察するときに考える。第6章では、独自のブランド資産の選択の重要性について考察する。第16章では、これらの問題を独自のブランド資産としてセレブリティを起用するときの文脈の中で考える。

エンビィ（envy：羨望）

〈エンビィ〉とは、他人の所有物をむやみにほしがることをいう。これは、ブランドマネージャーやブランドデザイナーが独自のブランド資産に刺激を与えようとして競合ブランドに目を向けたときの、自社のブランドアイデンティティに現れる。模倣はもっとも誠実な追従の形だが、競合ブランドが方向転換を行ったときに自社ブランドがどの方向に進路を変えるべきかを知ることが、強い独自のブランド資産を構築するためには重要だ。また、競合ブランドがあなたのブランドを模倣しようとしているとき、他ブランドからのエンビィに上手に対処することも同様に重要だ。第10章では、独自性がないことの危険、および競合ブランドの成績が自社ブランドの資産構築に否定的影響をおよぼすときに警戒すべきことについて学ぶ。

贖罪（redemption：救済）への道

このような7つの罪は珍しいことではない。幸いなことに、独自のブランド資産の機能について基礎的な知識があれば、多くの罪を回避することが可能だ。以降の章で救済への道筋を示す。この旅が皆さんにとって貴重なものであれば幸いだ。

第2章

独自のブランド資産の構築

ジェニー・ロマニウク

Chapter 2

Creating Distinctive Brand Assets

本章は、テレビ番組にたとえるとそのパイロット版のようなものだ。パイロット版はそもそも番組の紹介を目的に制作されるが、それ以降の章を理解しやすくするための土台作りという役割も担っている。本章では、本書全体にわたって紹介している知見の基礎を説明する。独自のブランド資産について詳しく解説する前に、まず、ブランドはどのようにして誕生するのかといった基礎知識の解説からはじめよう。

ブランドはどこから生まれてくるのか？

あなたの知識の1つひとつは、記憶の中に広がるアイデアネットワークを結ぶ1つの結節のような存在だ。何かとはじめて出会うたびにそこに十分な注意を払えば、その出会いの経験が結節となり新しい知識につながる。新しく構築されたこの結節は単独では存在しない。既存の記憶ネットワークとともに存在する。このような人間の記憶は「記憶の集合連想ネットワーク理論」と呼ばれている（Anderson & Bower, 1979）。このネットワーク構築のプロセスが、ブランドが人の記憶の中でどのようにして生まれるのかを説明している（Keller, 1993）。

ウーバーというブランド名を最初に聞いたときのことを思い出してみよう。私もそうだったが、ウーバーという言葉は、おそらく別の概念とリンクするぼんやりとした概念として、すでにあなたの記憶の中に存在していたに違いない。私は〈ウーバー〉という言葉に、英語の〈スーパー〉に近い意味を持つドイツ語っぽい響きを感じていた。人々は徐々にウーバーという言葉にタクシーに近い概念を感じはじめ、ウーバーを、アイスクリームや銀行といったブランドではなく、主にタクシーや電車、バスなどが占める《料金を払う移動手段》という分類の中に加えるようになった。

あなたがモバイルアプリやタクシーなどで支払いを行うたびに、次第にあなたの記憶はブランド連想を増大させていく。これらの連想は広告に刺激を受けることもあれば、メディアから流れる情報や何気ない会話に刺激を受けることもある。おそらく、あなたはすでにウーバーに登録しておりウーバーを使ったことがあるだろう。そしてタクシーを予約するという経験を通じて具体的な連想を構築していることだろう。ウーバーを利用するたびに、個々の運転手よりも「運転手が親切」とか、待ち時間よりも「配車が早い」といった、1回1回の乗車体験がブランド連想に転換されていく（さらに詳しくはWinocur, Moscovitch & Bontempi, 2010を参照）。

私の最初のウーバー体験

私はウーバーを最初に体験した日のことを覚えている。ある日曜日の夜、友人とブルックリンからマンハッタンまで移動するのに車を手配した。ドライバーはダリルという男性で、黒のSUVを運転していた。ダリルが車によく乗せているという3人の女友達の話で盛り上がった。またダリルは、日曜日の夜遅い時間というのに空いているバーを見つけてくれた。

あなたが最初のウーバーを体験したのはいつだっただろうか。まだ使ったことがなければ、どんなカテゴリーでもいいので最初に使ったブランドのことを思い出してみよう。そしてそのときのブランド体験を、ふだんから使っているブランドと比較してみよう。詳しいことはあまり思い出せないかもしれない。それは、ふだん使っているブランドのほうが、具体的な使用体験が記憶ネットワークの中でしっかりと確立されているからだ。

ブランド連想にはさまざまな形がある。独自のブランド資産もその1つで、これがあることでブランドを認識しやすくなる。ブランドカラー（黒など）やフォント（FFクランなど）やアプリ画像などだ。広大な記憶ネットワークが構築されると、広告でブランドを見たときやどこかへ行く（空港へ行くなど）必要が生じたときなどに利用できるブランド知識が潜在意識下で蓄積されていく。

独自のブランド資産を連想させるブランド記憶を構築する

記憶とは、将来使うときのために記憶している過去の体験のことだ。過去の体験は必ずしも記憶する必要があるわけでない。映画『メメント』[1]の主人公のように、忘れないようにメモを書き、重要なことはタトゥーにして体に彫り込むこともできる。また他人に思い出してもらうこともできる。しかしこれらの方法は、脳と比較するとどれも簡便性と許容量の観点から効率が悪い。脳の効率には対価がつきものだ。それは誤って認識したり誤って記憶したりすることだ。これらの誤りは記憶の構築の大きな妨げとなり、脳を使う仕事につきまとう（Tulving & Craik, 2000）。

私たちは、タイ料理がおいしかったレストランの名前を覚えるなど、実用上の理由から記憶を蓄えることができる。また、ファーストキスの感触など、感情的な理由からも記憶を蓄えることができる。そうかと思えば、パスワードを何度も頭の中で繰り返して意識的に覚えようとすることもあれば、何かの拍子に無意識のうちにその記憶が定着してしまうこともある。関連情報を何度も頭の中で繰り返しているとその記憶は強化される。それでも記憶というものは当てにならないものであり、時間経過とともに忘れられがちである（Craik & Watkins, 1973）。

それにしても、なぜ人は独自のブランド資産を記憶しているのだろうか？　たとえば、スターバックスのロゴが丸い緑色の背景に白い女性というイメージであることを知ることは、私にとってどれほど意味のあることだろうか？　答えは簡単だ。私は今朝、コーヒーをゆっくり飲めるところを探して歩いていたのだが、カフェインを摂取する前のぼんやりした頭で多くの喫茶店の前を通り過ぎながら、道路標識を見るように探していたのはスターバックスのロゴだった。何も考える必要はなかった。カフェイン摂取前の私の頭が機能することはまれで、それは幸いだった。ちょうどそのとき、見覚えのあるものを発見した。

私のコーヒー体験は別にして、消費者にとっての、独自のブランド資産を記憶することのメリットは、それが実用的であることだ。将来ブランドをほしいと思ったとき、そのブランドを発見しやすくなる。購買客にとってもブランドにとっても、購買環境下で発見されやすい独自のブランド資産を持つことの価値は非常に大きい。

ここでいう購買環境とは、店内、店頭、街頭、モール、オンライン、携帯電話などのことをいい、独自のブランド資産はこれらの領域においてブランドの差別化のための、メンタルな近道としての重要な役割を担っている。しかし購買時間を短縮するために独自のブランド資産を知りたいという購買客の思いは小さく、強い力を持つには至っていない。またほとんどの購買客が買いたいブランドのレパートリーを持っており、その中で目立たないブランドはすぐに他のブランドに取って代わられる。したがって、たとえ探しているブランドが見つからなくても、代替ブランドで済むことが多いので、購買客が困ることはない（Sharp, 2010a）。ブランドが簡単には見つからないということは、競合ブランドに売り上げを奪われるということであり、ブランドはそれ以上の代償を払うことを意味する（購買環境におけるブランド資産については第5章を参照）。

一方、非購買環境は、消費者のブランド記憶構造を刷新して構築するために存在している（Ehrenberg et al, 2002）。具体的には、テレビやユーチューブ、ラジオなどのメディア、フェイスブックやインスタグラム、スナップチャットなどのソーシャルメディア、オリンピックやフードフェスティバル、音楽フェスティバルなどのイベントなどがある。これらの環境下での独自のブランド資産には、単なる購買関連の資産ではなくサウンドロゴやキャラクターなどの広告クリエイティブ関連のブランド資産も含まれる。これらの非購買環境下の消費者には、ブランドを特定する努力をするための明確な動機が存在しない。マーケターは代理店と協働して、いかなる状況においても際立つブランドの存在を構築しなければならない。

記憶のプロセスは気まぐれであるため、この協働作業は必要だ。日常の体験の多くが記憶に定着することはない。長期記憶は行われず忘れ去られてしまう。人が無意識に使っているアテンションフィルター（選択的注意）でブランドが確実に捉えられるように、マーケターは意識的に努力を行わなければならない。そして、独自のブランド資産がブランディングの仕事を果たすためには、これらの資産が購買客の記憶の中のブランドとリンクしていなければならない。つまり、独自のブランド資産が最初に形作られるためには、その独自のブランド資産とブランドがそもそも際立っていなければならないし、時間の経過とともにそのリンクを刷新していかなければならない。

独自のブランド資産は、ブランド名とブランド資産をどこにどのように配置すれば効果的か、マーケターのその秀逸な判断から生まれる。時間経過とともにブランド資産とブランドのリンクが強化され、ブランドが存在しない状況下であっても、独自のブランド資産が購買客の記憶の中にあるブランドを刺激する。またブランド資産とブランドとのリンクが構築されている人が多いほど、ブランドを想起できる購買客の数が多くなる。知名度（ブランド資産に接したときに何人の購買客がブランドを想起できるかの尺度）が独自のブランド資産の重要な尺度であるのはそのためだ（さらに詳しくは第9章を参照）。

新しい情報を記憶に定着させる

本章の冒頭で、新しい情報が記憶として定着するプロセスについて、また、新しいブランド体験は身近に感じられるブランド体験であるほど記憶ネットワーク内に定着しやすいことについて解説した。この記憶定着のプロセスの存在は、それが新しい情報の持つ意味に影響し、同時に新しい情報が記憶されるプロセスに影響するという点で重要だ。同様のプロセスが独自のブランド資産が形成されるときにも生じており、ブランド資産に関する情報を記憶の中に定着させるアンカー（錨《いかり》）としてのブランドの役割りがいかに重要かがわかる。どのような感覚刺激でも独自のブランド資産になれる可能性を持っている。すでに記憶の中に存在するブランド名をブランド資産にアンカリングする最初の重要なステップを引き起こさせる限り、視覚、聴覚、嗅覚、触覚など、どのような感覚でもよい[2]。アンカーの下ろし方次第でブランド資産の意味が決定するので、アンカリングは、独自のブランド資産が将来的にブランド名の代わりを務められるようになるためにも、また競合からブランド資産を窃取されないためにも重要である。ブランド資産をブランド名から切り離して使うことも可能だ。しかし、ブランド名とのリンクがなければ、競合ブランドが類似ブランドを発売したときに、購買客が自分でも気づかないうちに買いたいと思っていたブランドとは別のブランドを買うこともあり、これでは購買客が新規参入ブランドの戦略に影響を受けたのかどうかを見極めることは難しい。

毎日、世界中の人々が新しい記憶を形成している。すでに確立されたブランドの記憶であっても例外ではない。独自のブランド資産の記憶を生まれながらに持っている人は誰もいないので、マーケターは、ブランド資産を知らしめるための取り組みを積極的に行わなければならない。ブランドのアンカーとしての役割は極めて重要である。

記憶は周辺情報によって決定される

ブランド名とのリンクがいったん構築されると、独自のブランド資産は、ブランドの連想ネットワークおよびそれに付随する他の属性の中に存在することになる（Keller,1993）。たとえば、私の場合、アップルという言葉を思うときさまざまな思考が頭の中をめぐる。MacBook Pro、iPhone、Apple Watchなどの製品や、スティーブ・ジョブズ、マイケル・ファスベンダー、友人のバイロン・シャープなどの人物、コンピューター緊急対応のために数回行ったことのあるジーニアスバー、iTunesストアなどのサービス、ブランドロゴや白いヘッドホンなどの独自のブランド資産などだ。もちろん、アップルといえば脳の別の領域までも刺激を受けてデザートを連想し、そこからリンゴやアップルパイへと連想が広がる。

私たちの記憶ネットワークは、記憶や、想像、推測、さらに壊れた窓を修理する、運動後に水分を補給するなどの問題解決に至るまで、さまざまに役立っている。私たちは、無意識のうちに自分の心の奥深くに分け入って過去を観察し、現在の状況に応用できるものはないかと探している。もし何も見つからなければ、他の手段（OKグーグル！など）を利用するか、もしその問題の重要度が低ければ別の問題に移行する。

私たちは記憶するために記憶しているのではない。特別な目的があって記憶している。多くの場合、それは空腹、のどの渇き、自己表現欲などを満たすために何かを買うことであったり、あるいはもっと平凡なもの、たとえば床を掃除することであったりする。この、記憶には目的があるという考え方は重要だ。なぜなら、ある記憶が別の記憶よりも重要ということがあり得るからだ。すべ

図2-1　アップルに関する私の記憶連想ネットワーク

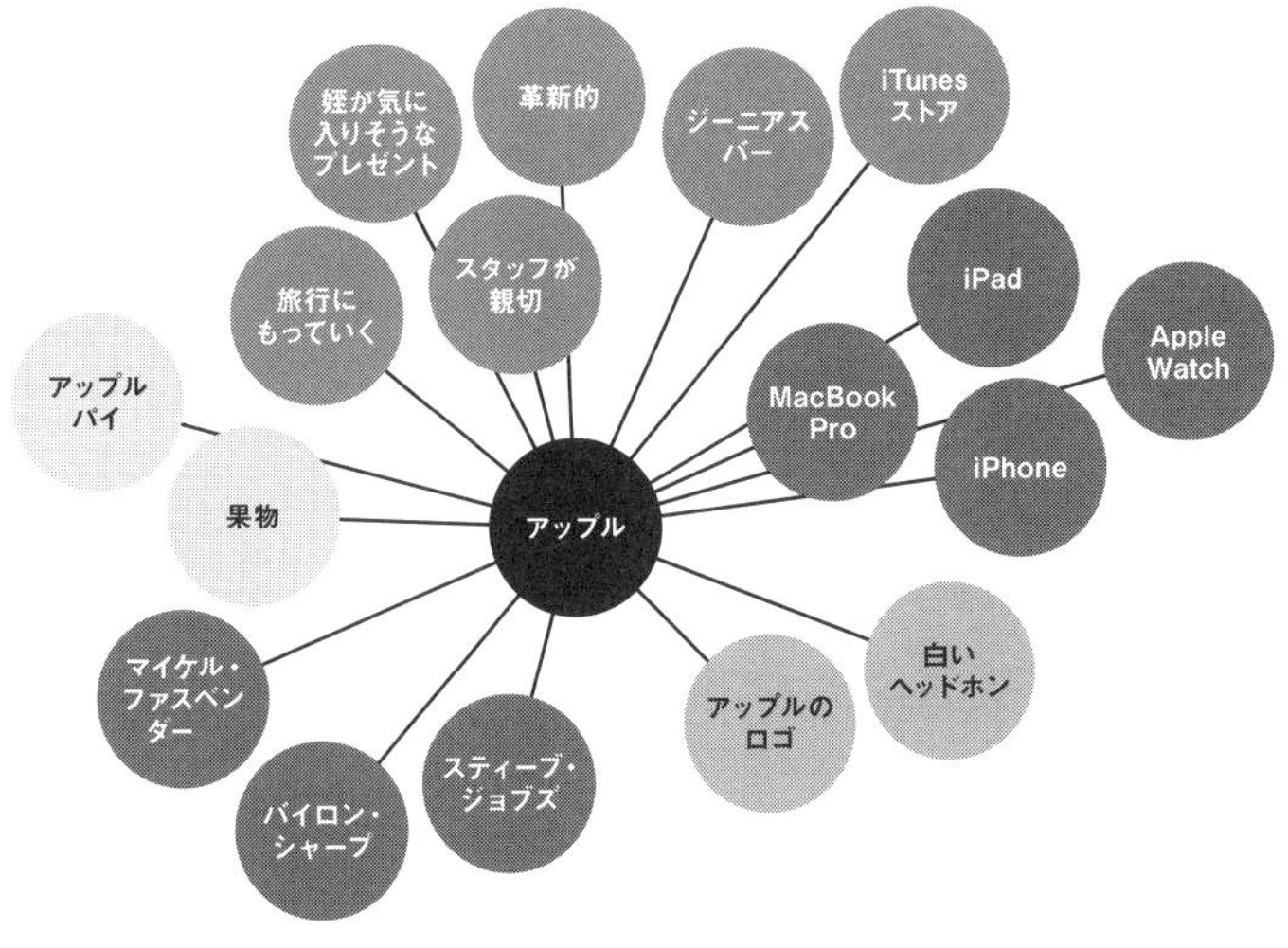

ての連想がいつも等しく重要であるわけではない。

有名なブランドは記憶の中で結節となり、そこから属性や連想のリンクが伸びていく。これらの属性と連想は独立して存在しているのではなく、他の記憶ともリンクしている。たとえば、私がＡｐｐｌｅ Ｗａｔｃｈのことを思うとき、Ａｐｐｌｅ Ｗａｔｃｈを持っている友人のマグダ、そしてそれを誕生日のプレゼントとしてマグダに贈ったマグダの父のことも連想される。さらに、ポーランドの彼女の家で過ごしたイースターの休日のことなども連想される。独自のブランド資産はこれらの連想を下支えしている。そして、たとえブランド名を忘れていても思い出させてくれる。

記憶を記憶でたぐり寄せる

記憶にアクセスするためには、ネットワークに入るためのきっかけが必要だ。このきっかけに付随するさまざまな連想がおたがいに働き合って記憶の検索を行う。したがって、このきっかけのもっとも近くに存在している連想が先に引き出される（Collins & Loftus, 1975; Holden, 1993）。たとえば、チョコレートという言葉を聞いたとき、あなたの心の中にはどのような連想が去来するだろうか？　空腹という言葉ではどうだろうか？　記憶が神経細胞をめぐる中で、多くのことが連想されたのではないだろうか。〈子どもに何か食べ物を与える〉というきっかけはどうだろうか。何が連想されるだろうか？

これらの連想の1つひとつが記憶ネットワークの中できっかけとして機能する。それぞれのきっかけは異なっていても、共通の顕著な関連が顕在化しているときのネットワークは重複する。たとえば、あなたは、チョコレートと空腹のどちらのきっかけにおいてもスニッカーズを思い出すかもしれない。

情報を認識し記号化して記憶の中に格納することが一直線のプロセスではないのと同じように、記憶を引き出すことも確実さよりも偶然に支配されていると考えたほうがよい。記憶が定着する保証は何もない。これまでに名前、誕生日、記念日を一体何回忘れたかを考えてみても明らかだ。記憶を引き出す可能性を押し上げているものはフレッシュネス（新鮮さ）とコンシステンシー（一貫性）だ。

フレッシュネス（Freshness）——記憶を刷新してメンタルコンペティションに勝つ

記憶に蓄えられたすべての情報が一度に思い出されることは、いかなる状況下においても起こりえない。人の記憶は広大なネットワークを形成しているので、自動的に作動を停止する機能が働かなければ、私たちは関連性の薄い膨大な思考の山に埋もれてしまうだろう。私たちの脳は、記憶にアクセスするとき、どのような状況下であれエネルギーを制限している。したがって、ランチに何を食べたいかなどを判断するときに、記憶資源を総動員することはない（Collins & Loftus, 1975）。長期記憶から作業記憶への移動ができるのはごくわずかの記憶だけだ（Anderson, 1983）。

あなたのブランドが想起される可能性を高めるためには、ブランドのアクセサビリティ（フレッシュネス[3]）を競合ブランドよりも高めなければならない。それを怠ると、購買客のエネルギーは、あなたのブランドを思い出す前に途切れてしまうかもしれない。独自のブランド資産を持つことで、ブランドが検索されるための経路は確かに増える。しかし多くの独自のブランド資産を持つにしても、資産の鮮度やアクセスを維持する必要があるため、保有可能な資産の数には限界がある。

新鮮さを保つことは重要だが、想起を競合し合う他の記憶の数も重要だ。独自のブランド資産とリンクする、ブランド名とは無関係の記憶の数が多いほど、そのブランドが想起される可能性は低くなる。これは「ファン効果」として知られている（Anderson & Reder, 1999）。競合ブランドの記憶はそのブランド名だけではない。そのブランド資産から想起されるすべての連想が含まれる。たとえば、私が寝具小売店ピーターアレキサンダーで買ったカバンのダックスフントのイラストを見ながら、このイラストとそっくりの私が飼っているダックスフントの子犬アルフィーのことを思っているとしよう。そしてアルフィーには、ピーターアレキサンダーとは無関係の無数の連想記憶が広がっているとしよう。だからといって、このブランドは、競合ブランド以上にフレッシュネスを高める必要や、独自のブランド資産から連想されるいかなる記憶も現状以上にそのフレッシュネスを高める必要があるわけではない。これが、ブランドが豊かな意味を持つ独自のブランド資産を構築しようと試みることが危険であることの主な理由だ（第6章と16章でポジショニングと知名度を獲得するためのブランド資産の活用についてさらに詳しく解説している）。

メンタルコンペティションの程度と状態を理解することは、本書でも繰り返し解説していることからもおわかりいただけるように、非常に重要だ。メンタルコンペティションの大きさの尺度は独自性であり、これは独自のブランド資産の強さを評価するための重要な尺度でもある。

コンシステンシー（Consistency）

コンシステンシーとは同じ施策を一貫して実践することだが、ブランド戦略としての評価は賛否両論だ。コンシステンシーはブランドの強みの1つとして重視されることもあれば、ブランドの弱みやイノベーション欠如の兆候であるとして軽視されることもある。近年の長期記憶に関するもっとも重要な発見の1つは、それが時間経過とともに変化するということだ。これまでの研究では、情報はいったん長期記憶の中に入ると、そこで固定され、不変の存在となり、しかもいつでも引き出したり元の状態に戻したりすることが可能であった（Sacker, 2014）。しかし最近の研究によれば、長期記憶は、引き出されたときに弱体化しやすいことがわかった（Kitamura et al, 2017）。

たとえば、私が明るい気分のときに悲しい出来事を思い出したとする。すると、そのときの明るい気分が過去の記憶に影響を与え、記憶が元の長期記憶に格納されるときにはその悲しさは幾分薄れている。具体的な例を挙げよう。私が妹と会い、そのとき妹が赤い服を着ていたとする。しかし過去の印象では妹は青い服を着ていたとする。このとき、赤い服を着た現在の印象が青い服を着ていた過去の印象を上書きするのだ。したがって、次に記憶の中で会ったとき、妹は青い服ではなく赤い服を着ているのである。子どものときの記憶の多くが実際とは大きくかけ離れていることがある。試しに、自分の子ども時代の記憶を他人の子ども時代の記憶と比較してみよう。同じ出来事でもおたがいの記憶が異なっていることに気づくだろう。同じ出来事を共有しているにもかかわらず、おたがいの記憶の引き出し方が異なり、結果的に記憶が異なっているのである。

つまり、私たちの記憶は不変の存在ではなく、時間経過とともに変化する。新しい情報が過去の情報と一致していれば、記憶を引き出すたびに過去の記憶が強化される。しかし不一致が生じていれば、過去の情報がその影響を受け、ブランドとのリンクに変化が生じるか、弱体化する。これと同じことが、変更と更新のプレッシャーに弱い独自のブランド資産の記憶にも生じる。（Newstead, 2014）。これらの変化のメリットについては詳細に報告されているが、マーケターがこの不一致の代償を考慮することはまれである。そしてマーケターはこの代償を、購買客の記憶の中のブランディングが弱体化したときに払うことになる。

独自のブランド資産のコンシステンシーを維持できれば、新しい情報が古い情報の上に積み重なり、ブランド資産の連想のリンクが記憶の中で強化され、どのような状況であっても購買客はブランドを容易に思い出すことができる。一方、過去の情報と現在の情報の間に不一致があれば、たくさんの脇道が発生し、購買客が道に迷うことになりかねない（Hintzman & Block, 1971; McClelland & Chappell, 1998）。本書では、コンシステンシーを最重要視しなければならないのはどのような状況か、ブランド資産に変化を持たせるための自由度を要するのはどのような状況か、その例を示した。

次章では、ブランディングと独自のブランド資産の一般的な役割について考察する。その後、第4章から第7章にかけてさらに詳しく考察する。

BUILDING
DISTINCTIVE
BRAND
ASSETS

第3章

独自のブランド資産の重要性

ジェニー・ロマニウク

Chapter 3

Why Distinctive Assets Matter

強固な独自のブランド資産を構築するためには、必要なブランド記憶を創造し維持するための長期間のコミットメントが必要だ。本章ではブランディングの重要性、および時間と労力を投資して独自のブランド資産を構築することの必要性について考察する。

そもそもブランディングとは？

ブランディングとは商標をつける行為のことをいう。製品を作った人が、製品に自分の名前を刻み込んで、「私がこの製品を作りました」という印を残すことだ。今日のブランディングは、製品そのものにとどまらず、その周辺、たとえば広告やソーシャルメディア、プロモーション活動などにも見られる。それぞれのブランディングの環境には、気づいてもらうためにブランドが克服しな

図3-1　ブランディングの3つの機能

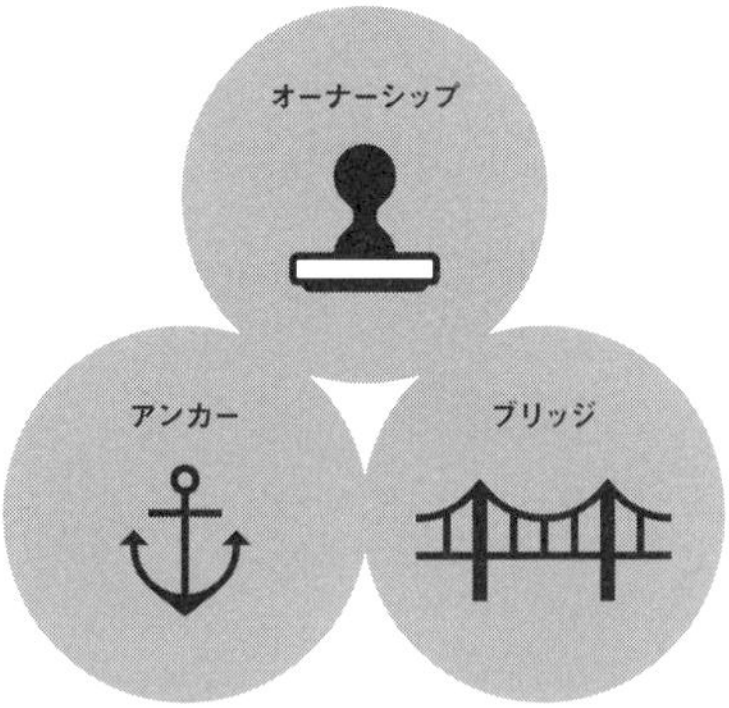

ければならない課題が存在している。

ブランディングには主に3つの目的がある。まず、ブランドの所有権を商標として残すこと（オーナーシップ）。次に、購買客の記憶ネットワークの中に望ましいブランド連想を定着させること（アンカー）。最後に、個々の異なるマーケティング活動をつなぐことだ（ブリッジ）。これらはブランド名と独自のブランド資産の開発に応用されている。

ブランディングの役割――その1　オーナーシップを宣言する

ブランドの商標はそのブランドの所有権を主張している。絵画にたとえると、描き終えた後にサインを入れるようなものだ。そうすることで、世の中に対して「これは我が社の製品です」と宣言している。ブランディングを取り入れているものは、実際の製品だけでなく他にも多い。

- オンラインショップの画像やリンク
- 街頭のショップ
- 求人広告
- ハッシュタグ

- キャリーバッグ
- 年次報告書
- 企業販促物（Tシャツ、帽子、ペンなど）

これらの製品にはすべてそのブランドの所有者が刻印されている。新しいメディアが到来すると、新しいブランディングの機会が生じる。たとえば、レストランの中には、利用客が後でインスタグラムに投稿したときに店名が目立つように、メニューにブランド名を入れているレストランもある（Krader, 2017）。

有名ブランドには親近感のようなものを覚える。親近感のあるものには注意が向きやすいので（Harrison, 2013）、ブランドが確立した商品は、同じ購買環境下で競合するブランドが未確立の他の商品よりも、人の目や耳に止まりやすい。ヤニセウスキー、クオ、タバソリらは、風景を描くときの絵筆にたとえた興味深い比喩を使って説明している。つまり、絵を描くとき、人の脳はより親近感を感じる対象物ほど先に注意が向き、それを描こうとする。逆に、親近感の薄い対象物からは注意が遠ざかる。つまり、親近感のあるものほど認知されやすいということだ。このようにしてブランド記憶は刷新され、それが購買につながる力を持つ。

またオーナーシップは、他の2つのブランディングの要素（アンカーとブリッジ）にとっても、なくてはならない条件である。

ブランディングの役割――その2　記憶の中の情報にアンカーを下ろす

ブランドは記憶の中にある情報に錨（アンカー）を下ろす役割を果たしている。ブランドに存在感（プレゼンス）があれば、新しいブランドの発信するメッセージは脳の中のブランド記憶をつかさどる領域に運ばれ、そこに定着し、購買客は購買機会に遭遇したときにそれを思い出す（Anderson, 1983）。このプロセスは、身近に感じる（または新しい）ブランドコンセプトがブランド体験の中でどのように結合するかに左右される。

まず、コンセプトを結合させる身近な例を2つ紹介しよう。あなたが、マクドナルドでタコスを販売しているという広告を見たとしよう。あなたがマクドナルドのこともタコスのことも身近に感じていれば、広告を見たという記憶がマクドナルドとタコスの間をつなぐ役割を果たす。さて、あなたがタコスのことを思うとしよう。するとマクドナルドが連想される可能性がある（逆にマクドナルドのことを思うとき、タコスが連想されるかもしれない）。もしマクドナルドというブランドにプレゼンスがなければ、この体験は、タコスというブランドの記憶として定着するだけであり、次にタコスを食べたい気持ちになったとしても、マクドナルドには何のメリットもないだろう。

たとえ先行して発信させるメッセージであっても、ブランドとしっかりリンクしていなければならない。そうすることで、ブランドは競合ブランドよりも新鮮なリンクを獲得し、メンタルコンペティションに勝つことができる。たとえば、私が何かの朝食の広告を見たとする。すると私はその前週に久しぶりに会った友人と食べた朝食を思い出すかもしれない。しかし、もしそれがマクドナルドでの朝食の広告であれば、私の記憶の中で朝食とマクドナルドとのリンクが刷新されるだろう。私の記憶の中では友人とマクドナルドにまつわる具体的なエピソードがそれぞれ朝食とリンクしているが、マクドナルドのプレゼンスが介在するときはマクドナルドの連想記憶が刷新される。

結合した情報の刺激が「とても身近に感じる」から「少し身近に感じる」や「少し新しく感じる」に変化するとき、その「身近さ」の刺激をつかさどる要素がブランド体験をアンカリングする。その結果、より新規性のある要素が記憶ネットワークの結節に定着する。たとえば、あなたのパソコン用カバンのベルトにフロルゲンというブランド名が刻印されているとしよう。パソコン用カバンについてはある程度の知識はあっても、フロルゲンというブランド名は聞いたことがないとしよう。このブランド名は、まず、あなたの頭の中の〈パソコン用カバン〉という記憶の領域に入り、この新しいブランドに意味を与える。あなたが再びフロルゲンというブランドに出会ったとき、それがパソコン用カバンを想起するきっかけとなる（逆に、パソコン用カバンを見たとき、それがフロルゲンを想起するきっかけになる）。

2つの新しい情報があるとき、これらの情報をともに記憶することは難しい。アンカーがないので、ブランド体験を記憶することが難しいからだ。たとえば、もしあなたが、フランドル語で話している2人の会話を聞いているとしよう。そしてあなたはフランドル語がわからないとしよう。この場合、あなたには2人の会話が記憶に残らない。なぜなら、あなたの記憶ネットワークの中ではこの2人の発する言葉が意味を成さないからだ。新しいブランドが発売されたときも同様で、ブランドが記憶ネットワークの中で意味を成すためには、そのブランドが適切な記憶領域の中にアンカリングされなければならない。アンカリングされるまでは新しいブランドが独自のブランド資産を構築することはできない。たとえば、もし私がエアビーアンドビーというブランドを知らなければ、私にエアビーアンドビーのロゴを何度見せてもその効果は低い。これは、あるブランドの助成認知が低い、すなわちカテゴリーのヒントを与えても認知度が低い場合は、独自のブランド資産を構築する前に認知度を改善しておかなければならないことを意味する。

アンカーがこれらの問題の解決に役立つ。ブランドがアンカーとして機能するときの情報は、記憶ネットワークの中の〈ブランド〉という領域に入る。ブランドが注目を集めることに成功しなかった場合、どうなるのだろうか？　もしブランドがアンカーとして機能できなければ、代わりに別の情報がその記憶ネットワークの領域に入ることになる。したがって、以下のような広告では、購買客の記憶の中に広告の印象を定着させることは可能かもしれないが、ブランドとの関連性がないため、広告の記憶が刷新されたりブランド想起のきっかけとなったりすることはない[1]。

- **製品カテゴリーの広告になっている**（例：スマートフォンの広告）
- **クリエイティブアイデアの広告になっている**（例：ジョニー・デップが出演している広告）
- **場所やメディアの広告になっている**（例：出勤途中で見かける広告）
- **シチュエーション想起の広告になっている**（例：スター・ウォーズを上映中の映画館の広告）

このような広告に接しても、多くの場合その効果はないに等しい。ただちに広告効果を得たければ、ブランドをアンカーとして機能させるマーケティング活動をプランする必要がある。

ブランディングの役割
――その3 同じ目的のブランディング活動をつなぐ

ブランドにプレゼンスがあれば、それぞれのマーケティング活動が共通の目的から派生したものであるというシグナルを発することができる。そうすることで、統一感を失いがちなマーケティング施策をブリッジでつなぐことができる。ブリッジは、場所や、時間、コンテンツ、メッセージなどを問わず、どこにでも架けることができる。たとえば、

●メディアとメディア

さまざまなメディアのマーケティング活動（例：テレビ広告とフェイスブック広告）

●メッセージとメッセージ

異なるメッセージを持つさまざまな施策（例：銀行の住宅ローン広告とクレジットカード広告）

●キャンペーンとキャンペーン

過去の広告クリエイティブと新しい広告クリエイティブ（例：原始人が登場するガイコ保険会社の広告とヤモリが登場する同社の広告）

●販路と販路

実店舗やオンライン店舗などの販路（例：テスコの実店舗のキャドベリーチョコレートとオンライン店舗のキャドベリーチョコレート）

ブランディングはこれら4つの領域にブリッジを架けることができる。たとえば、ソーシャルメディア上でのメッセージと実店舗活動とをつないだり、eコマース店のブランドのプレゼンスと前年のキャンペーンのブランドのプレゼンスをつないだりすることができ

る。**図3-2**に、ブランドが行うブリッジングについてまとめた。ブリッジとして機能するためには、一貫性のあるブランディングを実践することが必要だ。そうすることで認識しやすい強固なブリッジを構築できるからだ。ブリッジが脆弱であれば、購買客がその橋を渡り終える前に途中で落ちてしまう可能性は高い。

独自のブランド資産の付加価値

独自のブランド資産の強みはブランドの代理として機能できることだ。したがって、十分な強さがあれば、ブランドと同じようにオーナーシップ、アンカー、ブリッジの機能を獲得することが可能だ。これら3つの機能に加えて、独自のブランド資産は、購買客のブランド体験を決定づけるための幅広い選択肢をブランドに提供する。それは、

図3-2　ブランドのブリッジング機能

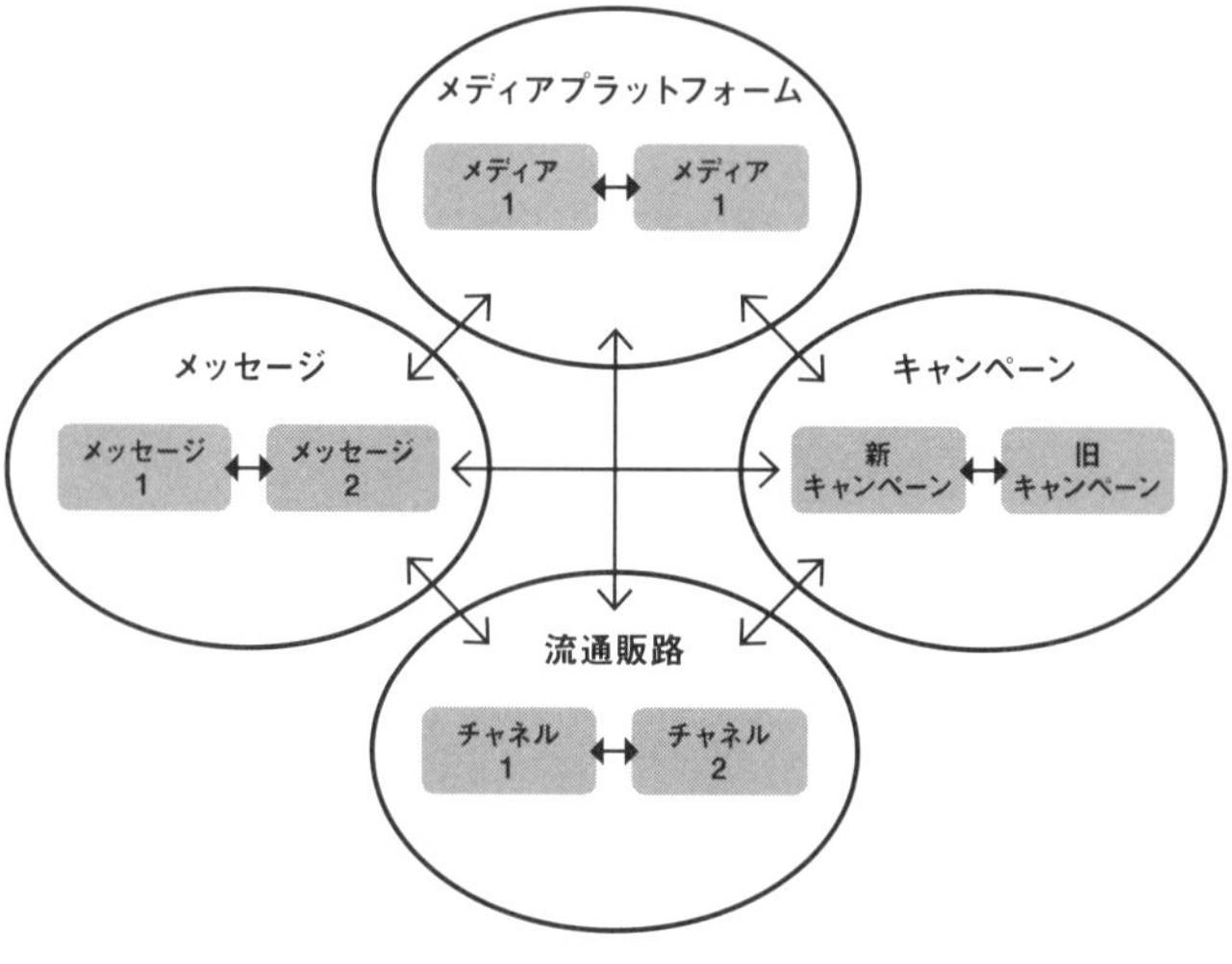

ブランドが限界を打破し購買客に気づいてもらうための3つの付加的ベネフィット、すなわち、フレキシビリティ、アダプタビリティ、ダイバーシティだ。

施策間のフレキシビリティ

広告販促物の1つひとつにもブランディングを行わなければならない。サイズ、プレースメント（掲載方法）、モード（表現方法）、タイミング（掲載時期）、インテグレーション（統合性）のレベル、これらをすべて意識的に決定していかなければならない。しかし、これらのブランディングの意思決定が個別に行われることはあまりない。しかも、ブランディングは強いブランディングと優れた広告クリエイティブの間のトレードオフの産物だと過小評価されがちで、一方を得るためには他方を

図3-3　独自のブランド資産の付加価値

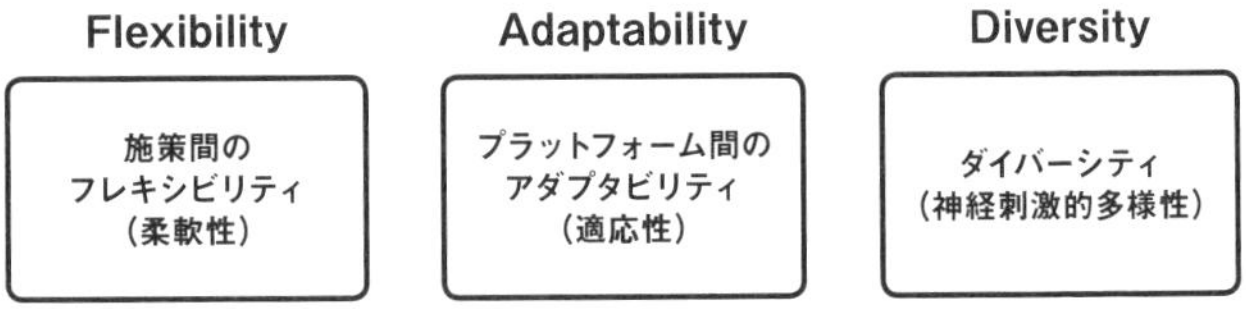

犠牲にする必要があると誤解されていることが多い（トレードオフは幻想だ。詳しくは第4章で解説する）。

独自のブランド資産は両者（ブランディングとクリエイティブ）の長所を生かした別の方法を提供してくれる。ブランド名を使わずにブランドを表現することで、独自のブランド資産の押しつけがましさが和らぎ、広告クリエイティブの品質を犠牲にする必要を感じることなく効果的なブランディングを実践することができる。

独自のブランド資産は、広告表現のクリエイティブ面と連動して機能し、重要な瞬間にブランドをアンカリングする能力を最大限に引き出すことができる。たとえば、オールステート保険のテレビ広告にスポークスパーソンとして出演しているデニス・ヘイスバートの声は、独自のブランド資産の一例である。彼の声がブランドとしてのシグナルを発し、映像がメッセージを伝達している。このような連動が、映像が表現するメッセージをブランド記憶の領域にアンカリングすることを助けている。

複数のモードを連動させる例は他にもある。音楽がその良い例だ。音楽でブランドのシグナルを発しつつ、映像ではブランドの新しい使い方をデモンストレーションする、またはスポークスパーソンがブランドを説明するメッセージを言葉で伝える。このようなフレキシビリティがあって、ブランディングの機会の可能性が広がり、その結果、広告の中に残されるブランドの足跡が増え、広告されたブランドを人々が正しく認識しやすくなる。

このフレキシビリティは、広告に留まらずパッケージのデザインにまでおよんでいる。パッケージの形状を変更するときは独自のブランド資産も変えたほうが良い。たとえば、食べ切りや1回使い切りの製品の形状は、分け合って消費する製品や複数回使う製品とは異なる。小サイズの製品であれば、パッケージに収まるように縮小すれば読みにくくなるタグラインなどの言葉のブランド資産よりも、シンプルなビジュアルのブランド資産のほうが、人々の注意を引きつけるのにはうまく機能するだろう。

プラットフォーム間のアダプタビリティ

独自のブランド資産があれば、さまざまなメディアやチャネルでさらに際立つためのブランディングを採用することが可能になる。しかし、あるプラットフォームでブランドを際立たせるために有効なものが、別のプラットフォームでは通用しないこともあるかもしれない。したがって、広告を行うときは、ブランドをさまざまな環境スペクトル（たとえば、視覚的に豊かなグラフィックから音声主体のラジオまで、文字情報が豊かな新聞から写真が中心の雑誌まで、テレビのような広告が目立つメディアからオンラインのバナー広告のような雑然としたコンテンツ空間のごく一部まで、さらに大画面のテレビから携帯電話の画面まで）において際立たせる必要がある。実際、小売りチャネルのブランド表現は、実店舗での具体的な物理的形態からオンラインやモバイル環境での小さなサムネイル画像まで、さまざまな形態がある。

独自のブランド資産を使えば、特定のプラットフォームで最適に機能するようにブランディングを調整することができる。それぞれの表現において、ブランドは少なくとも1回は突破口を開いて購買客の注意を引きつけなければならない。ブランドを表現する方法を変えながら独自のブランド資産を構築することで、ブランドがそのプラットフォームに特有の混乱を切り抜けるチャンスは拡大する。

グローバルブランドの場合、多様なプラットフォームに適合する必要性が高まっている。独自のブランド資産は、文化やリテラシーレベルが異なっていても、またロシア人、日本人、韓国人、中国人などローマ字を使わない国々であっても機能する。人の往き来がグローバル化した今日では、独自のブランド資産があれば、たとえ言葉がわからなくても親しみの持てるブランドを見つけることができる。たとえば、マクドナルドはよく目につくが、看板や広告に独自のブランド資産が上手に使われているからだと私は思う。

プラットフォームでの購買客のブランド体験を理解し、彼らのブランド体験が、ブランド認知にどのような影響をおよぼしているかを理解することは、ブランド資産の表現に成功するために非常に重要である。コンピューター画面上や印刷上では見栄えの良い広告コピーであっても、実際には使えないことがあるからだ。たとえば、私が出席したある授賞式で、受賞者が企業バナーの前に立って記念撮影をしていた。その企業バナーはブランド名とブランドロゴが中央に来るようにデザインされていた。写真上でみると、バナーの前に立っている人が邪魔をして、どこのブランドかわからなかった。多くのメディアに紹介されていたが、ブランドがきちんと紹介されているものはなかった。授賞式に実際に参加した人以上の人がこの写真を目にするであろうことを考えると、これは機会喪失といえる。ブランド名をバナーの上部にデザインしておけば、写真撮影で隠れることもなく、このような問題は起きなかっただろう。

高速道路の屋外広告にも同じように表現方法を誤っているものをよく見かける。もっとも重要なスペースがブランディングではなくメッセージに使われていることが多い。広告を見る人の状況を想像してみよう。通常は、ある程度のスピードを出して運転中の車中から見ることが多い。一瞬だけ目をやって広告のメッセージを理解する。その間にブランドが理解されなければ、その数秒間は無駄に費やされたことになる。

さまざまな要因がどう影響し合っているかを整理するために、以下の問いの答えを考えてみよう。

- 人とブランドの距離はどのくらい離れているか？　またどの程度の個人差があるか？
- クラッター（＝ブランドへの注目を削ぐもの）が存在するか？　クラッターはどのようにして克服できるか？

―そのクラッターはクリエイティブ上の問題が原因か？
―そのクラッターは他のブランドや人にある要因が原因か？
―そのクラッターはその環境とは関連のない要因（車など）が原因か？

- クラッターは静止しているか動いているか？　そのことでブランドのビジビリティ（視認性）が影響を受けるか？
- 他にクラッターの質を変化させるものが存在するか？　たとえば、時間帯、天気、共同消費活動など。

広告プラットフォームに限らず、販路が多様化した今日においては、ブランドはさまざまな小売り環境の中で目立たなければならない。たとえば、ハイパーマーケットでは、自社ブランドが競合ブランドと並んで大型の商品棚に陳列されていることがある。雑貨店では、自社ブランドが単独でまたは類似カテゴリー製品と並んで家庭用品や食品売り場の商品棚に陳列されていることがある。オンラインストアの状況も考えてみよう。そこでは、二次元の画面上で自社ブランドが他社製品のクラッターに取り囲まれている。もしあなたがサービス業界で働いていれば、自社ブランドのウェブサイト環境と、実店舗があればその周辺環境と、取引業者が経験する環境をおたがいに比較してみよう。

それぞれの環境下でブランドがどのように配置されているかを理解したら、ブランドが各環境下でできるだけ多くの人の注目を得るための施策を実行できる独自のブランド資産を利用しよう。

ダイバーシティ（神経刺激的多様性）の必要性

1つの言葉として表現されたブランド名の神経刺激的影響力は小さいが、独自のブランド資産として表現されたブランド名は新しい世界を切り開く力を持っている。刺激を経験することは、生のオーケストラ演奏を見るのと同じくらい多面的な神経刺激的イベントだ。目に映ったものが視覚刺激となり、耳に聞こえたものが聴覚刺激となる。場合によっては嗅覚や触覚などのその他の感覚も刺激を受けて活性化する。それぞれの感覚は脳の中の別々の領域を活性化する。たとえば、脳の紡錘状回の顔領域は、私たちが人の顔を見たときに活性化し（Kanwisher, McDermott & Chun, 1997）、一方、色や、動き、空間的位置などを認識したとき、またおもしろいことに顔以外の人体の各部位を認識したときも、それぞれ別の領域が活性化する（Bernard & Gage, 2007）。

ダイバーシティを可視化して考えるために、喫茶店にいると想像してみよう。そして色や音などのさまざまな刺激がすべて矢となってあなたの脳に向かってくると想像してみよう。矢の多くが脳のフィルター機能によって拒否される（空調の音や人の声など）。中には注意を向ける価値があると判断され、意識レベルが引き上げられる矢もあるが、単なる会話とわかると拒否される。しばらくの間は注意が向けられる刺激もある。たとえば、好きな音楽が聞こえてきたときや、幼なじみの友人に似た人を見て思わず見入ってしまったときなどだ。また、店内の客数などフィルターを通り抜ける矢もあるが、潜在意識レベルで自動的に処理される（Hasher & Zacks, 1984）。

どのような環境にあっても五感は刺激を受ける。しかし人の脳は高速で刺激を処理しているため、詳細な情報はおろそかにされがちだ。つまり、すぐ隣で起きていることでも、脳に拒否されれば、それに気づかないことがあり得るということだ。いつどのような刺激があるかわからない。衣服の糸のほつれのようなささいな刺激かもしれないし、子どもが迷子になったという重大な刺激かもしれない。幸い人の脳は、私たちがつまらないことを無駄に意識しなくても済むように、いくつかの矢を優先的に選択しその他を拒否している。私たちがブランドと接するときにもこのフィルターが機能する。

ブランドと接したとき、ブランド表現の多彩さ次第では、矢は1つのときもあれば複数の矢のときもある。たとえば、保険会社のガイコはブランド名に着目すると矢は1つだ。しかしガイコのブランドキャラクターであり特徴的な顔と声を持つ黄緑色のゲコー（ヤモリ役）に着目すると、矢は4つだ（体の色、顔つき、声、動物であること）。これら4つの矢は脳内の別々の領域を刺激するので、そうでない競合ブランドと比較すると記憶に定着する可能性が高くなる。もしこのブランドが映像と音声の両方の矢を持っていれば、人の視覚的注意が散漫になっていても、音声の矢が脳に到達する可能性が残されている。また、たとえば顔と言葉で表現されたブランドが1匹の子犬の隣にあるとして、言葉という矢がその子犬の注意を引きつけられなくても、顔という矢が子犬の注意を獲得する競争に打ち勝つかもしれない。神経刺激的ダイバーシティを達成した独自のブランド資産があれば、多くのオーディエンスが心を開き、彼らの脳の中で多くのブランドアクティビティが刺激される可能性が高まる。

次章では、購買環境下でブランドが考慮されるときのメンタルアベイラビリティの構築に、独自のブランド資産がどのように役立つのかを考察する。

第4章

独自のブランド資産でメンタルアベイラビリティを構築する

ジェニー・ロマニウク

Chapter 4

How Distinctive Assets Build Mental Availability

試合で勝とうと思えば、まず試合に参加しなければならない。

メンタルアベイラビリティ（ブランドセイリアンスとも呼ばれる）とは、購買環境下で購買客に想起してもらいたいブランド特性のことだ（Romaniuk & Sharp, 2004）。ブランドが購買環境下で想起されるということは、購買につながる重要な第一ステップを踏み出せたことを意味する。

メンタルアベイラビリティは、オリンピック出場を目指している選手の戦略にたとえて考えるとわかりやすい。選手は、自分に金メダルを取る可能性が少しでもあることを証明しなければならない。たとえば、百メートルをウサイン・ボルトよりも速く走れるとかだ。この第一ステップを踏み出せなければ、金メダルの獲得はあり得ない。もちろん、一歩踏み出せたからといって金メダルが保証されるわけではない。実際の試合当日の成績次第だが、一歩踏み出せなければ金メダルは取れないということだけは確かだ。この〈試合当日のパフォーマンス〉については、フィジカルアベイラビリティを構築するときの独自のブランド資産の役割について次章で考察するときに詳しく見ていく。

消費者タッチポイントでのブランド戦略に独自のブランド資産を取り込めば、ブランドの存在感が増す。タッチポイントは、広告からソーシャルメディアや店頭販売まで、広範囲に存在する。メンタルアベイラビリティを構築するための独自のブランド資産も、色、言葉、イメージ画像、人物、音声（音楽、ジングル＝サウンド・ロゴ）など多岐にわたる。そして、これらのブランド資産を広告に使用することでブランドが購買環境の中でより目立ちやすくなる（商品パッケージが目立つなど）。

本章では、独自のブランド資産がメンタルアベイラビリティの構築にどのように役立つかを解説する。独自のブランド資産の解説が中心ではあるが、ブランド名の使い方が広告の効果に影響を与えるという今では一般化している前提に異議を唱えるためのエビデンスも含まれている。この前提について考えることは重要だ。このような前提が独自のブランド資産およびブランド名の表現に悪影響をおよぼしているからだ。

重要な広告メッセージに錨を下ろす

広告の重要な役割の1つが、購買環境下でブランドのメンタルアベイラビリティが発揮される可能性を拡大させる意識構造を購買客の心の中に構築することだ（Ehrenberg et al, 2002）。購買環境下でメンタルアベイラビリティ（セイリアンスともいう）が発揮されるためには[1]、購買客がその環境下でブランドを買うときのきっかけとなる潜在記憶と広告メッセージがリンクしていなければならない。これらの記憶とのリンクを刷新することで、ブランドのメンタルアベイラビリティが強化されていく。

これらのきっかけは《カテゴリーエントリーポイント》（CEP）と呼ばれている

（Romaniuk, 2016a）。たとえば、１人の女性ケイティがただの購買客から洗濯洗剤の購買客ケイティというホットゾーンにシフトするとき、その思考はカテゴリーエントリーポイントの影響を受ける。私はコーヒーを飲むのでコーヒーカテゴリーの購買客だが、午後11時の私はコーヒーカテゴリーのホットゾーンにはいない。カフェインで目が覚めてしまうからだ。しかし午前11時では状況が異なる。私は毎日この時間、ただのジェニーからコーヒーを買うジェニーへとシフトする（コーヒーを飲まない私は話し相手としては最悪のジェニーにシフトする）。

午前11時のホットゾーンへ入るときの私の心の状態には、そのときの状況に応じていくつかのパターンがある。自宅で働いているときは、スエットパンツ姿で気楽に行ける近場のコーヒーショップがありがたい。職場に向かっているときは、通勤途中で時間をかけずにコーヒーを買えるところを探す。十分な睡眠が取れなかったときは、濃いコーヒーが飲めるところはないかと考える。状況に応じてこのようなパターンがあり、それぞれの状況でメンタルアベイラビリティを獲得するブランドが異なっている（Desai & Hoyer, 2000; Holden, 1993）。

ＣＥＰは無数の情報を発信する。受容された情報は〈きっかけ情報〉として該当する記憶領域に送られる。〈きっかけ情報〉が受容されたブランドはメンタルアベイラビリティを強化する機会を得る。そしてこれらのＣＥＰを基にしてそのブランドが獲得すべき価値のある意識構造が構築される。ＣＥＰはブランドそのものとリンクしているが、ブランドの周辺情報とはリンクしていない。この差は単なる言葉の表面的な意味の違いによるものと思えるかもしれないが、ブランドの戦略と研究に重要な意味を持つ。

まず、戦略面の意味を考えてみよう。ブランドのＣＥＰが多いほど、ブランド記憶の引き出しが増えていく。これは、従来のブランド戦略のように１つの属性（あるいは１つのＣＥＰ[2]）を持つことを目的にするよりも、ＣＥＰネットワークを拡大充実させることを目的にするブランド戦略のほうが効果的であることを意味する。たとえば、航空会社であれば、自社がビジネス出張に便利であること、家族旅行に便利であること、マイレージの獲得にお得であること、格安旅行客にお得であることなどを知ってもらいたいと思うはずだ。航空会社が１つのＣＥＰだけ（例えばビジネス出張）に着目していては、たとえビジネス出張のニーズの高まりがあったとしても、成功することはない（Calder, 2016）。その理由の１つとして、ビジネスで出張する人は、家族旅行に行くこともあれば、私のようにアフリカにバックパッキングに行くこともあるかもしれないからだ。

多くのＣＥＰにリンクすべきであることのエビデンスが、大小さまざまなブランドのＣＥＰネットワークを比較した調査から明らかになった。この調査では、市場シェアの大きいブランドと小さいブランドの間では、購買客が各ブランドに持つＣＥＰの数の差が大きいことが明らかになった（Romaniuk, 2016a）。各属性の関連を分析し、これを選択されたブランドの総ネットワークサイズと比較したところ[3]、総ネットワークサイズは購買者の将来の行動とより強い関連を持つことがわかった。（Romaniuk, 2003; Romaniuk & Sharp, 2003a,b）。

次に、研究面での意味合いについて考えてみよう。前述したような関連性が存在しているということから、CEPを発見するためには、ブランドそのものに目を向けるよりも、カテゴリー購買客を含めたユーザーのブランドにまつわる体験を調査する必要があることが示唆される。従って、CEP調査の質問内容は、購買客やユーザーがブランド体験をしたのは、いつ、どこで、誰と一緒だったか、そのときどう感じたか、それはブランド体験の前か、最中か、後か、なぜブランドを体験することになったのか、などに集中している（Romaniuk, 2016a）。特定のブランドについて尋ねるのは、カテゴリー購買客が特定のブランド体験を検索して過去の記憶にうまくアクセスするのにそれが役立つ場合とした。

表4-1に、2016年7月に米国のシャンパンカテゴリーの購買客を対象に実施された調査で発見されたCEPをまとめた。この表から、CEPには、お祝い、個人的楽しみ、天気の良い午後の楽しみ、といったニーズまでさまざまなシーンに対応する幅広い可能性があることが示唆される。しかし、購買客がこれらのCEPに遭遇する可能性はすべて均等ではない。次の段階の調査を行って、どのCEPに遭遇する可能性が高いかを理解し、そこでの売り上げを伸ばすための施策を増強する必要がある。どのCEPもブランドタッ

チポイントになれる可能性を秘めている。

ＣＥＰは映像や音声でさまざまに表現することが可能だ。ＣＥＰから多くのクリエイティブなアイデアが生まれてくる。音声面は人の話し声や歌声にしたり、映像面はＣＥＰで一場面を作ったりスクリーンに文字情報を映し出したりするなどさまざまな工夫が可能だ。たとえば、コーヒーのＣＥＰの例として〈退屈なことを乗り越える〉というコンセプトを考えてみよう。退屈な会議中に目を覚ますためにコーヒーを飲んだりすることがある。このような場合だ。この場合のＣＥＰを映像的に可視化することができる。参加者の多い職場の会議で誰かが退屈そうにしているようなシーンなどだ。さらに画面の下段に文字情報を挿入することもできる。音声化の例としては、社員食堂で会った2人がこれからはじまる退屈な会議について、コーヒーを飲みながら話している、あるいは、

表4-1　シャンパンのCEP（カテゴリーエントリーポイント）の例

いつ飲む？	どのような シーンで飲む？	誰と一緒に 飲む？	どのような 気持ちのとき？	その理由／ 目的は？
ディナーの 前に飲む	誕生日に	パートナーと 特別なときを 過ごすとき	落ち込んだときに 元気を出したい	何かに成功／ 達成できたことの ごほうびとして
就寝前に飲む	ダンスをしに 外出したとき	友人が来たとき	祝いたい 気持ちになる	贈り物として
食事に合う飲み物 を探していた	バーや ナイトクラブで	自分一人で いるとき	リッチな気持ちに なりたい	天気の良い 午後を楽しむため

会議中に眠りかけていた人がコーヒーを飲んで目を覚ますといった音声だ。ちょっと考えただけで、このＣＥＰをコミュニケーションするための良い例をいくつでも思いつくことができるだろう。

しかし、ＣＥＰを利用してメッセージを伝達することは、メンタルアベイラビリティを構築するための一部分に過ぎない。ブランドを介したメッセージも必要だ。ブランドの存在感をしっかりと示すことで、ブランド名を使ったコミュニケーションであろうと、独自のブランド資産を使ったコミュニケーションであろうと、ＣＥＰやメッセージが記憶の中の適切な場所に確実にアンカリングされることになる。

次節以降、もう１つの重要な要素であるブランディングについて解説する。

広告中のブランドの存在感を高める

人の注意力はおおむね散漫で個人差も大きいので、単なるブランド紹介では十分なインパクトは得られない。ブランドの存在感を高めて、ブランドが目立つ可能性を最大化する工夫が必要だ。そのためにブランドが克服しなければならない問題点が２つある。

- 外部阻害要因：環境、（テレビを見ているときのモバイル端末などの）セカンドスクリーン、メンタルルミネーション（心的抑うつの反芻《はんすう》）などが要因となって広告への注意を妨害する。（Paech, Riebe & Sharp, 2003; Rojas-Mèndez, Davies & Madran, 2009）。

● 内部阻害要因：動物、音楽、乳幼児などが要因となって広告への注意を妨害する。（Erfgen, Zenker & Sattler, 2015; Pieters & Wedel, 2004）。

どのエントリーポイントでも、ブランドを記憶するためには購買客はブランドを最低1回は認知する必要がある。もし広告の視聴者全員が同じ行動を取るなら、一方向の広告表現を実施すればよい。しかし、視聴者が広告を見る視点は1人ひとり異なる（Jayasinghe & Ritson, 2013; Paech et al, 2003）。広告表現は、視聴者1人ひとりの異なる（または同じ）広告視聴行動に起因する阻害要因を、十分な柔軟性を持って克服しなければならない。

独自のブランド資産について考える前に、効果的なブランディングを広告主が達成することを阻害している2つの神話について考えてみたい。このような誤解が独自のブランド資産の構築にも悪影響を与える可能性があるからだ。

神話その1　過度のブランディングは広告効果を損なう

ブランディングと広告表現は、上手に両者のバランスを取らなければどちらかが一方の犠牲になる、と一般的に信じられている。しかし私はまだ、ブランディングが広告の中でどれほど主張すれば両者のバランスが崩れるのか、またそうなることで視聴者の広告表現の質の評価にどのような悪影響がおよぼされるのか、このような否定的な関係を示す実証的な証拠を見たことがない。**表4-2**は、オーストラリアでオンエアされた107本の30秒テレビCMの評価結果だ。広告の好感度を標準的な5段階の尺度で評価し、ハーレイとボルディンガー（2000年）の主張どおり広告の好感度が広告クリエイティブの成功を後押しすること、そしてそれはブランディングのエグゼキューション（プランの実行やコンセプトの具体化・表現化）のタイプとは関係がないことがわかった。

また、ブランディングがどれほど正しく実施されたか（そのブランドの広告がどれほど多くの人に認知されたか）と視聴者が広告クリエイティブをどう評価したかの間にも関連性はない。**図4-1**は、何

表4-2　30秒テレビCMの広告戦術の広告好感度評価（1～5ポイント）

映像によるブランディング		音声によるブランディング		ブランド登場のタイミング		ブランド提示時間	
頻度（回数）	好感度	頻度（回数）	好感度	ブランド登場までの時間（秒）	好感度	ブランドの提示時間（秒）	好感度
1	3.5	1	3.5	<3	3.4	<6	3.5
2	3.3	2	3.5	3-10	3.4	6-8	3.4
3	3.4	3+	3.4	11-21	3.5	9-10	3.4
4	3.7			22+	3.5	11+	3.5
5+	3.5						

年もキャンペーンを行った4つのブランドを正しく認知した視聴者の割合を散布図にして示したもので（2012〜2015年）、上位2位の評価（好き、大好き）が得られた広告の割合を示している。データからわかるように、ブランディングの正しさと広告の好感度の相関性は低い。つまり、より正しいブランディングを行って、広告の好感度が低下するわけではない。

バイラル動画（SNS上で急拡散される動画）についても、バイラル動画が高覚醒のポジティブ感情を生む能力とブランディングとの間に負の相関があることを示すエビデンスはない。つまり、ブランドの存在感が、シェア率の高いバイラル動画と相関性を有する強いポジティブ感情を生むことの妨げにはならない。実際、高覚醒ポジティブ感情を生んだバイラル動画のブランド提示回数は平均7・0回であったが、低覚醒ポジティブ感情を生

図4-1　4つの異なるブランドのブランディングの正しさと広告の好感度の関連（2012〜2015年）

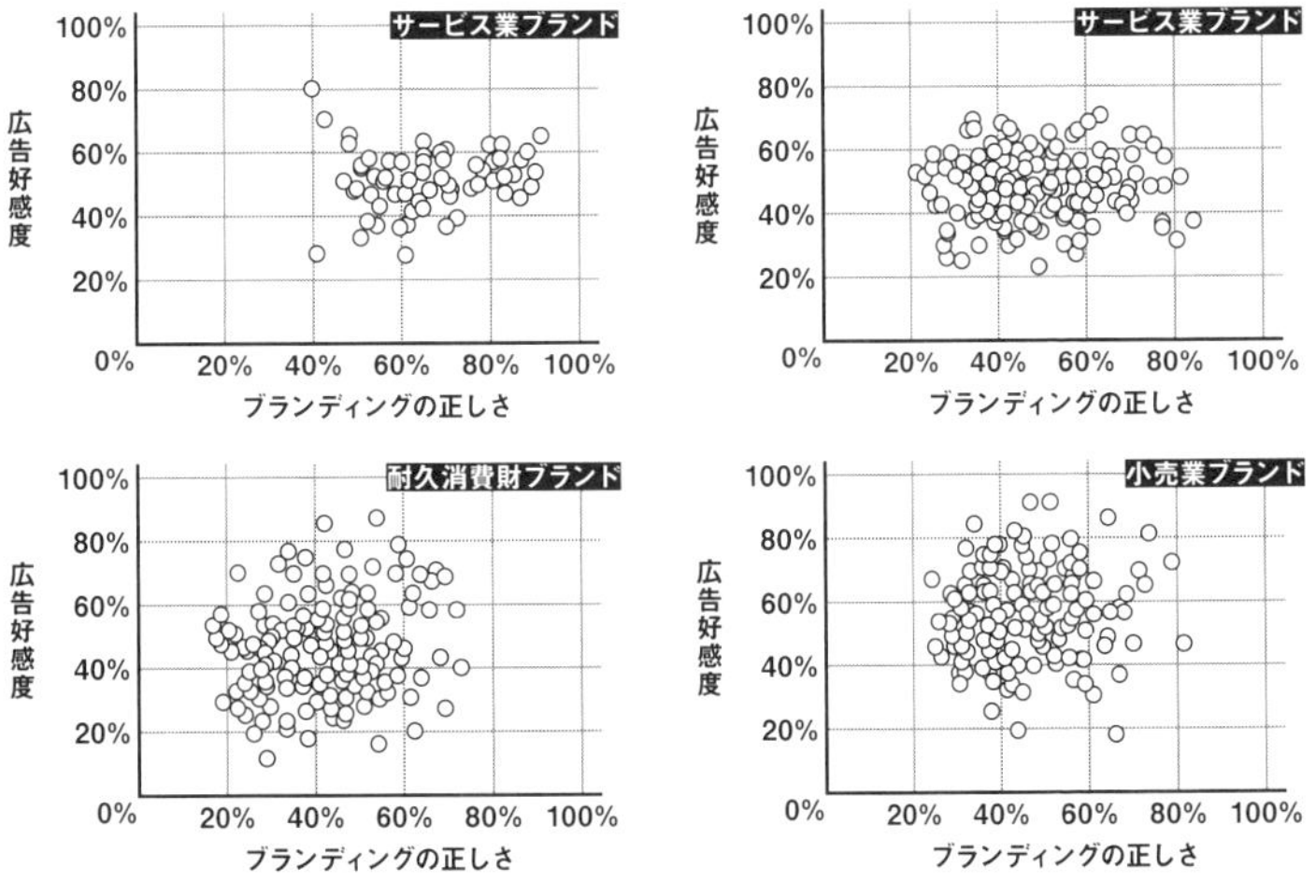

んだバイラル動画のブランド提示回数は平均4・0回であった（Nelson-Field & Romaniuk, 2013）。

もちろん、退屈な広告を制作したのは広告代理店で、それを承認したのはマーケターであるが、だからといってブランディングに誤りがあったわけではない。

神話その2　ブランドの提示が早すぎれば視聴者の興味が削がれる

効果的なブランディングについて調査して必ず判明することは、ブランドを早く確立することで効果の高い正しいブランディングが可能になるということだ（Ogilvy & Raphaelson, 1982; Stewart & Furse, 1986; Stewart & Koslow, 1989; Walker & von Gonten, 1989）。このような研究があるにもかかわらず、多くの広告がブランドを早期に提示することを怠っている（Romaniuk, 2009）。エビデンスと施策の間のこのミスマッチは、ブランドの提示が早ければ視聴者は広告への興味を失い敬遠するという、2つ目の神話によるものだ。

もちろん、この議論を支持するエビデンスはない。逆に、否定するエビデンスはいくらでもある。私たちは、『バイラルマーケティング―共有の科学』（Nelson-Field, 2013）の出版に際して、バイラル広告はブランディング要素が多く含まれるほどシェアされなくなるかどうかを調査した。もっともシェアされたバイラル動画のブランド広告戦術ともっともシェアされなかったバイラル動画のブランド広告戦術に、大きな差はなかった。たとえば、もっともシェアされなかったバイラル動画のブランドの提示は、映像が34%経過した後に起きていた。一方、もっともシェアされたバイラル動画のブランドの提示は、映像の39%が経過した後に起きていた（Nelson-Field, 2013,）。つまり、ブランドの提示の差がバイラル動画の共有に影響を与えることはないと言える。

最近、同僚のマグダ・ネニキスチールと私は、ユーチューブのプレロール広告を対象に、最初の5秒間のブランディングが6秒目以降のCMスキップ（視聴者が広告をスキップしながら動画を視聴すること。視聴者ロスの大半はここで起きる）率に影響を与えるかどうかを調査した。調査では、ブランディングのための4つの条件（ブランド名だけ、独自のブランド資産だけ、ブランド名と独自のブランド資産、ブランディングなし）を確認した。

113本の動画広告を調査した結果、ブランド

図4-2　ブランディングが早いユーチューブ広告と視聴者のCMスキップ行動（n＝113）

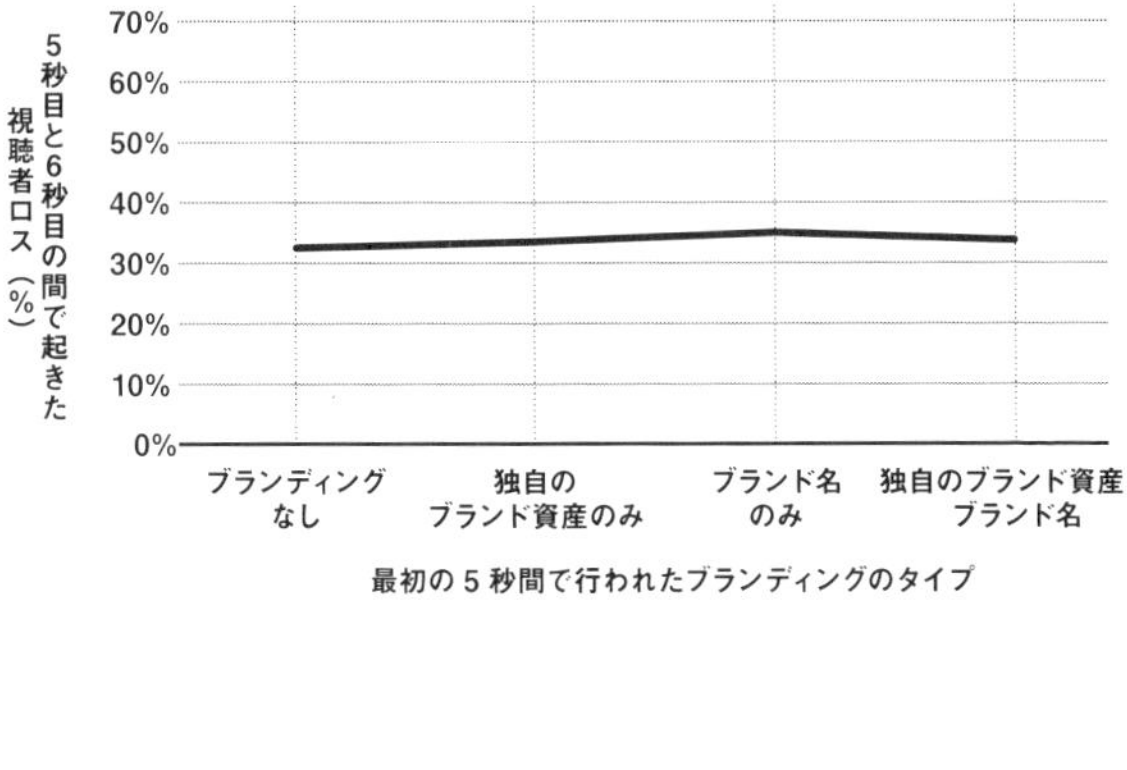

（ブランド名または独自のブランド資産）の存在は視聴者のCMスキップ率にまったく影響をおよぼしていなかった（Romaniuk & Nenycz-Thiel, 2017）。**図4−2**は、どのような業種のブランドであろうとも、CMスキップ率が30％前後であることを示している。この調査からも、ブランドの存在を視聴者の否定的反応に関連づけるエビデンスが存在しないことが再確認された。視聴者は、ブランディングが早い広告をスキップしていたわけでも、ブランディングをしない広告を肯定的に受け入れていたわけでもなかった。

ブランディングを恐れるな。広告は損なわれない

ブランドメッセージを視聴者の脳の中の適切な領域にアンカリングしたいなら、卓越したブランディングが必須だ。今日に至るまでに得られた経験的エビデンスから導かれる結論は、提示するものがブランド名であろうと独自のブランド資産であろうと、ブランディングを恐れる必要はないということだ。視聴者の目には、ブランドの存在がクリエイティブの質にダメージを与えているとは映らない。

ブランド名を訴えることに抵抗を覚える人がいるかもしれない。エビデンスがあってもすべての人の強い信念を振りほどくことができるわけではない。そこで、独自のブランド資産を1回使ってみて、効果的で卓越したブランディングを実施することに後ろ向きな広

告クリエイティブ担当者の抵抗感を解いてみよう。たとえば、独自のブランド資産をブランド名の代わりに使うことで、テレビCMやバイラル動画の導入部にブランド名を入れることへの彼らの懸念を克服できるかもしれない。メンタルアベイラビリティを構築するために独自のブランド資産をブランド名の代わりに使うことには、クリエイティブ担当者の懸念を払拭できること以外にもメリットがあることを証明するエビデンスはないだろうか？　これが次節のテーマだ。

独自のブランド資産で視聴者の注意を引き付ける

どのような広告であれ、最大のチャレンジは、注意散漫になりがちな雑然とした今日の環境にどのように切り込めば、購買客に気づいてもらえるかだ。ブランド名を特に広告の導入部に使うことに消極的になることの理由の1つが、ブランドの存在感がノンユーザーの反発を招くというものだ。この考えは、ノンユーザーはブランドに否定的な態度を有し、それがブランドを買わない理由であるという仮説に基づいている。この仮説は、「ノンユーザーが否定的なブランド連想を持つことはまれであり、あるにしても通常はブランドを体験した後に形成される」とする多くのエビデンスと矛盾している。ブランド名についての否定的な考えを持つのは、ブランド使用経験のない人よりも過去にブランドを使用した経験のある人に多い（Nenycz-Thiel & Romaniuk, 2011; Romaniuk, 2016a）。

ノンユーザーがブランド知識を持たないのは、おそらく、ノンユーザーがそのブランドの広告を見ると拒否してしまい、ブランドについて何も情報処理を行わないからであり、だとすれば、ブランドの導入を遅らせてノンユーザーを広告のクリエイティブアイデアに引きつけることで、ノンユーザーを上手にだましてブランドのマーケティング活動を理解させることができるかもしれない。私はこの仮説に、特に広告の表現面から何度か向き合ったことがあるが、このような仮説に関する研究やエビデンスを見たことはなかった。この仮説の信憑性《しんぴょうせい》を確認するために、私は、信頼できる結果が得られるように十分な数の広告を使って試験を行い、その結果をブランドのユーザーとノンユーザーに分けて探索的分析を行った。広告は、日用消費材、サービス、耐久消費財などの広告を含めて一般的なカテゴリーから選んだ。

分析には42本の30秒CMを用いた。20本のCMが最初の10秒目までに、残りの22本がそれ以降にブランド名を提示していた。各CMの広告認知率をユーザー群とノンユーザー群に分けて求め、さらに各群の平均値を求めた。ユーザー群とノンユーザー群の間に差はほとんどなかった（**図4－3**）。

広告でノンユーザーの心をつかむことは、リコール（想起）を調査するといつもスコアが高いユーザーと比較して、難しい（Harrison, 2013; Vaughan, Beal & Romaniuk, 2016）。しかし、ブランドの提示を遅くすることはその解決策ではない。ブランドを遅く提示しても広告認知率は上がらない。

残念ながら、このデータセットの性質上、ブランドの提示を遅くすることのブランディングスコアへの影響、および直接的ブランディングと独自のブランド資産を介したブランディングとの間の差を検証することはできなかった。しかし、次回の調査ではオンライン広告を調査する予定であり、この問題を掘り下げることが可能だ。

今回の調査では、強固な独自資産を持つ米国の8つのブランドのオンラインの静止広告を対象にして、スプリットサンプル試験（A／Bテスト）を行った。被検者を3つの群に分け、内容とフォントをそれぞれ変えて作成した8つのウェブ記事を用意し、被験者にはカバーストーリー（特集記事）を評価するように指示した。各ウェブ記事に1つ

図4-3　テレビCMのブランディングのタイミングと広告認知率をユーザーとノンユーザー間で比較

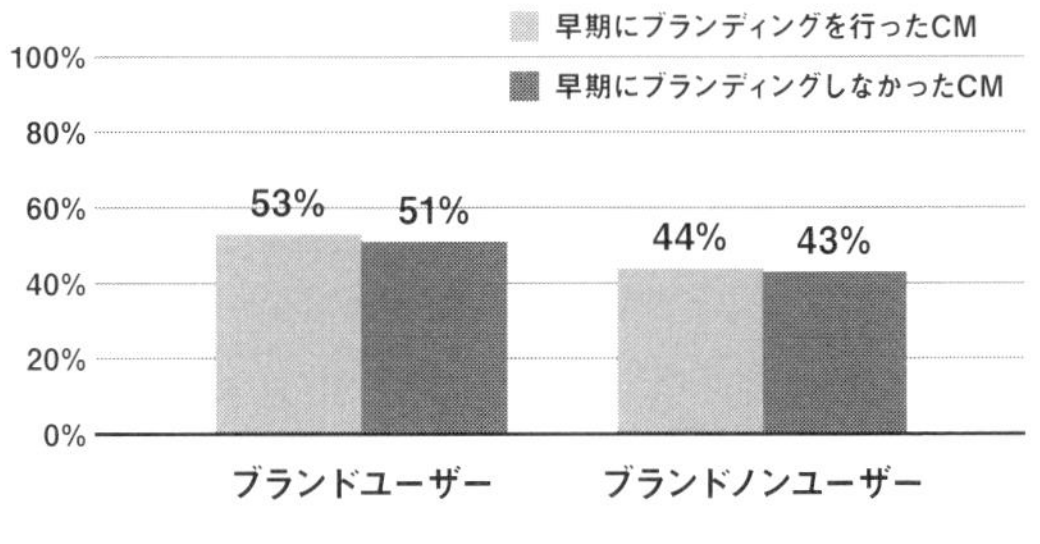

のブランドの広告を組み込み[4]。被験者が各ブランドの広告を必ず1回見るようにした。名広告にはブランド名、映像資産、タグラインを組み入れ、またそれぞれのブランディングの表現は少しずつ変化させた。調査の最後に、15分のインターバルをおいてから、被験者にいくつかの質問をして広告とブランドについて覚えていることを尋ねた。同時にブランド資産とブランドとのリンクについても調査し、ブランド資産とブランド名をリンクできた被験者のスコアのみを独自のブランド資産を評価するスコアとした。そうすることでできるだけ同条件下での比較が可能になった。

独自のブランド資産を訴えている広告は、ブランド名を訴えている広告よりも広告認知率が高かった。また、ブランドノンユーザーの、タグラインで独自のブランド資産を訴えている広告の想起率は33%、映像で独自のブランド資産を訴えてい

図4-4　オンラインのバナー広告とその広告想起率

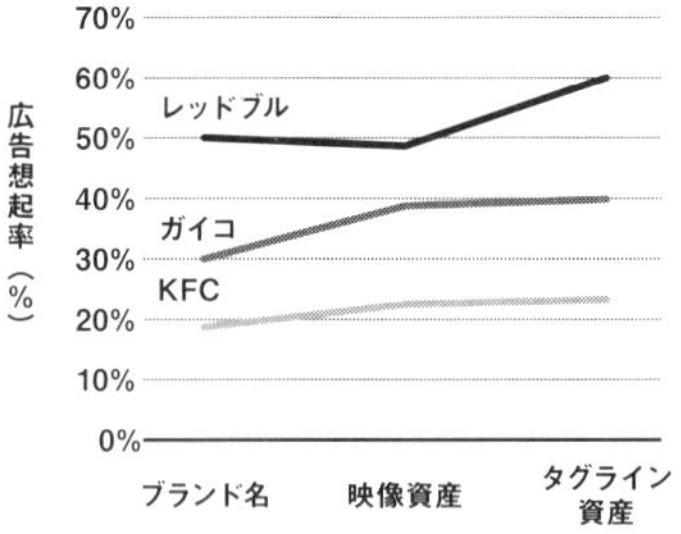

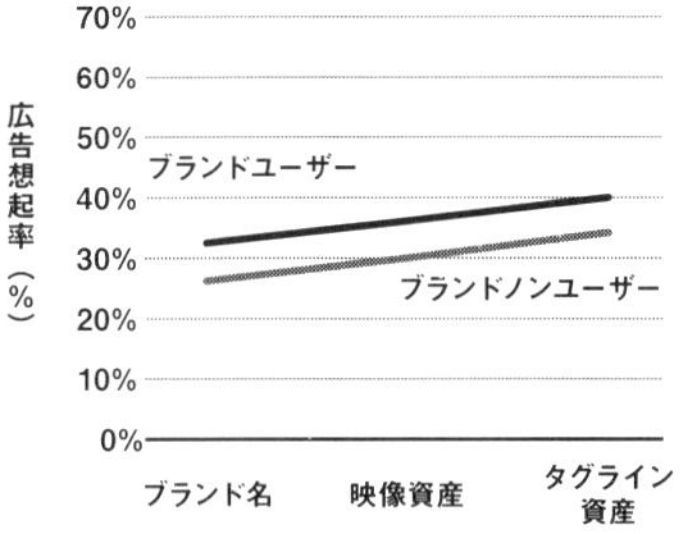

る広告の想起率は30％、ブランド名で独自のブランド資産を訴えている広告の想起率は27％であった（**図4－4**は、ガイコ、KFC、レッドブルの3つのブランドの想起率とユーザー別の想起率を示している）。ブランドユーザーの場合も同じ傾向が見られた。

しかし、独自のブランド資産のこのような優位性は、ブランドの記憶を尋ねるときには維持されていない（**図4－5**のマクドナルド、オレオ、ナイキの認知率、およびユーザー別の認知率を参照）。結果は、ブランドの認知度が極めて低いことを示している。これは、ブランディングが不十分な広告を見たことを覚えている人のうち、それが何のブランドであったかを理解できた人の割合として測定された。ブランドノンユーザーの、ブランド名で独自のブランド資産を訴えている広告の全体的なブランド認知スコアは32％で、映像で独自のブランド資産を訴えている広告の全体的なブランド認知スコア

図4-5　オンラインのバナー広告とブランド認知率

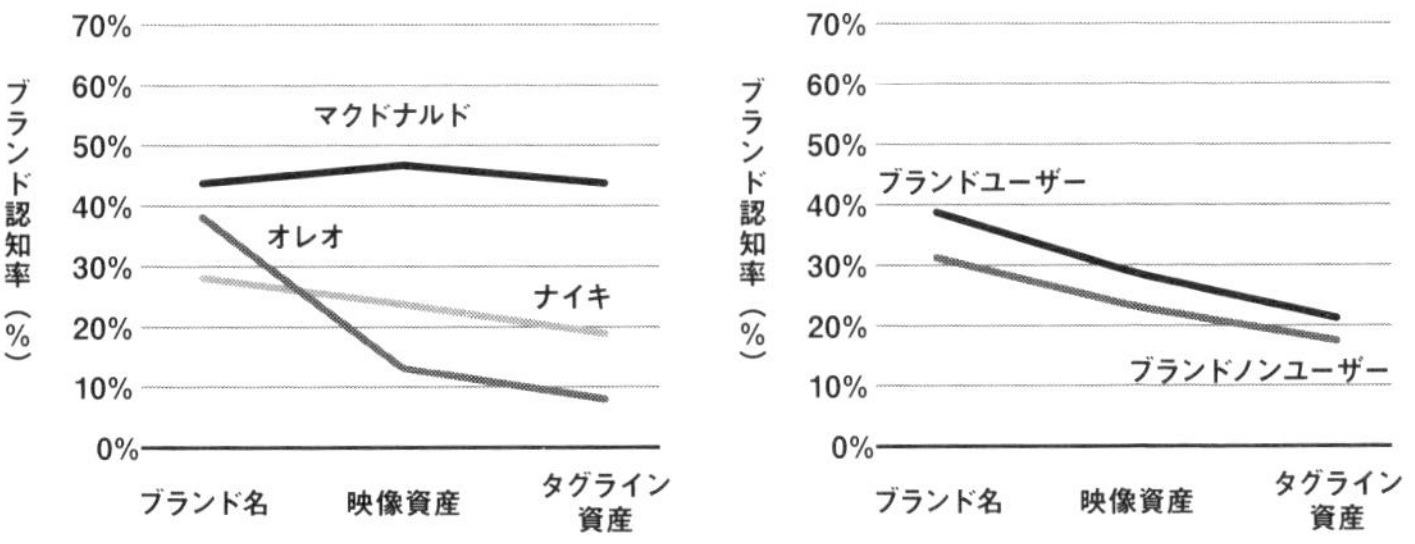

は23％、タグラインで独自のブランド資産を訴えている広告の全体的なブランド認知スコアは17％であった。つまり、タグラインを用いて注目を得ることに成功しても、ブランド名を用いた場合と比較して、概してその半数のブランド属性しか獲得できていなかった。

これらの結果から、独自のブランド資産はオンラインの雑多な環境（ニュースサイトなど）で視聴者の注意を引きつけることはできるが、この長所はブランディングの短所によって帳消しにされることが多いということが示唆される。例外もある。KFCとマクドナルドの映像資産は、ブランディングの正しさにおいてブランド名と同等もしくはそれ以上であることがわかった。しかし、これはまだ典型的な結果ではない[5]。

次にプリント広告を見てみよう。オンラインメディアほど人目を引きつける力はないが、それで

表4-3　プリント広告のブランド表現：広告認知率とブランド想起率（%）

広告認知率					
	全体	銀行	チョコレート	ヘアケア	パスタソース
ブランド名	64	48	82	61	64
映像資産	63	53	76	60	62
タグライン資産	60	48	80	57	55
ブランド想起率					
	全体	銀行	チョコレート	ヘアケア	パスタソース
ブランド名	53	70	51	36	51
映像資産	48	81	41	6	51
タグライン資産	25	52	14	7	26

データソース：Hartnett(2011)

も重要なメディアミックスの一要素だ。調査は、同僚のニコル・ハートネットが4つのカテゴリーの一面広告のプリント広告を使って行って（Hartnett, 2011; Harnett, Romaniuk & Kennedy, 2016）、独自のブランド資産をブランド名で訴求していようと、映像で訴求していようと、タグラインで訴求していようと、広告の広告認知率には差がないことを発見した（**表4−3**参照）。また、ブランド名（53％）はタグライン資産（25％）よりも全体的に高かった。

オンライン広告の場合と同様に、カテゴリー間で映像資産の強さに差が見られる。2つのブランドで（銀行とパスタソース）、映像資産のスコアがブランド名と同等もしくはそれ以上であった（**表4−3**参照）。つまり、独自のブランド資産がブランドの価値を上回ることもあれば、上手に表現できなければ簡単に下回ることもある。

独自のブランド資産を効果的に表現する方法

広告が機能するための理論のすべてに共通することの1つが、広告されているブランドが明確に認識されなければ、その広告がブランドの売り上げに影響を与えることはないということだ[6]。どのような独自のブランド資産であっても、それを表現するための戦略はブランド名を表現するための戦略と同じだ。ブランド資産は、それと気づかない視聴者の意識に切り込むためには十分に目立つ存在でなければならない。

独自のブランド資産は、ブランディングが広告プラットフォームに適合することも可能にし、広告クリエイティブの表現に柔軟性を与える。適合性と柔軟性を与える独自のブランド資産の能力は、ブランドがその他にどのような資産を持っているかに依存している。だからこそ、人の五感にも神経にも多様な影響を与える独自のブランド資産のパレットを構築することが必要だ（さらに詳しくは第12章を参照）。多様なブランド資産を持つことで、誰でも簡単に多彩な戦略オプションを手にすることが可能になる。

オンライン広告とプリント広告を調査する2つの研究が行われた。それぞれの広告のブランド表現以外を同一条件にして、独自のブランド資産とブランド名について調査を行った。独自のブランド資産は間接的なブランディングであり、ブランド想起に失敗する可能性が存在する。記憶のリンクが存在してもブランド想起が保証されるわけではないからだ。強固な独自のブランド資産であってもエグゼキューションの力不足を補うことができないときもある。たとえば、ハートネットは調査を行って、ガルニエ・フラクティスの明緑色はそれ自体が強いブランド資産ではあるが、トリートメントの広告であることを理解できて、しかも明緑色とガルニエ・フラクティスとの関係を知っていた人のうち、わずか6％しか広告を見たときにガルニエ・フラクティスを想起できなかったことを発見した（Hartnett, 2011）。つまり、ブランド名の代わりに独自のブランド資産を使って訴えても、視聴者はそのブランド資産に気づかない、つまりブランド名とブランド資産のリンクを記憶できないというリスクが生じる。これは、ブランド名とブランド資産とのリンクの新鮮さが重要である一方で、エグゼキューションの質も同じように重要であることを意味する。ブランド資産は目立たなければ効果を発揮することはできない。

このことは、独自のブランド資産を使うときのリスクを浮き彫りにしている。それは、ブランドが、独自のブランド資産は注目を集めるには十分に効果的であろうと判断して、他のクリエイティブ面の要素を優先させ、結果的にブランド資産の存在がある程度の犠牲をこうむる可能性があることだ。今日に至るまでの研究のエビデンスから、独自のブランド資産がエグゼキューション面で失敗したまま誰にも気づかれない可能性があることが示唆される。確かに独自のブランド資産は人々の注意を引きつける強力な武器になり得るかもしれないが、正しく使わなければ強力な武器を持っていても何の価値もない。

単純にブランド名とブランド資産を入れ替えても、豊かなクリエイティブアイデアの源泉である独自のブランド資産の優位性が失われるだけだ。独自のブランド資産を中心にクリエイティブなコンテンツを構築することで、ブランドが広告の中心的存在となり、やがて時間をかけて、エグゼキューションとエグゼキューションの間に橋が架かり、リンクされていく。何十年間にもわたってこの橋を架け続けているキャンペーンの例として、マスターカードのプライスレスキャンペーン、ペディグリーの黄色のブランドカラー、ブルマーズの永遠のテーマである時間の使い方、レッドブルのイラスト、M&Mの赤色と黄色のキャラクターなどが挙げられる。これらの例は、独自のブランド資産が常に進化するクリエイティブアイデアに刺激を与えられることを証明している。独自のブランド資産を広告に組み入れるときは、ブランド名にはないブランド資産ならではの要素を有効活用することで、ブランド資産の価値を最大化できる。

ブランド資産を広告に組み入れてはみたものの視聴者の注目を得られないまま資産価値が減少していくのをそのまま放置することは避けなければならない。もしブランドがカラー資産を持っていれば、その色を卓越した特徴にできないかを考えよう。もしブランドがタグライン資産を持っていれば、音声面を強化して記憶の定着率を高めよう。さまざまなブランド資産の活用法について第13章から17章でさらに詳しく解説するが、単純にブランド名を他のブランド資産と入れ換えるのではなく、そのブランド資産の持つ潜在能力を活用することを考えよう。

ブランドエグゼキューションの質を評価する

ブランドエグゼキューションの調査や実施を阻んでいる要因の1つは、誤った尺度が使用されていることだ。ブランディングとはブランド名を覚えやすくすることに他ならない。

それ以上でもそれ以下でもない。ブランド広告における認知度が広告効果を測る重要な条件の1つであることを忘れてはならない。

正しいブランディングスコアは、ブランド資産のエグゼキューションがメンタルアベイラビリティ構築というブランディングの役割を果たしているかどうかを評価するためのもっとも効果的な尺度である。また正しいブランディングは、自然な環境の中でマーケティング活動に触れた人のうち、何人が広告されたブランド名を言えるかを知るための物差しだ。ブランド感がなければ失敗するが（Hartnett et al, 2016a）、ブランドエグゼキューションの質の高さだけで広告による売り上げを保証することはできない。他の要因、たとえば広告のリーチや、クリエイティブの質、メッセージの内容なども重要だ。これらはパエリアを料理するときのライスのようなもので必須の材料だ。パエリアはライスがなければ作れず、ライスだけでも作れない[7]。

ブランディング活動の影響力を測定するためには、ブランディングの目的とコミュニケーションの目的を分けて考えることが重要だ。そうすることで、ブランディングのエグゼキューション上の問題点を特定し解決することができる。

次章では、ブランドエクイティのもう1つの重要な要素であるフィジカルアベイラビリティを構築するときの独自のブランド資産の役割について考察する。

第5章

独自のブランド資産でフィジカルアベイラビリティを構築する

ジェニー・ロマニウク
&
ウィリアム・カルーソ

Chapter 6

Building Physical Availability
with Distinctive Assets

メンタルアベイラビリティとは、ブランドを購入検討時に想起しやすくすることだ。フィジカルアベイラビリティはその戦略的パートナーであり、フィジカルアベイラビリティを構築することは、メンタルアベイラビリティが売り上げの増加に貢献できるようにブランドを買いやすくすることである。第4章のオリンピックの比喩のように、メンタルアベイラビリティがレースの参加資格であるとすれば、フィジカルアベイラビリティは当日のレースの試合運び、すなわち競合ブランドに勝つための方策だ。

『ブランディングの科学 新市場開拓篇』の第8章でフィジカルアベイラビリティの3つの構成要素、プレゼンス（存在感があるか）、プロミネンス（目立っているか）、レレバンス（自分にとって重要か）について考察した（Nenycz-Thiel, Romaniuk & Sharp, 2016）。独自のブランド資産はプロミネンスに貢献し、その結果、ブランドが購買環境の中で目につきやすくなる。購買環境の中で強固なポジションを獲得している独自のブランド資産はビーコン（航路標識）の役割を果たし、雑然とした売り場でカテゴリー購買客の注意をブランドに引きつける。

売り場環境でブランドが目立つことの価値

多くのブランドが、雑然とした売り場環境でカテゴリー購買客の注意を引きつけるための闘いを行っている。独自のブランド資産は、日用品を扱う実店舗であろうと、商品を広告する野外看板であろうと、インターネット上のオンライン店舗であろうと、そのような購買環境の中でブランドが目立つことを助ける。

もしあなたがブランドのメンタルアベイラビリティを構築したいなら、混沌かつ雑然とした環境の中でブランドを探すカテゴリー購買客の心の中を観察してみよう。その目的は、カテゴリー購買客の注意を、彼らが心の中に思い描いている他社ブランドからあなたのブランドへ向けさせることだ。購入を強く促すことができる購買資産があれば、ブランドが他のブランドよりも目立つことは可能だ。そうすることで、他社ブランドよりもあなたのブランドをカテゴリー購買客の心の近くに置くことができる。心に残りやすいプロミネンスがあれば、購買客はそのブランドを見つけて買い

図5-1　商品棚の商品と購買客の意識

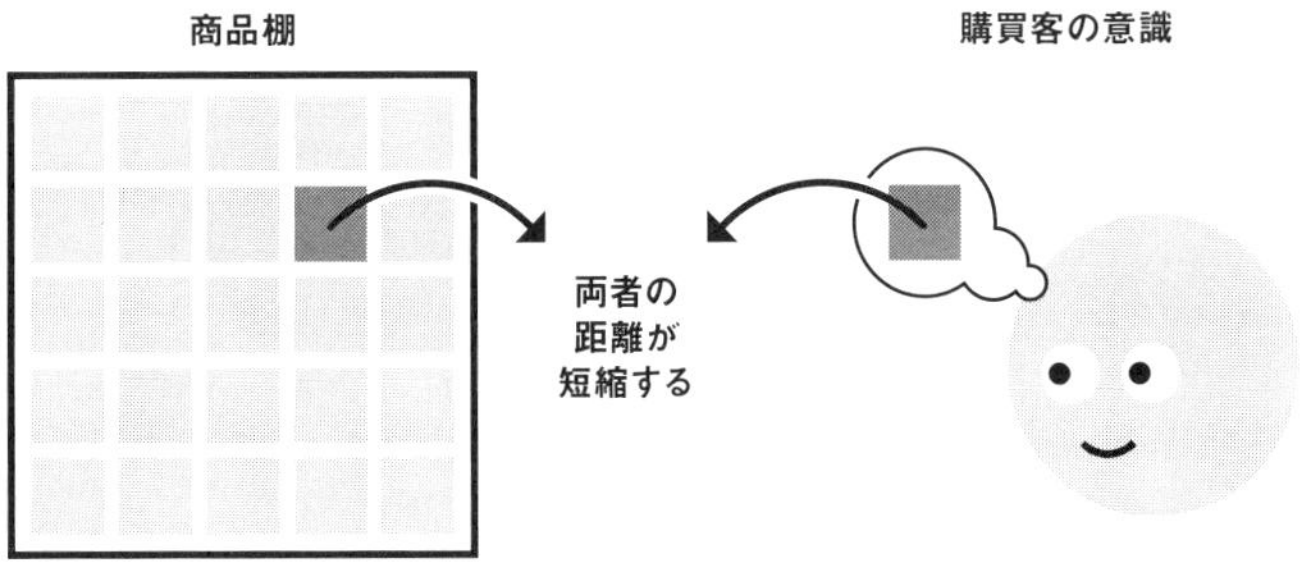

求めやすくなる。これは、購買客の頭の中にあるブランドと棚に並んでいるブランドが一致し、さらにその棚に並んだブランドが競合ブランドと大きく異なる場合にのみ起きる。

独自のブランド資産について詳しく考察する前に、いくつかの状況下での人の購買行動について考えてみよう。独自のブランド資産の重要さと、どのタイプのブランド資産の価値が高いかを、ざっくりと理解することができる。ここでは、調査が行われることが多い食料雑貨の買い物について考える。その他のカテゴリーでの買い物も重要だが、汎用性の高さに欠けている。まず、人の食料雑貨の購買行動を調べて発見された2つの関連性の高い事実に着目する。

購買客の主動線は運動場のレーストラックのような形

オンラインで食料雑貨の買い物をすると広告の山である。しかし買い物の多くが実店舗で行われている。本項では、まず、典型的なスーパーマーケットでの人の購買行動について考察する。購買客がスーパーマーケット内のすべての通路を通って買い物をすることはめったにない。購買客の主動線は店内外周の運動場のトラックのような形をした通路であり（図5－2）、彼らは不要な売り場を避け、どの売り場に行くべきかを判断しながら進んでいる（Larson, Bradlow & Fader, 2005）。したがって、遠くからでも目につきやすいブランドは、購買客のブランド記憶を刺激しやすく、購入すべきブランドとして想起されやすい。

購買判断が早い

食料雑貨の買い物売り場で購買客が新しいまたは例外的な購買行動を取ることはまれだ。特に買いたい商品が決まっているときは、長年にわたり習慣化された購買行動を取る（Sharp, 2010b）。したがって、購買客が商品棚の前に長く留まったり、オンラインであれば他の選択肢を探すために余分な時間をかけたりすることはない。むしろ購買判断を下すまでの時間は短い。

店内の購買客を観察したいくつかの研究によると、どの製品カテゴリーであれ、購買客がその売り場に到着してから去るまでに要する時間は12〜17秒だ。購買客の46％は商品の選択に5秒もかけていない（Dickson & Sawyer, 1990; Hoyer, 1984; Le Boutillier, Le Boutillier & Neslin, 1994）。同様に、オンラインショッピングについても近年調査が行わ

図5-2　レーストラック形の動線

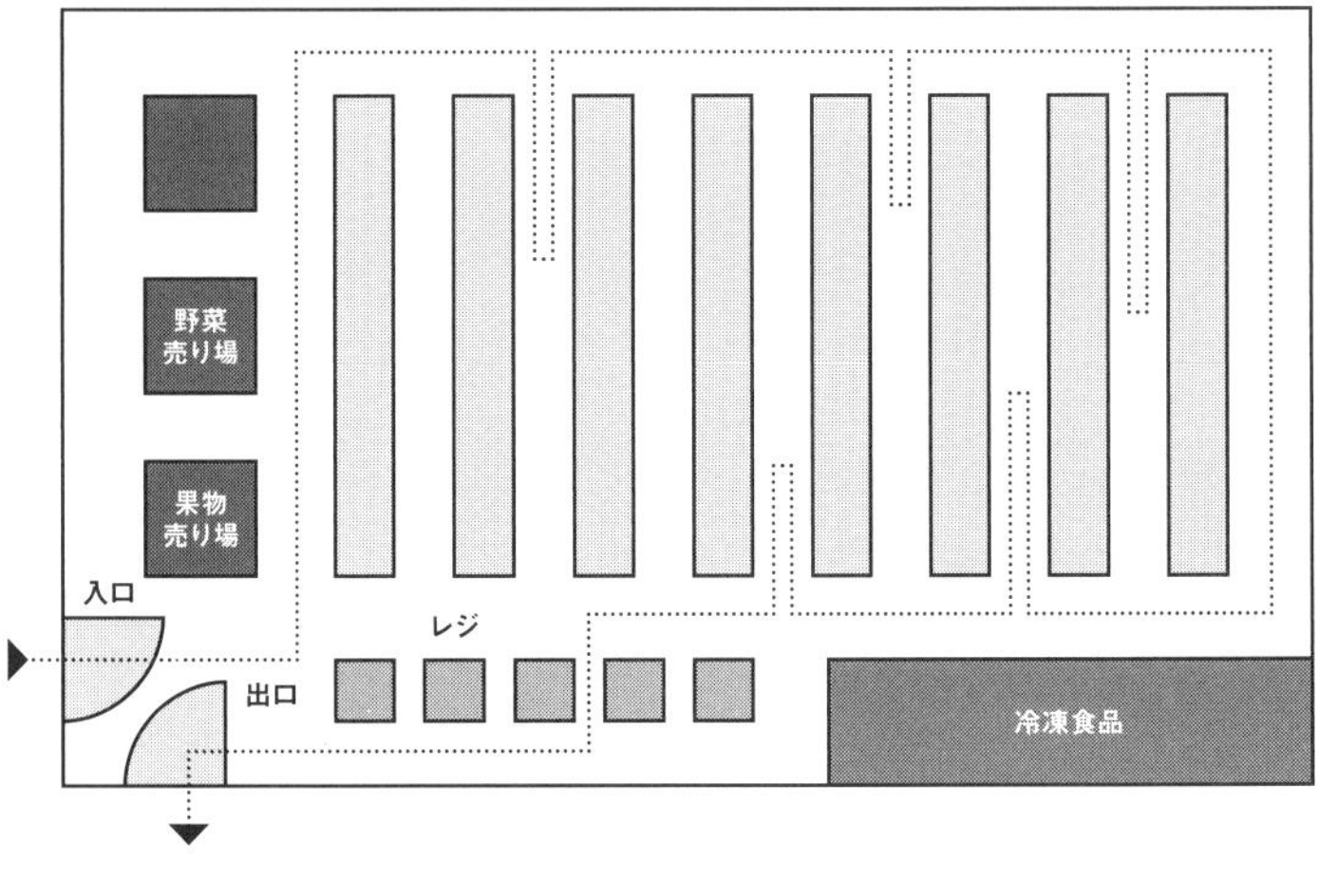

れ、購入された商品の42%が10秒以内に購入の判断が行われていたことがわかった（Anesbury et al, 2016）。

お目当ての有名ブランドのチョコレートが商品棚に見当たらなければ、購買客はレパートリーの中から類似商品を探そうとする（Sharp, Wright & Goodhardt, 2002）。したがって、5セント硬貨の大きさにたとえられるくらい狭い購買客の視野にブランドが入るためには、まず商品棚で目立たなければならない（Wedel & Pieters, 2006）。この目標が達成されればブランドは購入される。試しに、購買環境の中で商品がどのくらい無視されているものかを実感するために、いつも行っているスーパーマーケットやハイパーマーケットの、あるいはオンライン店舗の食料雑貨売り場へ行ってみよう。自分とは職業上の利害関係のないカテゴリーを選び、短時間でいいので、一般の購買客になってみる。どのような商品の選択肢があるか、よく見まわしてみよう。これまでに意識したことのない商品が多いことに気づくはずだ。多くの選択肢が存在する中で、見過ごされる商品は多い。目に入らない商品には気づかない。したがって、遠くからでも目立つ購買資産であることが理想だ。製品を手に取ってから独自のブランド資産に気づくことは決してありえない。

購買環境で重要な独自のブランド資産

購買資産とは、ある購買環境下で特に想起される資産の集合体のことをいう。競合商品が多いだけではなく購買客とブランドの間に他の購買客やカートが存在して混雑する小売り環境下では、目につきやすいことには特別の価値がある。購買客は購買行動を起こしながらも心の中では早々に買い物を終えたいと願っており、彼らが小売り環境に向ける注意は短時間で不完全だ（Dickson & Sawyer, 1990; Nenycz-Thiel et al, 2016; Sorensen et al, 2017）。

ブランドが商品棚で目立つためには

人は買い物をするとき、無駄な時間と労力をかけることを避けながら、目を使って買い物をする。目を使うことで近道をし、効率よく買い物をしている。しかし必ずしもすべての視覚対象物が同じように注目を引きつけるわけではない。インストア試験が何回も実施され、カテゴリー購買客に商品棚で目立ったブランドをその理由とともに尋ねた。

色という回答が、ブランドやカテゴリーに関係なく、またブランドの色（赤や緑その他どのような色であっても）にも関係なく、もっとも多かった（Gaillard, Sharp & Romaniuk, 2006; Piñero et al, 2010）。**図5−3**は、ガイヤールらが実施した試験（２００６年）で得られた回答の幅を示している。色という回答が全体の過半数の52％を占めてもっとも多く、他の48％がパッケージや置き場環境などの要因で占められていた。

色という回答がもっとも多い主な理由は、人が何かに注意を向けているのではなくただ漫然と周囲に目をやっているだけのときは、色が人の目が取り込む唯一の情報だからだ（Wedel & Pieters, 2006）。このことから、カラー資産を開発することが重要であること、将来の可能性を秘めているカラー資産を守ることが重要であることが示唆される（詳しくは第13章を参照）。

強固な購買資産の構築の課題

購買資産は、パッケージ上に何かデザインしてさえいれば目につくだろうというマーケターの憶測の犠牲になることが多い。購買資産を試験してきた我々の経験では、このタイプの憶測はマーケターの期待に応えることができないことが多い。このギャップを生んでいる主な要因は、革新性の欠如であり、一貫性の欠如であり、プロミネンスの欠如であり、独自性の欠如だ。

図5-3　商品棚のブランドを目立たせる要因

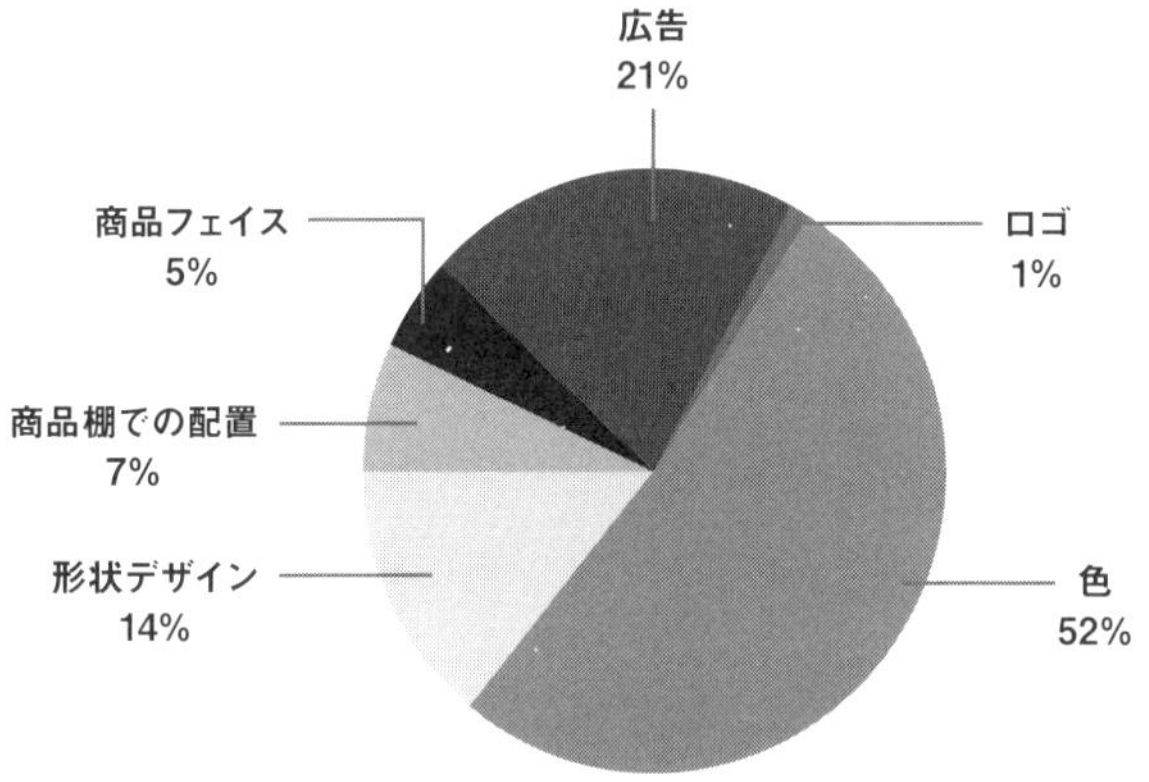

データソース：Gaillard et al. (2006)

革新性の欠如

購買環境の中でブランドが目立つための資産には多くの選択肢が存在するにもかかわらず、マーケターが試験する資産の選択の幅は往々にして狭い。提案された資産は、ブランドの色、形状、ロゴに着目していることが多い（いくつかの異なるパッケージ資産を試験したので、その例を本章の後半で示す）。マーケターがこれら3つのパッケージ資産に集中し過ぎると、その他の資産構築の好機を逃してしまうことがある。

購買資産へのフォーカスの幅を狭くすると、同じタイプの資産を構築しようとしている同じカテゴリー内の多くの類似ブランドとのイメージの接近が促進され、競合ブランドと重複するリスクが高まる。**図5-4**は、フォーカスの幅を広くした小売り環境下で使われる購買資産の例で、形状、

図5-4　購買資産は選択の幅が広い

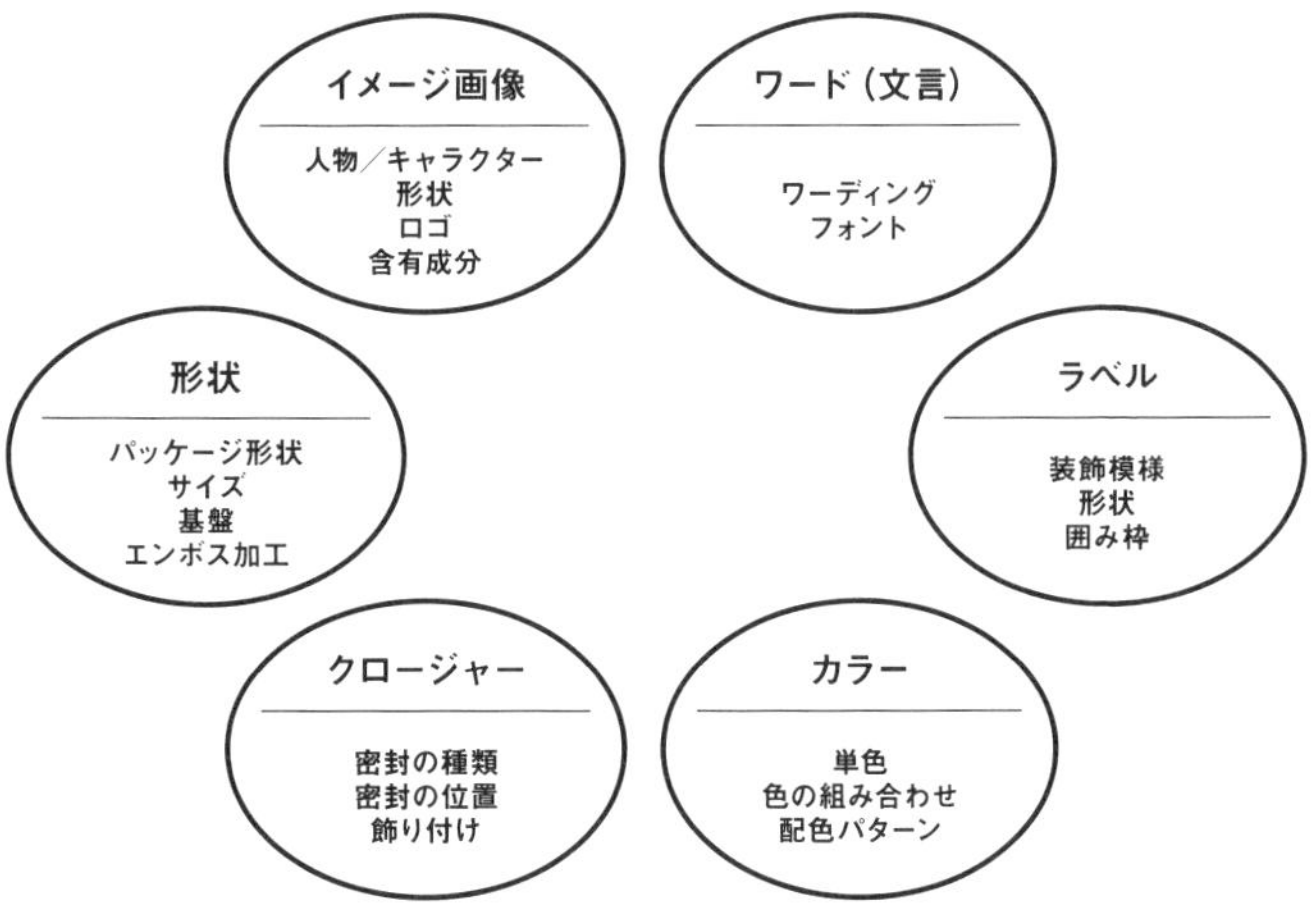

クロージャー[1]、イメージ画像、ラベル、ワード（文言）、ラベルなどがある。中にはパッケージの形状などのように日用品に共通する資産もあれば、サービスや耐久消費財のように独自の購買環境を持つ資産もある。またそれは、オンライン店舗にあることもあれば、喫茶店が並び交通量の多い往来で目にすることもある。クレジットカードやATMのようなサービスは、目につきやすい独自のブランド資産として明確なシンボルを持っていることが多い[2]。

一貫性の欠如

購買資産の修正には2つの方法がある。まず、アップデートを行うための微調整だ。これらのうちのいくつかは内容成分の変更などの必要不可欠な修正であるが、トロピカーナの例の悪名高きパッケージ変更のように、見当はずれの修正をしてしまうこともある（Zmunda, 2009）。

2つ目の方法は、たとえばオランジーナ（炭酸飲料ブランド）の夏用商品にビキニやトランクスをデザインしたように、限定販売や特売商品に加える修正だ（Tilly, 2017）。このようなたとえ短期の修正であっても、そのカテゴリー購買客の記憶に存在する購買資産の構造に長期的で否定的な混乱をもたらす可能性がある。どのような変更であれ、このような修正は、短期的メリットが長期的損失を上回るかどうかを慎重に検討してから判断しなければばならない。特に注意しなければならないのは、変更を促進するために投じたオポチュニティーコスト（機会損失費用）だ。同じ費用を独自のブランド資産の構築に投資することもできたかもしれない。

プロミネンスの欠如

第4章で考察したように、広告やソーシャルメディアでは、ブランドが目立つためには2つの問題を克服しなければならない。1つは外的環境において購買客の注意を阻害するもの、もう1つは広告クリエイティブ面において購買客の注意を阻害するものだ。購買資産も同様の問題に直面する。購買資産はまず、他社ブランド、買い物客、特売の販促物などで混雑している外的要因を克服しなければならない。その次に、パッケージ上の他の要因を克服しなければならない。たとえば、もしブランドのパッケージ上に独自のブランド資産としてキャラクターをデザインしていれば、このキャラクターは、同じパッケージ上の他の要素、たとえば健康や、品質、含有成分などのどの表示よりも大きな存在感がなければならない。

パッケージ資産を5つのカテゴリー別に調査した最近の研究によると（Kashmiri, Nguyen & Romaniuk, 2017）、オーストラリアでは40％のパッケージにサブブランドがデザインされており、その25％がメインブランドと同じ大きさであった。パッケージデザインがこのように混乱していては、どのような要素であれ目立つことは難しい。

ブランド資産が購買客に気づいてもらうためには、これら2つのバリアを突破しなければならない。

独自性の欠如

パッケージ上のすべての要素を際立たせなければならないわけではない。時には、パッケージがそのカテゴリーに属していることが認識されるように、いくつかのカテゴリーの基本的な基準を満たすだけで効果的な場合もある（Mocanu, 2015; Rosch & Mervis, 1975）。しかし、これは、非常に明確な基準が存在するときだけであり、見つけることが難しくなるほどブランドをカテゴリーの中に埋没させてはならない。

ブランドが独自のブランド資産を選択するとき、競合力よりもカテゴリー内でより美しくあることを優先すれば、存在感を喪失して多くの製品の中に埋没するリスクが生じる。だからといって、カテゴリーの一員であることを明確にすることが重要ではないということではない。ブランドを購買環境で目につきやすくするためになすべきことを優先させなければならない。多くの場合、売り場に適切に配置することで、そのカテゴリーに属しているというシグナルを潜在的購買客に向けて発することができる。

購買資産の相対的パフォーマンス

我々は16カ国15種類の日用品カテゴリー内の1001例の購買資産[3]が対象のデータベースを利用して、さまざまな購買資産の実例とその効果を詳しく調査した。目的は、日用品カテゴリーにおいてはマーケターがどの購買資産をもっとも多くテストしているのかを知ること、およびもっとも多くテストされた資産が他の資産よりも良い成果を生んでいるかを知ることだった。

これらの資産の成績を評価するために、2つの主要な尺度を検討した。まず、知名度。次に独自性。これは何人のカテゴリー購買客がその資産をブランドとリンクできるかというものだ。これは資産のオーナーシップの高さを示す。これらの尺度については第9章と10章で詳しく解説するので、この時点では、どちらの尺度も、スコアが高いほど強固な資産であるとだけ理解していただきたい。

我々は調査した日用品からいくつかを選び、そのパッケージ資産を9つのタイプに分類した。すべての資産タイプがパッケージに関連する資産だった。色は、パッケージに使われているもののみを対象として検討した。キャラクターも、パッケージに使われているもののみを検討の対象とした。

図5-5から、色がパッケージの独自のブランド資産としてはもっとも頻繁に使われ、次いでブランド名を除いたパッケージデザイン、ロゴと続いていることがわかる。キャラクター、ワード、クロージャーなどはほとんど使われていなかった。

各資産の効果について調査中に、資産としてテストに使われる割合とその効果の間には資産間でズレがあることが判明した（**図5-6**）。もっとも大きなズレはもっとも一般的な資産であるパッケージカラーに見られた。パッケージカラーは、すべての資産の中で、知名度と独自性がもっとも低かった。

他の資産、たとえばパッケージにデザインしたキャラクターは、わずか4％しかテストされなかったが、知名度も独自性も2位に10％の差をつけてもっとも高かった。これはそもそも使用例が少ないことと、第2章でも言及したように人は顔に

図5-5　テストに使われたパッケージ資産

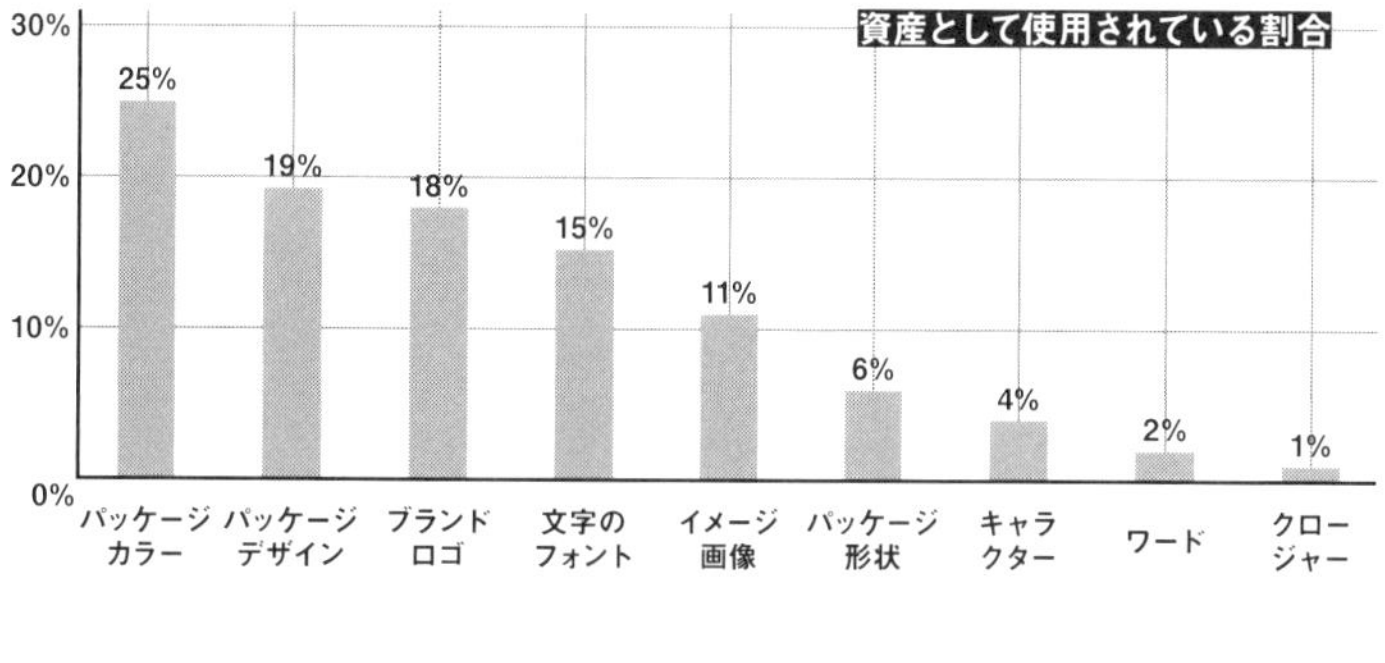

無意識のうちに引きつけられることの2つの要因が相まって起きたことに起因する（Gobbini et al, 2013）。パッケージクロージャーについては、サンペレグリノの缶のアルミのキャップが、他に使用例が少なく非常に効果的な資産の良い例だ。

特定の資産を有利にしているのは、使用例がまれであることだけではない。ロゴは資産としての使用頻度が高く、知名度も独自性も高いが、これはほとんどの場合、パッケージ上のロゴのプロミネンスとコンシステンシー（一貫性。『ブランディングの科学　新市場開拓篇』第8章を参照）の組み合わせの結果である。したがって、購買資産を確立するために、奇妙で、珍しく、ギミックのあるデザインを求める必要はない。ごく普通の資産を上手に表現することで、それがさらに強固な資産となる。

最後に、ほとんどのパッケージ資産の知名度が低いことを指摘しておこう。キャラクターを資産

図5-6　パッケージ資産タイプ別の効果比較

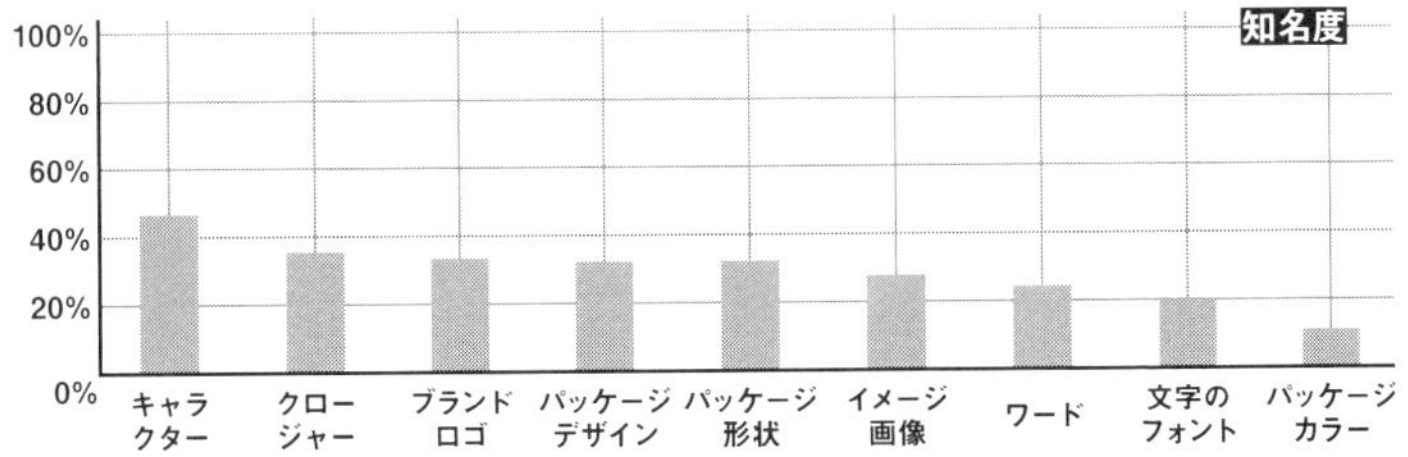

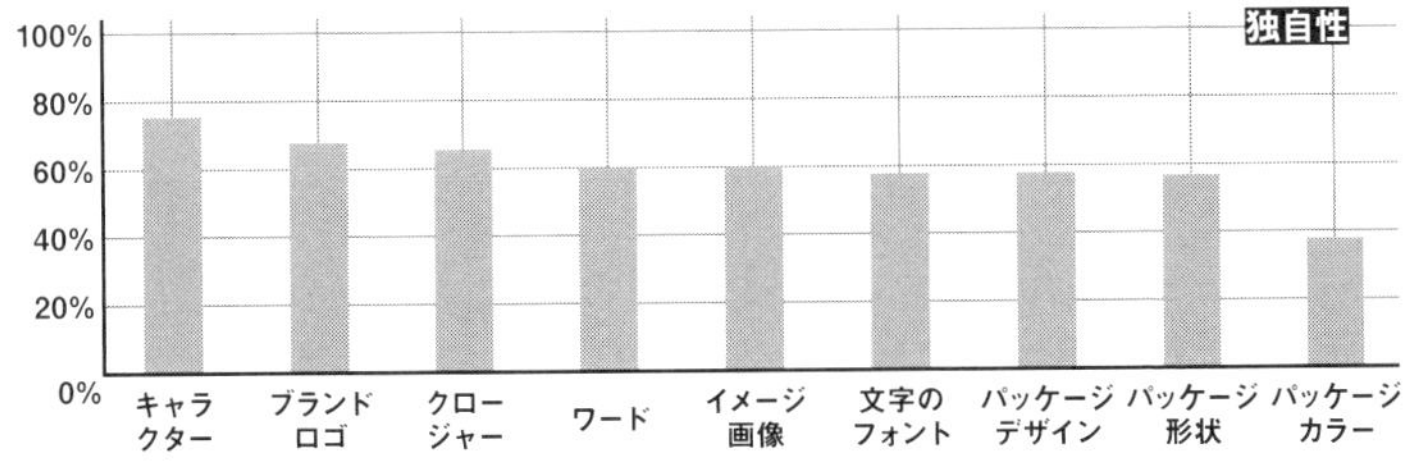

にしているパッケージ資産だけが約40%の知名度を獲得していた。このことから、多くの場合、パッケージ上に資産が存在することとその資産が認識されることの間には大きな隔たりが存在していることは明らかだ。調査を実施したとき、これらの資産の大多数がパッケージ上に存在していたが[4]、それに気づいた被験者は誰もいなかった。ブランド購買客の間ではスコアは高かったが、それでも100%には達していなかった。これは、「プレゼンスからブランドパフォーマンスを推定することはできない」という考えを再確認するもので、だからこそ客観的な測定が重要なのである。

購買資産のエグゼキューションの改善方法

独自のブランド資産と同様に、購買資産もその表現方法が資産強化に重要な役割を果たしている。購買資産の克服すべき課題は、多くの場合、パッケージ上で目立つための工夫を行える面積が小さいということだ。これはマーケターのコントロール外の問題だが、このような状況下で購買資産のエグゼキューション（プランの実行やコンセプトの具体化・表現化）を改善するための3つの原則を紹介しよう。

余白を作る

ブランドの購買資産のプロミネンスを改善するための最善の戦術は、パッケージ上から余計な要素を取り除くことだ。ウェブサイトや屋外広告についても同じことがいえる。雑然とした背景の中ではブランド資産は目立たない。余白を作ることで意図した所に購買客の注目を集めやすくなる。

一貫性（コンシステンシー）を保つ

購買環境の中で購買資産に一貫性が欠如していると、その影響は購買客の記憶と売り上げの両方に現れる。ビジュアル上の一貫性の欠如は、ブランドを認知するプロセスの円滑さに悪影響を与える。もしあなたが自分のブランドの購買資産を構築したいなら、その資産のビジュアル上の一貫性をすべての表現の中で維持しなければならない。たとえ購買環境の外であっても同様だ。

説得が困難な購買客にリーチする

購買資産を構築することを購買環境での顧客との接触に依存することは危険だ。混雑した購買環境下で人の注意が散漫になるのは自然なことであり、このような環境で購買客の意識に深く働きかけることは難しい。店内ディスプレイを工夫したり、カテゴリーによっては贈答用のパッケージを置いたりすることが、市場浸透率を上げるために必要な、ノンバイヤーとライトバイヤーの注目を引きつけることに役に立つ（Romaniuk, Beal & Uncles, 2013）。このような店内での工夫が購買客の注意を引きつける上で大きな役割を果たしている。実際、カルーソらは、通路端のエンドディスプレイでは通路途中のディスプレイよりもはるかに多くの購買客にリーチできることを示した（2015年）。

購買環境でのマーケティング活動の欠点は、多くの場合、小売店側の許可を要すること、それに加えて費用と労力を要することだ。広告は、ノンユーザーとライトユーザーの記憶構造の中に購買資産を構築するもう1つの方法であり、店内活動よりも簡単で安価でコントロールしやすいかもしれない。

モバイル環境やeコマースで独自の資産を構築する

多くの人がオンラインや携帯端末で買い物をするようになった。ブランドの購買資産もオンラインやモバイル環境に適応できなければならない。

まず、購買環境に共通する問題点について考えてみよう。オンラインスーパーや携帯ショッピングサイトに行くと、画面が非常に雑然としていることに気づくだろう。実店舗と同程度の雑然さだが、どのカテゴリーのどのブランドでも、割り当てられたスペースは狭くなっている。さらに、特売や販促を告知するための大量のビジュアルが訪問客の注意を削いでいる。あらためて、訪問客の注意を引きつけ、しかもオンラインや実店舗でのさまざまな妨害に負けないことが実証済みの購買資産を持つことが重要であることがわかる。

次に、実店舗との相違点について考えてみよう。まず、オンラインやモバイル画面の雑然さは主に言葉と数字に起因していることに気づくだろう。これは、言葉や数字の意味とその記憶をつかさどる〈意味記憶〉には多くの競争が存在することを意味する（**Tulving, 1972**）。そしてそれは、パッケージ資産に表現された言葉の価値を低下させ、購買客の注意を引きつける競争に勝てる見込みを低くする。

2つ目の相違点は、初期画像が小さいということだ。これでは詳細な部位まで確認することはできない。画像を大きくするためには、購買客は画面上のどこかをクリックするという行動を起こさなければならない。そのために購買客はまず、クリックすべきブランドを探さなければならない。フォントやロゴなどの小さい目立たない要素は認識されにくいので、その価値は軽視されることになる。単色または複数の色でデザインされたパッケージ資産は、小さくても目につきやすいので効果的だ。しかし、この環境下での背景は白色であることが多く、白色や淡色のパッケージは不利だろう。

3つ目の相違点は、オンラインショッピングでは、どのブランドも視覚的に工夫できる面積がほとんど同等であることだ。これとは対照的に、典型的な実店舗のシェルフでは、強いブランドほどより多くのフェイス（商品陳列最前列面）とより大きいブランドブロッキングを獲得できる（Nogales & Suarez, 2005）。ということは、オンラインの購買環境では、もし系列品のアイデンティティが不揃いであれば、ブランドのポートフォリオには1つの大きいブランドを構成しているという印象はなく、むしろ小ブランドの集合体としか見えないだろう。また多くのサブカテゴリーが存在するが、購買客は画面上に現れた選択肢を機能的特徴（グルテンフリーなど）でフィルターにかけることができるので、もしサブカテゴリー選択のフィルターがブランド選択のフィルターよりも上位にあれば、サブカテゴリー内の他ブランドとの差別化は難しくなるだろう。

最後の相違点は、オンラインのほうが効果的に機能する独自のブランド資産もあるのは確かだが、やはり実店舗でのブランド資産構築活動が中心でなければならないことだ。資産の強化および構築の活動のほとんどがデジタル環境外（すなわち実店舗）で実施されている。オンラインの買い物客はわざわざ実店舗のスーパーマーケットへ行って実際のシェルフで商品を確認しようとする（Dawes & Nenycz-Thiel, 2014; Nenycz-Thiel & Romaniuk, 2016）。オンラインでの購買判断に17秒もかかったとしても、そうやって買った製品が（チョコレートなどは別だが）家庭の中でずいぶん長期間にわたって存在し、購買客の目に触れるたびにその記憶に影響を与えることがある。したがって、オンラインの購買環境のための独自のブランド資産は、実店舗の独自のブランド資産と一貫性を有していなければならない。別のブランド資産になってはならない。

次章では、サブブランドとエクステンションブランドの独自のブランド資産の役割について考察する。また、親ブランドと共通したアイデンティティを持つことと、親ブランドとは異なる独自のアイデンティティを持つことの問題点についても考察する。

第6章

独自のブランド資産を他のサブブランドやカテゴリーに応用する

ジェニー・ロマニウク

Chapter 6

Extending Distinctive Assets across Sub-brands and Categories

本章では、アイデンティティを親ブランドに一致させることとサブブランド（系列品を含む）やエクステンションブランドが独立した存在として認識されることの間に生じる緊張について考察する。第2章で、同じ名前のもとで購買客に提示された情報はすべて同じ記憶領域に定着すること、名前が異なるなどの不一致があれば既存の独自のブランド資産が弱体化することを考察した。ブランド名がサブブランドや新しいカテゴリーにも使用されている場合は必ず、その開発プロセス上避けられないアイデンティティ重複の問題が生じる。もし、エクステンションブランドを開発することの目的が、まったく異なるアイデンティティを持つブランドを育成することであれば、親ブランドのアイデンティティの強みと可能性が損なわれることを避けるために、異なるブランド名を与えるべきである。

親ブランドとエクステンションブランドの衝突を防ぐための第一歩は、親ブランドの実際の（または望ましい）資産を明確に理解することだ。そうすることで、その資産を構築または保護することができる。

親ブランドを守ることを優先させる

飛行機内の安全装置の使い方の案内は、自分の子どもはもちろん他の人を助ける前に、まず自分が酸素マスクを装着することの重要性を説いている。同様に、親ブランドから分岐したエクステンションブランドを管理するときにも、自己防衛的アプローチが必要だ。親ブランドを守ることを、何よりもまず優先させなければならない。親ブランドのアイデンティティが強ければ、将来のエクステンションブランドも含めて、同じ傘下のすべてのブランドにとってのメリットが大きいからだ。

最初の第一歩は、親ブランドの資産の現在の強さを評価することだ。そうすることで、親ブランドとエクステンションブランドの戦略的な可能性を特定することができる。これは重要だ。すでに親ブランドからエクステンションブランドが生まれている場合、中心的役割を果たす資産が損なわれ、想像以上に弱体化しているかもしれない。私はこれまでに、長期間にわたって一貫性を維持しているものの、サブブランドを導入し過ぎて業績が振るわない親ブランドの例を数多く見てきた。これは、長年使われているからといってその独自のブランド資産が強固であるとは限らない、ということを意味する。サブブランドや系列品に生じるバリエーションの広さを示す良い例として、米国のウォルマートで観察された家庭用洗剤ブランドのライゾールの場合を見てみよう。まず5つの系列品を、同じ形をした他のブランドと比較してみる[1]。そして、これら5つの系列品が親ブランドや他の系列品とどれくらいかけ離れているかを、パッケージに使われている色、イメージ画像、ワード、クロージャー、ロゴ、フォントなどに着目して見てみよう[2]。

表6-1は、主な類似点が、ライム&ラストクリーナーの黒色の系列品は例外として、

ロゴ、アクセントカラーの赤色、〈ウイルスとバクテリアの99%を除去〉という文言、青色のクロージャーであることを示している。主な相違点は、ベースカラー、サブカラー、イメージ画像、余白の有効利用、パッケージ上の文言であった。一連のパッケージが商品棚で目立つためには、その視覚的類似点の力が相違点の力よりも勝っていなければならない。視覚的特徴の幅を確認しよう。ライゾールブランドの視覚的類似点の力は相違点の力よりも勝っていると言えるだろうか？　ライゾールの一連のブランドがシェルフでの存在感を強くするためには、何を変更したら良いだろうか？

この議論はライゾールに限ったことではない。どのようなブランドでも同じ結果が観察されることだろう。ライゾールは、系列品を持つブランドとしては典型的なブランド体系を有している。また、ブランド資産の人気度と重要度が高くても、第5章で示したように、パッケージカラーがブランドの評価に貢献することはまれであることをよく示している。もしあなたのブランドが系列品やサブブランドを所有しているなら、同じような調査をしてみることをお勧めする。どのような類似点がありどのような相違点があるのか、その結果に驚かされることだろう。

表6-1　ライゾールの系列品の視覚的特徴（ウォルマートのオンライン店）

ブランド	パッケージカラー	イメージ画像	ワード（文言表示）	クロージャー	ロゴのフォントと色
ライゾールパワートイレットボールクリーナー（親ブランド）	・ダークブルー* ・**ホワイト** ・**レッド（サブカラー）**	・なし	・頑固な汚れを数秒で除去 ・**ウイルスとバクテリアの99%を除去**	**ダークブルーのトップ**	**白い背景に青い筆記体のフォント**
ライゾールパワー＆フリー	・ライトブルー* ・**ホワイト** ・ダークブルー（ベースカラー） ・**レッド（サブカラー）** ・グリーン（サブカラー）	・オーバーラップする2つの円 ・泡 ・ロゴの下に白色の輪	・**バクテリアの99%を除去** ・過酸化水素による漂白0%	**ダークブルーのトップ**	**白い背景に青い筆記体のフォント**
ライゾールパワー＆フレッシュクリング トイレットボールクリーナー（自然な香り）	・ライトグリーン* ・**ホワイト** ・ブルー ・**レッド（サブカラー）** ・イエロー（サブカラー）	・ヒマワリの水滴 ・ロゴの下に白色の輪	・**ウイルスとバクテリアの99%を除去** ・清潔＆新鮮 ・濃厚な洗剤液で清潔にすがすがしく	**ダークブルーのトップ**	**白い背景に青い筆記体のフォント**
ライゾールクリーン＆フレッシュ（ラベンダーの香り）	・パープル* ・ホワイト ・ダークブルー（トップとフォント） ・**レッド（サブカラー）**	・ラベンダーの水滴 ・ロゴの下に白色の輪	・**ウイルスとバクテリアの99%を除去** ・清潔＆新鮮 ・濃厚な洗剤液で清潔にすがすがしく	**ダークブルーのトップ**	**白い背景に青い筆記体のフォント**
ライゾールトイレットボールクリーナー 漂白剤入り	・ダークグリーン* ・**ホワイト** ・**レッド（サブカラー）**	・緑の渦巻き ・赤色の円に矢印でcompleteの文字	・**ウイルスとバクテリアの99%を除去** ・隅々まで汚れを残さず清潔に	**ダークブルーのトップ**	**白い背景に青い筆記体のフォント**
ライゾールトイレットボールクリーナー さび菌取り（ライム入り）	・ブラック* ・**ホワイト** ・**レッド（サブカラー）**	・暗い背景に明るい光	・ウイルスとバクテリアの99%**を除去** ・頑固な水垢をしっかり落とす	ブラックのトップ	白い背景に青い筆記体のフォント

・太字は重要な類似点　＊は支配的な色

サブブランド戦略の固定的特徴と選択的特徴

親ブランドの資産の強さをベンチマーキングすることも重要だが、現在および将来のブランド資産を、その特徴別（固定的か選択的か）に分類することも同様に重要だ。なぜなら、分類することで、親ブランドの資産とサブブランドのアイデンティティをどのように統合することが可能か（または必要か）が明らかになるからだ。

●固定的特徴

カラー、フォント、商品であれば形状などがあり、具体的な特徴として表れる。たとえば、銀行のクレジットカードには何らかの色がある。また、商品パッケージには必ず形があり、ブランド名やパッケージ上の文言には何らかのフォントがある。これらの特徴を使わないという選択はないので、どの特徴を独自のブランド資産として採用すべきかの判断をしなければならない。文字には何らかのフォントが必要であるが、すべてのフォントを独自のブランド資産として開発できるわけではない。しかし、もし固定的特徴を持つブランド資産を使わないのであれば、同じ範疇《はんちゅう》の別の資産を代用しなければならなくなり、混乱が生じる。たとえば、あるブランドが赤色をブランド資産として有しているとき、赤以外の色を使うと混乱を招くことになる。

●選択的特徴

タグライン、キャラクター、ジングルなどの特徴のことで、使うか使わないかを選択できる。たとえば、パッケージ上にキャッチフレーズを入れるかどうかや、広告にキャラクターを入れるかどうかは選択的に判断して決める。もし使わなくても、代わりの資産を使う必要はない。たとえば、タグラインを広告から外したからといって別のタグラインを使う必要はない。

親ブランドの独自の資産には、固定的特徴と選択的特徴のどちらを使うことも可能だ。優先すべき資産を固定的特徴または選択的特徴に分類しておくことが、ブランド拡張を行うときの独自のブランド資産の構築に役立つ。以降のセクションではブランド拡張の2つの条件について考察する。系列品やサブブランドを、同じカテゴリーから新発売する場合と別のカテゴリーから新発売する場合だ。

サブブランドや系列品を新発売する

サブブランドや系列品は、親ブランドの独自の資産を利用しなければならない。さもなければ、親ブランドの名前を与えてもその価値はない。そこで問題となるのは、どの資産を活用するか、どの資産を無視するか、あるいは系列品のためにどの資産を変更または採用するかということだ。以下に、この問題を解決するためのガイドラインのいくつかをまとめる（**図6-1**に要約した）。

固定的特徴を選択して一貫性を強化する

固定的特徴に取り込まれている親ブランドの独自の資産は、そのブランド名を冠するすべての表現において一貫性を維持していなければならない。この一貫性を維持することで次の3つの目的を達成することができる。

- 親ブランドとサブブランドとの間に関連性を確立する
- 親ブランドの存在感が強化され、結果的に購買環境での存在感が増す
- 親ブランドとサブブランドの間に確立された関連性が弱体化することを長期的に防ぐ

固定的特徴資産の一貫性を維持することは、製品の全ラインナップを用意することができないときに特に重要だ。たとえば、製品の配荷がコンビニエンスストアだけの場合（新興市場ではよくあることだ）、ブランドの全製品が陳列されることは珍しい。また、m（モバイル）コマース上では1回に表示できるブランドの数は限られている（通常は3つまで表示されることが多い）。このような状況下では、特に親ブランドのイメージを視覚的に確認できないとき、サブブランドには親ブランドとの強固な記憶のリンクが必要だ。

選択的特徴を選択する

あなたはブランドマネージャーとして選択的特徴を利用した資産を使うべきかどうかを判断しなければならない。その判断は、親ブランドがサブ

図6-1　系列品の資産決定のプロセス

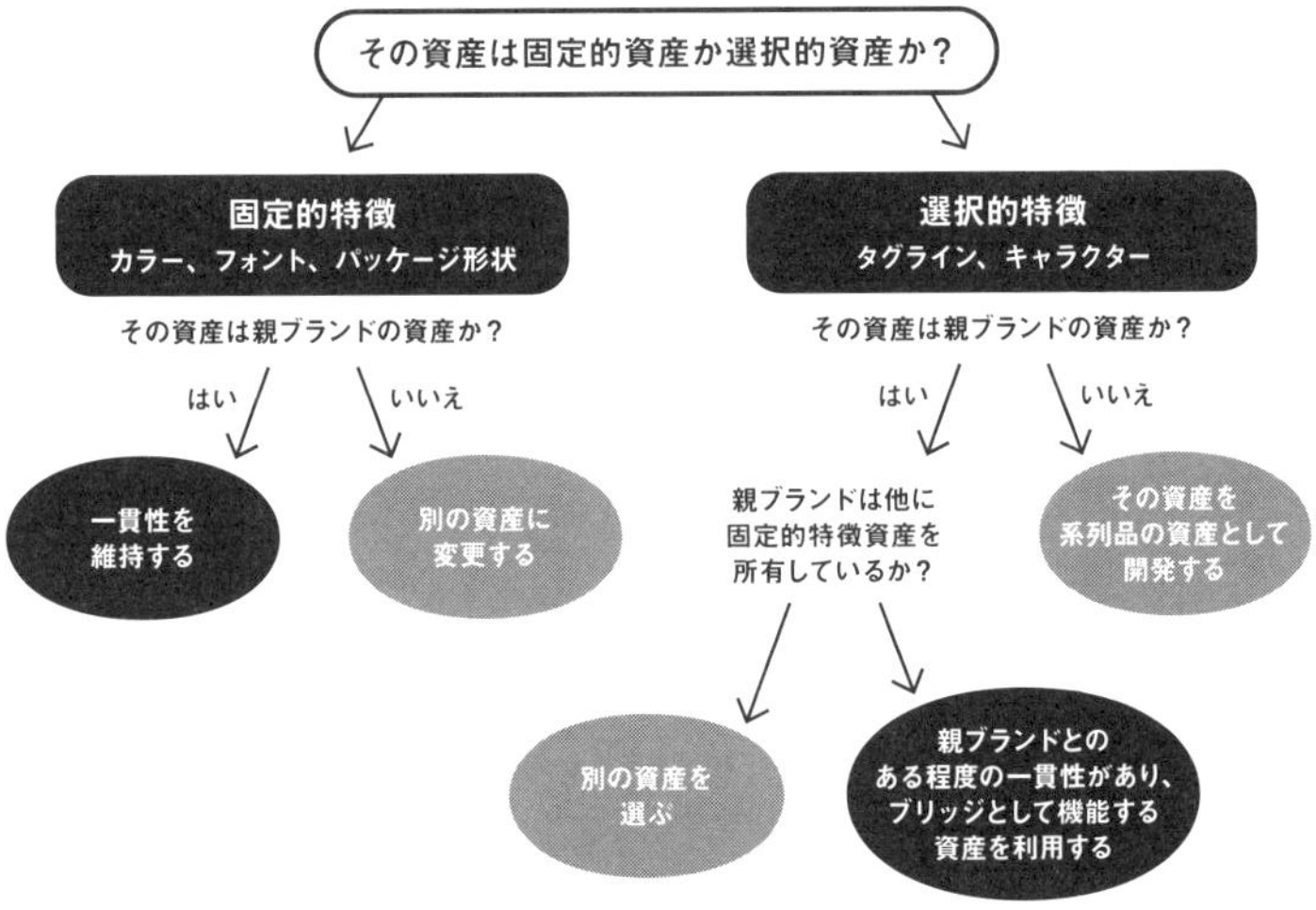

ブランドとの間で橋渡し役として機能する固定的特徴資産（常に使われてきた特徴のある資産）を有しているかどうかに左右される。もし、どの資産も固定的特徴を有していなければ、選択的特徴を親ブランドとの橋渡し役として利用すると同時に、その選択的特徴の一貫性を維持しなければならない。

その際、サブブランドの性質をどのように伝えるか、あるいは親ブランドとどのように区別するかが問題となる。必ずしも、サブブランドを親ブランドから区別するための独自のブランド資産を構築する必要はない。〈グルテン無添加〉といったパッケージ上の文言や、系列品の特徴的な違いを表現したシンプルな画像でも、この目的を達成することができるからだ。もし選択した特徴のベネフィットが短命であると予想される場合（旬の味覚や、オリンピック大会などのスポーツイベントに限定されるベネフィットなど）、その選択的特徴のために独自のブランド資産を構築する価値はない。どのような独自のブランド資産であっても、親ブランドにその起源がなければならない。もし系列品が長期的に存在することが予測される場合は、そのための独自のブランド資産の候補を新たにいくつか検討してもよいかもしれない。この点は、複数の選択的特徴を持つブランド資産の強みだ。さまざまな選択的特徴がそれなりの可能性を秘めているので（第12章の表にまとめた）、どの資産を使うことが親ブランドにダメージを与えることなくサブブランドに最も効果的かを判断することが重要だ。

選択的資産の1つをまったく新しいものに変更すると、たとえば古いタグラインを新しいタグラインと入れ替えると、これら2つのタグラインは親ブランドとリンクしているため、固定的特徴資産を変化させたときと同じ混乱と競合が生じるリスクがある。もし同じタイプの資産を使うことでメディアや流通チャネルを介したメリットが大きくなるようであれば、既存の資産を入れ替えるのではなく、拡張することを考えてみよう。たとえば、ブランドがキャラクターを持っていれば、その既存キャラクターと共通の特徴を持つ家族を1人増やすことが可能だ。あるいは、もしブランドがタグラインを持っていれば、その一部の言葉だけを変化させて使うことが可能だ。その目的は、全体的なメッセージの一貫性を維持したままブランドアイデンティティの一部分だけを変化させて、その系列品を唯一無二の存在にすることだ。しかし、もし利用可能な選択的資産がそれを拡張することに不向きであれば、親ブランドがまだ使用していない資産を選択してみよう。そうすることで、親ブランドとの間でメンタルな衝突が起きるリスクを軽減できるだろう。

イノベーションのために独自のブランド資産をデザインする

イノベーションを発信するための独自のブランド資産をデザインするときに陥りがちな罠《わな》は、それがサブブランドであろうと新ブランドであろうと、イノベーションの内容をそのまま利用して独自のブランド資産を活性化しようとすることだ。たとえば、天然成分を含んでいることを強調したいとき、緑色、花、地球のイメージなどを使うことがあるかもしれない。資産に付加的な意味を持たせることの危険は、類似の系列品を開発中の競合ブランドと同じ発想を得ることがあることだ。つまり、ブランド資産となり得ていたものが、代わりにサブカテゴリーのシグナルになってしまうことがある。

例えば、コークが天然甘味料入りのコークライフを発売したとき、天然イメージを持った緑色の缶で登場した。その後、ペプシが緑色の缶で天然甘味料入りのペプシトゥルーを発売した（O' Reilly, 2014）。このようにして、緑色は、コークライフの独自のブランド資産ではなく天然甘味料のシグナルとなった。同様に、ヘルシーフードチェーンのプレタマンジェのベジタリアン向けのコンセプト店ベジプレットも、緑色を基本色として選んだ。緑色とベジタリアンのリンクは、ベジプレットにとってだけではなく同じような商品を発売したい他のチェーン店にとっても自然な選択であり、しかも親ブランドのワインレッド色に影響をおよぼすこともない。銀行業界での例としては、シティバンクはロゴに赤、白、青の色を使っていたが、富裕層（銀行残高が20万米ドル以上の顧客）向けにサービスを提供するシティゴールドにはブランド名も配色も変えた。金色は高級系列品としてはありがちな色の選択だ。実際、グローバルな銀行ブランドを調査したところ、ほとんどのブランドが系列品やサブブランドに金色を使っていた。

同じ、でもどこか違う類似性の維持

親ブランドの育成は長期的な優先事項であり、カテゴリー購買客が系列品のことはあまり知らなくても親ブランドとの類似性を認知できるくらい、親ブランドと系列品の間に十分な類似性を維持しなければならない。広告では、親ブランドの独自のブランド資産と系列品のシグナルの両方を強調するべきだ。そうすることで、系列品が、親ブランドのメンタルアベイラビリティとフィジカルアベイラビリティの全体的な構築に、親ブランドの寿命に関係なく、肯定的な貢献をすることが可能になる。

エクステンションブランドの独自のブランド資産

ブランドを異なるカテゴリーから新発売することは、独自のブランド資産などの既存のメンタル構造を利用することが有意義である場合に限って、理にかなった選択である。独自のブランド資産が強いほど、そのブランド名と独自のブランド資産は強固に一体化している。したがって、系列品に新しいアイデンティティを与えて新しいカテゴリーから発売したければ、ブランド名も新しくして親ブランドとの間に生じるリスクを最小限に抑えるほうがよい。

過去の記憶構造を新しいカテゴリーで利用できるかどうかは、おたがいの顧客基盤がどのように重複しているかに左右される。固定的特徴資産の一貫性に関する原則を応用することで、親ブランドにおよぼされる可能性のある混乱と競合ブランドからの妨害のリスクを最小化できる。

この原則の例外は、どのブランド資産にも競合ブランドが強固なリンクを有している場合だ。この場合、エクステンションブランドの中心的資産を変更する必要があるだろう。このシナリオでは、複数の独自のブランド資産があったほうが有利だ。たとえば、あなたのブランドが3つの独自のブランド資産（ブランドカラー、タグライン、ロゴ）を有していて、そのうち、ブランドカラーが参入するカテゴリーの競合ブランドよりも劣っていれば、他の2つの資産を強化しよう。しかし、憶測に基づいて競合ブランドの独自のブランド資産を推定してはならない。必ず経験に基づくエビデンスを利用して、親ブランドに不必要な修正を行うことを避けなければならない。

ブランドを新しいカテゴリーや国に拡張するときに独自のブランド資産の構築活動を行ったほうがよい理由は他にもある。

- 資産の強度が非常に低いので、資産の活用というよりも構築のためにデザインされたエグゼキューションへの初期注目度が大きい。

- 新しい環境下ではメディアや流通チャネルが異なるので、その影響次第では、独自のブランド資産が主要な購買環境の中で重視されることも軽視されることもある。時には、新しい購買環境のための新しいブランド資産が必要になることもある。

独自のブランド資産を根本的に再設計することよりも、既存の独自のブランド資産を応用することが依然として重視されているが、もし親ブランドが新しいカテゴリーで機能しないようであれば、新しいブランド名を使うことを慎重に検討することをお勧めする。

次章では、ブランド名とは無関係な独自のブランド資産を選択または優先することに、ブランドとしてのメリットがあるかどうかを考察する。

第７章

独自の
ブランド資産を
持つことの意義

ジェニー・ロマニウク

Chapter 7

Does a Distinctive Asset's
Meaning Matter?

本章は短いが重要である。ここでは、長期にわたって存在感を発揮する強いブランドアイデンティティの構築を妨害する主たる原因の1つを考察するとともに、正しい意味と最強の意味を持つ資産の選択について考える。

資産には多くの選択肢があり、重視すべき資産の選択が困難になっている。この判断を容易にするために、また資産構築活動から特別な価値を見出すために、資産の本来の意味ではない付加的な意味を使いたくなることがある。これが、ブランドの活気を示すために赤色を選ぼうという議論や、天然成分を含んでいることを訴求するために〈オール・ナチュラル・オール・ザ・タイム〉などのフレーズを選ぼうという議論に発展する。

意味を持たせることのリスク

独自のブランド資産の構築には時間と投資が必要だ。資産の意味を資産選択の基準よりも重視すると、短期的には魅力的かもしれないが、長期的には独自のブランド資産構築が阻害されかねないという問題が生じる。次に、これらの課題と問題点を詳述する。

ヘビー級の競合相手と戦うリスク

ブランド資産は、何よりもまず、ブランド名とリンクすることでブランドに利益をもたらす。しかし、人の記憶の特性上、ブランドはこのリンクを常に新鮮に維持しなければならない。ブランド名とは無関係な意味を持つ強力なブランド資産を持つと、競合ブランドとメンタルな競争状態（メンタルコンペティション）に入り、メンタルアベイラビリティを獲得してその状態を維持するための克服すべき課題が増えていく（第2章で考察した）。

ここで、この〈ブランド名とは無関係な意味〉を記憶ネットワークの観点から考えてみよう。セイリアンスを得てリンクされた連想が、記憶の中のさまざまなものの意味づけを行っている。たとえば、私がプリングルスのひげを生やしたおじさんのイラストを見て、それをイタリア人と関連づけたとする。私は、広告でそのイラストを見るたびにプリングルスを連想し、同時にイタリアも連想する。さらに、ローマに行ったことがあること、そこでイタリア人の友人と会ったこと、パスタがおいしかったことなども思い出すだろう。私の記憶の中では、これらすべての連想がプリングルスの想起と競合関係にある。より豊かでよりセイリアンスを得た、ブランド名とは無関係な意味ほど、大きいメンタルコンペティションを招く。このようなメンタルコンペティションは、資産の創造、特に資産とブランドとの最初のリンク形成を妨害する。そうなると、ブランドは、混雑した環境下で戦い抜いて資産との間にリンクを構築することができなくなる。

このような欠点により、ブランド名とは無関係な意味を持つ資産がもたらし得る潜在的ベネフィットは、それがどのようなものであってもただちに否定される。たとえブランドが成功し、ブランド名とのリンクを確立する際の最初のメンタルコンペティションに勝つことができたとしても、それは一時的な優位性にすぎず、購買客の記憶にリンクしやすい資産を構築するためには、ブランド想起のための戦いを継続させなければならない。

特定の対象にブランドを広告することのリスク

ブランド名とは無関係な意味合いが強いブランド資産を使うのは、その意味が発信するメッセージに則しているときの使用に限定される。たとえば、もし〈低価格〉を発信する資産を使うのであれば、それは低価格に関するメッセージを発信する場合にのみ有利に働く。もし資産が発信する低価格という意味が、優れたサービスなどの別のメッセージと衝突すれば、その資産は負の資産と化してしまう。

この解決法は、状況に応じて使い分けられるように意味の異なる資産を多く所有することだ。しかし、これでは、非効率であることはもちろんのこと、次の問題、つまり有効期限の問題は解決されない。

ブランド資産に有効期限を設けることのリスク

ブランド資産がそのブランドにとって魅力的であると認識されているときは、その意味が健康、環境、多様性などの社会的なトレンドを反映していることが多い。これは、そのブランドが時代の流れをつかんでいるということを意味する。しかし、時代の流れをつかむということは一過性の出来事だ。このように変化しやすい現象を利用して独自のブランド資産を開発することは、いくら資源を費やして資産を開発しても、社会が変化したときに（社会は必ず変化するものだ）その資産が無用の長物になってしまうリスクがある。

数多くのトレンドが生まれては消えていく。食品業界にもこのような傾向は強い。低脂肪から低炭水化物へ、そして今度は低糖質へとトレンドが移り変わった。さまざまな懸念が提起されている天然甘味料か人工甘味料かの議論もその良い例で、砂糖がふたたび人気を集めるようになるかもしれない。これは、これまで長年にわたって低脂肪が食生活と食品イノベーションを支配してきたが、今日では食生活に良質な脂肪を取り入れることを称賛すべきであると考えられるようになったことと同様だ。特定のトレンドにリンクした独自のブランド資産を選択すると、ブランド資産の寿命が短くなる。一方、ブランド名を柱にして定義された資産が陳腐化することはない。

同じブランド資産に集中することのリスク

ブランド名とは無関係な資産を選ぶことのもう1つのリスクは、競合ブランドも同じ調査や分析を行っていることが多く、その結果、同じようなブランド資産を開発する可能性があるということだ。たとえば、環境への関心が高まる中、誰でも、緑色や、木のイメージ、ブランドが地球を大切に思っていることを伝えるフレーズなど、環境意識を示す資産を選びたくなるだろう。一時期、カーボンフットプリント（二酸化炭素排出量）表示が注目されていた。このトレンドはいつまで続いただろうか。このようにトレンドを重視すると、競合ブランドと資産が重複するリスクが拡大し、ブランドの独自のブランド資産を所有する能力が損なわれる。たとえば、金融危機が起きたときに、スーパーマーケットのタグラインの多くが、自社がどれほど低価格を提供しているかを強調していた。結局、皆同じ発想に集中したため、どのリテイラーもこの資産を所有することができなかった。

これが、意味を限定しない[1]資産を持つことが長期的な独自のブランド資産構築戦略としてリスクが少ないことの理由だ。競合ブランドから模倣されるリスクはあるが、少なくとも他社よりも一歩先んじることができるのは確かだ。もし模倣されても、模倣であることは明白であるため、法的な対応も有利に進めることができる。

以上は、資産を選択するときに意味づけを重視することで生じるリスクだ。次に2つのリスクを紹介するが、これらの場合、意味の否定的な側面を認識することで、その資産を使うことを回避したり修正を加えたりすることができる。

資産の意味を考えすぎることのリスク

独自のブランド資産の意味を考えすぎてしまうことがある。実際、多くの学術研究があいまいなデザインの質問を行う（あるいは質問に答える）ことでこれを奨励しているようだ。たとえば、ジャーナル・オブ・コンシューマー・リサーチ誌に掲載された最近の論文では、あるブランドのロゴの外枠のデザインがロゴを外側から保護しようとしているのか、それとも内側に閉じ込めようとしているのかを検証していた（Fajardo, Zhang & Tsiros, 2016）。このように考えすぎたときに限って資産にネガティブな意味が投影されるため、たとえその資産が完全に理想的であっても、マーケターが否定してしまうことがある。購買客も熟考すればマーケターが意図した意味に到達するかもしれない。しかしそのためには、購買客が慎重であること、マーケターと同じ結論に達することが前提だ。

考えすぎてはならない。購買客もそれほど考えてはいない。考えすぎて資産を否定する前に、資産に投影した意味が多くの購買客にとって重要であることを証明できるエビデンスがないかを確認しよう。これは、意味論的研究の価値を否定するものではない。意味論的研究はしかるべき文脈においては重要であるが、ここでは、カテゴリー購買客にとってマイナスの連想が潜在していないか、しかもそれが顕著でないかどうかを確認する必要がある。

親しみやすいことと退屈であることを混同することのリスク

既存の資産が退屈または古いと認識されていることに対して懸念が生じると、独自のブランド資産に変更を加えるときに一貫性を欠きやすくなる。ミレニアル世代にはブランド資産は意味がない、とよく言われる。たとえば前述のブルマーズは、長期的広告テーマであった〈時間〉というコンセプトの使用を中止し、18～34歳と定義された現在のブルマーズ愛飲者に適した新しいアイデアを採用した（Slattery, 2017）。近い将来、資産をその次の世代であるZ世代（１９８０～１９９５年に生まれた世代）にとって身近な存在にするためにはどのように変化させればよいかを検討しなければならないだろう。

これらの懸念は、少数のカテゴリー購買客を対象に詳細な質的インタビューを行って、資産に対する彼らの考えを引き出すという誤った調査から生じていることが多い。このような調査を行うと、回答者は、自分の中のフィリップ・スタルク（フランス人デザイナー）的資質が刺激されて、まるでデザイナーとなり、親切心から変更すべき点を提案してみたり、満足している点を発言したりする。カテゴリー購買客にとっての独自のブランド資産のメリットは潜在的であることが多いため、資産に対する主観的な意見を直接聞いても明らかになることは少ない。グループインタビューの中では、人は自分は重要な存在でありたいと思いがちだ。

一貫性は強い資産を築くための重要な要素であり、称賛されるべきものだ。心の中の〈退屈〉という言葉を〈親しみのある〉に、〈古い〉という言葉を〈時代を超越した〉に置き換えよう。といっても、資産を凍結させる必要はない。ブランド資産は進化する。しかしこの進化のプロセスは注意深く管理する必要がある（第18章を参照）。誤った消費者の意見に無条件に反応してはならない。

ブランド資産の意味に問題があるときの対処法

もしあなたが、ブランド名とは無関係な意味を持つ資産がブランドの成績を阻害するかもしれないと危惧していれば、それを確かめる簡単なテストがある。それは、実際の文脈とは関係のない環境でさまざまなカテゴリー購買客グループにその資産を提示し、見たとき（または聞いたとき）に思い浮かぶことを書いて（または言って）もらうというものだ。

発言録に目を通し、ブランド名以外に何か共通の特異な意味が存在していないかを確認する。もし、そのような特異な意味が頻繁に観察されれば、そのブランドは問題を抱えている可能性があり、資産を変えることは健全な投資の選択肢の1つである。ブランドにはブランド名以外に何も感じさせない資産が必要だ。ブランド名以外に何も感じなくなるほど、ブランドをカテゴリー購買客の資産ネットワークの記憶の一部として定着させることが容易になる。

意味を限定しないブランド資産を持つ

資産選択の過程で資産の意味づけに気を取られすぎると、メンタルアベイラビリティとフィジカルアベイラビリティの構築に大きな優位性を持つ資産を見逃してしまいがちだ。その結果、手っ取り早く効率の良い勝利をもたらしてくれそうで実際には柔軟性や適応性に劣る他の資産を優先させてしまう。

独自のブランド資産を持つことを、ブランドイメージ構築の近道と考えてはならない。短期間の利益はいくらか得られるかもしれないが、資産の寿命を犠牲にすることになる。独自のブランド資産は長期的な判断であり、それを短期的文脈にとらわれずに行うことで、ブランドと購買客との間に最強のリンクを構築することが可能になる。

意味づけがなければ共感に欠けるのではないかと心配かもしれないが、その必要はない。強固なブランド資産を調査して得られたエビデンスによれば、強固な資産を開発または構築することにあなたもあなたのクリエイティブチームも意味を見つける必要はない。たとえば、世界でもっとも象徴的なパッケージ資産の1つにコカ・コーラのボトルがある。これは1916年に導入され、もう当時の形状からは大きく変わってしまったが、100年経った今でもコカ・コーラの広告に登場する。当時のコンセプトはシンプルだった。「暗闇の中でも手触りでそれとわかり、壊れて地面に転がっていてもそれとわかるほどの個性的なボトル」を作るというものだった（Ryan, 2015）。

もう1つの例は、保険の価格比較サイトを運営するコンペア・ザ・マーケット・ドットコム社の広告キャンペーンだ。このキャンペーンは、〈コンペア・ザ・ミーアキャット・ドットコム〉というサイトと、アレクサンドル・オルロフというキャラクターと、そのロシア語なまりが中心となって構成されていた。このキャンペーンアイデアの着想は、パブでビールを飲んでいるときに、ロシア語なまりで「マーケット」と発音すると英語では「ミーアキャット」と聞こえるというこれら2つの言葉の発音の類似性に気づいて得られたという（Andrews, 2009）。ロシアやミーアキャットに対する認識も、それが保険とどう関係するかなどの深い分析の必要もない。

強い意味に束縛されない資産は、望むものは何でも建てられる空き地のようなものだ。このような資産はブランドと同義語になりやすく、何世代にもわたって受け継がれる贈り物のようなものだ。潜在的資産が意味を持たないことを批判するのではなく、メンタルコンペティションの低さ、陳腐化のリスクの低さ、資産の使用範囲の広さを祝福しよう。

次章から、資産の測定方法、評価基準、賢明な戦略的選択について解説する。まず、独自のブランド資産の強さを測定することが重要である理由と、それがブランド戦略や企業

第 7 章

独自のブランド資産を持つことの意義

戦略にとってどのような局面で重要になってくるかを考察する。

BUILDING
DISTINCTIVE
BRAND
ASSETS

第8章

独自のブランド資産の価値を測る

ジェニー・ロマニウク

Chapter 8

Measuring Distinctive Assets Value

本章では、独自のブランド資産の価値を測定する理由とそのタイミングについて考える。評価基準と戦略については第9章と10章でさらに詳しく考察する。

ブランド資産の価値を測定することの重要性

車を運転するアメリカ人の93%が自分は平均以上のドライバーだと評価するのはなぜだろうか（Svenson, 1981）。それは、人は直観を形成する際に、自分の行動についてはその結果を重視しがちで、他人の活動については不完全または不正確な情報しか有していないからだ。そしてそれが、自分は他の誰よりも優れているという過大評価につながる（優越錯覚効果と呼ばれている。Hoorens, 1993）。この〈雑音に満ちたプロセス〉でその不完全な情報を判断するときに誤りが生じる（Hilbert, 2012）。その不完全な情報が、独自のブランド資産の価値を評価するときのあなたの直観に作用し、あなたを惑わせる。

独自のブランド資産の価値を主観に頼って判断すると、自社ブランドの資産形成活動が過大に評価され、競合ブランドの資産形成活動の分析は正確さに欠ける、という問題が生じる。自分が手がけた資産はポートフォリオの中で手つかずに残っている他の資産よりも目につきやすいので、資産を観察するとき、この視野狭窄《きょうさく》はますます強化される。また資産の多くが、大々的に宣伝されていない限り、購買客に広く認識されるまでに時間を要するので、資産がどれほどの影響力を持っているかを判断することも難しい。

このような認識の偏りが、独自のブランド資産に対するブランドマネージャーの期待を大きく膨らませる。同時に、購買客が重視している他の資産を見落としてしまうことや、購買客にとって重要なものを別のものに見誤ってしまうこともある。

その代表的な例が、第5章でも紹介したが、消費者調査で評価されても実際の市場では評価されないこともあるカラー資産だ。これは、マーケターが独自のブランド資産の強さを直観に頼って判断しようとすることに問題があることを示している。あるブランドが特定のパッケージカラーやその他の資産を所有していることを確信するための唯一の方法は、購買客の心の中に存在するその資産の強さを測定することだ。得られた量的指標は独自のブランド資産の議論や意思決定に客観性とエビデンスを与えてくれる。

メトリックス（評価基準）の重要性

メトリックスはブランドのパフォーマンスを定量化し、優先すべきことを明確にする。したがってメトリックスは、関係者全員に最終目標を明確にし、そこに到達するために必要な道筋と中間成果を道標として示すものでなければならない。また、優れたメトリックスは、ブランドマネージャーが無意識のうちにブランドに長期的ダメージを与えかねない行動を取らないように導くことができる。

チューブ入り歯磨き粉のパッケージのデザインを例に考えてみよう。パッケージをデザインするときの目的がチューブ内の成分を保護することだとする。この場合、パッケージデザインの成功とは、製品の破損率が低いことや中身が漏れないことだ。もし歯磨き粉の売り場で目立つパッケージをデザインしたいなら、その試みが成功したかどうかを知るための適切なメトリックスが必要だ。だからこそ、独自のブランド資産の役割を理解し、その強さを評価するための、適切な基準を設計する必要がある。

メトリックスは明解な共通言語となる。あなたは、強い独自のブランド資産の定義をチームの仲間全員と共有しているだろうか？　ブランディングを行うとき、〈象徴的な〉〈強固な〉〈強力な〉などの言葉が、その厳密な意味を確認することもなく頻繁に使われている。しかしメトリックスは、ブランドのアイデンティティの強さを評価したその根拠をすべての人に明確にする。

適切にメトリックスを設定することで、潜在的問題が明らかになり、独自のブランド資産を構築しやすくなる。大きな誤りは目立つので見逃さない。しかし、前述した、小さな決定を無数に行って変更と微調整を繰り返すことで生じる〈１０００の切り傷による緩慢な死〉は、非常に厄介な問題である。１回１回の決定の重要度は低いかもしれないが、変更が重なると、知らず知らずのうちにブランド資産の強さが損なわれていく。

たとえば、ブランドの売り上げを向上させたいと願って、購買客の注目を集めたり購買客にとって重要な特定の成分を強調したりして、パッケージを変更することがよくある。しかし、私がパッケージ変更の影響をマーケターに聞き取り調査を行ったところ、ほとんどのケースが同様に（といっても大規模ではないが）売り上げの減少の原因になっていた。メトリックスは、変更が実証可能な利益をもたらす可能性が高いかどうかを判断するのに役立ち、費用がかさむ以外に効果のない変更やブランドにダメージを与える可能性のある変更を避けるのに役立つ。

優れたメトリックスは行動を促す重要な触媒でもある。ブランディング担当者は、ブランディングをクリエイティブアイデアに後続する単なる付け足しのように扱うのではなく、ブランド資産の知名度と独自性を高めるという明確な目的を持って、独自のブランド資産を構築する機会を見つけなければならない。

2つの重要なメトリックス

知名度と独自性、これら2つのメトリックスが、独自のブランド資産に関する連想が記憶されている脳領域からの情報と、独自のブランド資産が購買客の生活の中で果たす役割を統合する。これらを統合することで購買客のブランド記憶の想起に影響を与えることができる（Romaniuk, 2016b; Romaniuk & Nenycz-Thiel, 2014）。これら2つのメトリックスは、次のように定義されている。

- 知名度――ブランドとブランド資産との間に顕著なリンクを構築しているカテゴリー購買客がどれほどいるか、その割合を数値化したもの。
- 独自性――競合他社よりも自社のブランド資産へのオーナーシップがどれくらい高いかを数値化したもの。

第9章と10章で、知名度と独自性についてさらに詳しく考察し、また独自のブランド資産を使用／構築するための戦略的ガイダンスを提供するためにこれらの評価基準をどのように使うべきかを示す。

目的を設定するときはカテゴリーの基準を無視する

知名度と独自性の目標設定についてよく尋ねられる質問がある。他の類似のブランドやカテゴリーに戦略的ガイダンスとして利用できるベンチマークが存在するか、というものだ。そのような基準はせいぜい無意味であり、最悪の場合、狙いを低く定めてしまい、最適とはいえない目標設定を行ってしまう。

独自のブランド資産構築の可能性に限界を作ってはならない。１００％の知名度と独自性を狙うべきだ。これを、ブランド名の代わりに使いたいと思うすべてのブランド資産の到達目標とすべきだ[1]。適切な戦術基盤を持って行えば、これは小規模ブランドであっても達成は可能だ。

ブランド規模は重要か？

独自のブランド資産を構築するとき、大規模ブランドであることは有利に働くだろうか。このような疑問が生じる理由は、有名な独自のブランド資産のほとんどが大規模グローバルブランドにその源があるからだ。ほとんどのブランドエクイティの評価指標は過去のブランド体験に基づいて得られているので、大手ブランドほど利用者数が多くなり、中小ブランドよりも良い結果が得られることが多い（Barnard & Ehrenberg, 1990; Romaniuk, Bogomolova & Dall' Olmo Riley, 2012）。さらに大手ブランドは、広告に多額の投資を行えるので（Danenberg et al, 2016; Jones, 1990）、ブランド資産構築活動を通じてより多くの消費者にリーチすることができる。

独自のブランド資産の評価指数には〈大手ブランドバイアス〉が存在しており、ブランドとブランドを正しく比較するためには、評価指数を調整する必要があるだろうか？　答えはノーだ。以下の理由により、大手ブランドの資産の価値が必ずしも大きいとは限らない。

- 予算の配分が適切に行われていない。大手ブランドはマスメディアを利用した広告活動に多くの予算を費やすが、これは、資産構築の活動ができるだけ多くの購買客に影響を与えられるように、リーチを優先させている場合に限って重要だ。しかし残念ながら、まだ現実はそうではない。メディア費用のほとんどがメッセージを少数の人々に繰り返し届けることに費やされてしまっているのが現状だ。
- 一貫性が欠如している。大手ブランドのマーケティング活動には多くのスタッフがかかわっているので、一貫性に欠けるリスクが高い。
- 野心が欠如している。大手ブランドのマーケターは、ブランドが簡単に成長できる方法はなくなったと考えている。独自のブランド資産の変更は（その必要はない場合が多い）、ブランド担当者が短期間に成績を上げて昇進するための数少ない手段の1つとなってしまっている。
- 目先のことにとらわれるメンタリティに陥っている。大手ブランドのマーケターはどれだけの数のブランド資産を構築できるかに熱心であることが多い。そのため、価値の高い資産を守ることができず、やがて衰退させてしまい、競合ブランドとの競争にさらされることになる。

大手ブランドの利点は顧客基盤が大きいことであり、そのため、ブランドの資産構築のための活動がより多くの購買客に認知され、製品は選ばれやすくなる。しかも、多額の予算を投じて素早く購買客にリーチできる。しかしこれらの利点が無駄に使われていることが多い。中小ブランドも、より強固な一貫性を構築できれば、やがて大手ブランドよりも優位に立つことができる。そしてそれを持続させることがブランドの長期的利益につながる。

メトリックス測定のタイミング

最初のベンチマーキングは、強固なブランドアイデンティティ構築へとつながる第一歩だ。これを行うことで、あなたのチームは現在と過去のブランド資産の強さを客観的な値で知ることができる。得られた結果から、独自のブランド資産構築の戦略を進めるべき方向が明らかになる。このようにして将来に向けた判断の質を高めることができる。

ベンチマーキングを行うことで、自社ブランドの成績と競合ブランドの成績を比較することが可能になる。これは結果を文脈に沿って説明するときに役に立つ。たとえば、カテゴリーや国によってブランドアイデンティティの成熟度はさまざまなので、ブランドシェア、メディア使用率、流通、競争構造などの状況が異なる国々でベンチマーキングを行う場合、国ごとの一貫性や相違を確認するのに役立つ。そうすることで、マーケターはグローバルブランドの戦略を策定し、グローバルとしての一貫性とローカルマーケットでの相違のバランスを正しく取ることができる。

以下に、独自のブランド資産の測定を開始することが重要なタイミングを、独自のブランド資産に変更を加えるとき、ブランドが変化するとき、会社が変化するときの3つに分類した。

①独自のブランド資産に変更を加えるとき

このタイミングでの独自のブランド資産の測定は次の2つの場合に効果的だ。資産構築活動の成果を評価するときと、ブランドのアイデンティティに大規模な変更が提案されているときだ。

資産構築活動の成果を評価する

ベンチマーク調査を行ったら、優先順位づけを開始して主要資産の構築に着手しよう。戦術的活動が大部分の購買客に到達していると思われた場合の次のステップは、ブランド記憶構築活動の成果をテストすることだ。独自のブランド資産の構築を戦略的に開始するときは、学びながら前進するためにも、自分たちの取り組みの効果を理解するためにも、また必要に応じて修正と改善を行うためにも、このステップは重要だ。そのタイミングは各メディアに投じているリソースの比率に左右され、ブランディング素材に大幅な変更を行う場合は1年かかることも珍しくない。

既存のブランドアイデンティティに大幅な変更を行う

ブランドのアイデンティティを刷新しなければならないというプレッシャーは、ブランドの成績の悪化や強力な競合ブランドの出現と同時に生じることが多い。ブランドのアイデンティティは、ブランドが軌道に戻り再活性化していることを示すための可視化されたシグナルとしても利用できる。

この考え方には2つの問題点がある（最初の問題は第1章のプライドという罪の節で解説した）。まず、売り上げの減少や競合ブランドに劣ると思われていることの主要因がブランドのアイデンティティであるかどうかは疑わしい。したがって、ブランドのアイデンティティを変更しても問題が解決されるわけではない。次に、ブランドのアイデンティティを変更することで独自のブランド資産が弱体化することがある。それは新たな問題だ。

「ブランド資産を変更したい」という思いが、「ブランド資産についてどう思うか」と問う誤った消費者調査から生じていることもある。たとえば、ある企業が、消費者インタビュー調査で「このブランド資産は長く使われすぎて古くなった」というコメントがあったため、ブランドカラーを変更したくなったとしよう。しかし、ブランド資産に変更を加える前に定量的なメトリックス評価を得ることが、ブランド資産の現在の強みと、変化がもたらす潜在的なマイナスの影響を浮き彫りにすることに役立つ。メトリックスは、新しいブランド資産への移行中に直接的ブランディングのニーズをどの程度増大させるべきかを示すことで、どのような変更の実施であってもそれを改善することができる。さらに、独自のブランド資産にとって不必要な変更を避けるためのエビデンスを提供することもできる。

②ブランドが変化するとき

ブランドは、既存のカテゴリー購買客に提供されている選択の幅を変更したり、新しいカテゴリーの購買客層を拡大したりすることができる。これらはリスクが高く、投資額も大きいため、慎重な計画に裏打ちされていなければならない。このような状況では、独自のブランド資産のメトリックスを評価することで、新規事業を成功させるためのプラットフォームを構築すると同時に、親ブランドのアイデンティティが損なわれるリスクを軽減することができる。

ブランドポートフォリオを拡大する

第6章で考察したように、親ブランドと同じブランド名を使って新製品を発売すると、親ブランドを認識するメンタル構造に影響を与える。この影響が親ブランドの独自の資産に利益をもたらすか損害をもたらすかは、このような資産（ブランド名など）を新製品に上手に組み込むことができるかどうか次第だ。また、新発売される商品には新しい資産が潜在的に含まれているかもしれない。それを事前に測定することで、潜在的な新しい資産と競合他社との潜在的なつながりを事前にテストし、リスクのある資産を発売前に避けることができる。

ブランドを新しいカテゴリーに拡張する

新しいカテゴリーに参入するブランドは、競合力のある新しい独自のブランド資産を持つ必要がある。チョコレートカテゴリーのスニッカーズとアイスクリームカテゴリーのスニッカーズとでは、競合するブランドが異なる。したがって、新しいカテゴリーに参入するときは、独自のブランド資産をそのカテゴリーの競合ブランドと比較することが重要だ。競合ブランドのパフォーマンスを評価することで、自社ブランドのどの資産を拡大または縮小すべきかを知ることができる。そうすることでブランドは、現在の独自のブランド資産を最大限に活用しながら、強力なアイデンティティを構築するために必要なリソースを市場に投入することができる。

ブランドを新しい国に拡張する

ブランドを新しい国で発売するとき、その国の競合ブランドはその構成も強さもさまざまに異なっている可能性がある。長期的な目標はグローバルな独自のブランド資産を開発することであっても、それまでの間は、ローカルの状況に応じて戦略を変える必要があるだろう。客観的に測定することで、単なる意見ではなくエビデンスに基づいて、ローカリゼーションとグローバリゼーションをバランスよく組み合わせることが可能になる。

また、メディア消費パターン、小売店構造、消費者ライフスタイルなどの要因も、その新しい国で優先させるべき最良の資産の決定に影響を与える可能性がある。たとえば、ラジオの聴取率が高い国では音声資産を優先すべきであろう。また、識字率が低い国ではキャッチコピーの価値も低くなる。インドやインドネシアのように少量の商品しか置いていない小規模小売店が一般的な販路となっている国では、系列品を束ねる視覚的結束力がより重要になる。中国や韓国などのeコマースが急成長している国では、デジタルおよびモバイルの購買環境下で役立つ資産を優先させるべきだ。

③会社が変化するとき

他ブランドの買収や他社との合併など、企業の価値に影響を与える変化は、まれではあるがいったん起きるとその影響力は大きい。独自のブランド資産を測定することは、リスクを低減し、既存ブランドから最大の価値を引き出すことに役立つ。

ブランドを買収するとき

ブランドを評価するときはブランドの無形の価値を重視することが多いが、ブランドアイデンティティもその1つだ（通常は数値化されていない）。独自のブランド資産のメトリックスがあれば、ブランドが資産を十分に活用しているかどうか、より価値のあるブランドアイデンティティを迅速に開発できる可能性を有しているかどうかなどを判断することが可能だ。

他企業と合併するとき

企業合併は関係者にとっては大変なときだ。統合、コスト削減、規模の経済の獲得など多くのことが行われる。その際、何を残すか、何を捨てるか、何を融合させるか、何を新たに創造するかなど、ブランドのアイデンティティにかかわる問題が必ず発生する。

企業の合併は感情を伴うプロセスでもある。関係者の多くは合併する2つのブランドのどちらかに愛着を抱いているものだ。独自のブランド資産のメトリックスは、このような意思決定において、感情が良識に勝ることのないよう、客観的な意見を提供するとともに、意思決定に疑問を持つ人のために透明性を確保する。たとえば、独自のブランド資産の強さを測定した結果、どちらかの企業のブランドアイデンティティに強い特徴があることがわかった場合、これを新しい企業のアイデンティティとして取り入れることが考えられる。そうすることで、価値のある資産を捨てて合併後の新会社の価値を下げてしまうことを避けることができる。

次章では、独自のブランド資産を測るためのもっとも重要なメトリックスである知名度について考察する。

第９章

知名度——もっとも重要なメトリックス

ジェニー・ロマニウク

Chapter 9

Core Metrics
-Fame

本章から11章にかけて、独自のブランド資産を評価するためのメトリックスについて考察する。本章ではまず知名度（Fame）、すなわちブランドがそのカテゴリー購買客にどの程度認知されているのかの尺度について考えてみよう。知名度は、ブランド資産とブランド名との間の連想を刷新または強化するための一定期間における取り組みの成果である。

知名度を構築し、リスクを価値に転換する

独自のブランド資産を構築することはブランド名のプロキシ（代理）を作ることである。ナイキという言葉はナイキというブランドを意味する。またジャスト・ドゥ・イット（Just do it）というロゴとスウッシュマークも、多くの人にとって同じくナイキを意味する。独自のブランド資産の知名度は、ブランドのプロキシとしての価値を表している。知名度が高ければブランド資産の価値も高く、知名度が低ければ、そのブランド資産を唯一のブランディングの武器として使うことのリスクは高い。

ブランド名を使うことは、そのブランド名に気づいたすべての人がそのブランド名に込められたメッセージを理解できるのであれば100％効果的だ[1]。私は、もしＨＳＢＣという文字を見たりその音声を聞いたりすれば、それがＨＳＢＣブランドを意味していることを理解する。赤いボーダーラインを使ったプリント広告を見ても、〈赤いボーダーラ

イン＝ＨＳＢＣ〉という連想が私の記憶の中では構築されているので、それをＨＳＢＣブランドであると理解する。

私が、〈赤いボーダーライン＝ＨＳＢＣ〉という連想がまだ構築されていない姪《めい》のギャビィと一緒にいるとしよう。ギャビィが私と同じ広告を見ても彼女の記憶に残るのは赤いボーダーラインとイラストだけだ。もし広告の中のＨＳＢＣというブランド名を認識できなければ、広告に接触してもその価値はない。どのようなメッセージを受け取ってどのような感情が生じても、ＨＳＢＣ記憶の部屋ではなく、それとは別の記憶の部屋にすべて格納される。

ＨＳＢＣの赤いボーダーラインのブランディングの資産としての価値は、ギャビィや私のような人がどのくらい多く存在しているかに影響される。カテゴリーに私のような購買客が多いほど、その資産のブランディングの武器としての価値は高くなる。逆に、ギャビィのような購買客が多いほど、その資産をブランディングの武器として使うことのリスクが高くなり、購買客の記憶ネットワークの中のＨＳＢＣの部屋の中に正しく記憶を格納するためには、ブランド名をより際立たせなければならない。

つまり、独自のブランド資産のメトリックスとしての知名度とは、あなたが影響を与えようとしているカテゴリー購買客のうち（カテゴリー外の購買客が含まれることもある）、どれだけ多くの人がその資産をブランドにリンクさせたかを数値化したものだ。このスコアを知ることで、資産を適切に使用することができ、知名度の低い資産が招くリスクを軽減することができる。スコアの低いブランド資産を諦める必要はなく、むしろ、より多くのカテゴリー購買者が資産とブランド名を関連づけられるようなエグゼキューション上の工夫を行って強化することが可能だ。しかし、このような資産の構築は、ブランド名を含めるという慎重な決定が行われている場合や、広告体験をアンカリングする（記憶ネットワークの中にブランド連想を定着させること。第3章を参照）ための別のブランド資産が同時に存在している場合に限る。知名度が低ければブランド名を含めるという決定を正当化することはできない。効果的なアンカリングは期待できず、知名度のスコアも低いままだろう。

使用していないブランド資産の知名度も同様に低下する。ブランド記憶が衰えるにしたがい、記憶の中にあるリンクの強度が損なわれ、次第にブランドは検索されなくなる。知名度スコアの低下は、ブランド資産の無視につながる。その原因は、ブランド資産を活用できていないか、活用できていてもエグゼキューションの質が悪くカテゴリー購買客に十分な影響を与えることができていないかのいずれかだろう。

100％の（あるいはそれに近い）知名度を達成することが最終目標であり、それは可能だ。第13章と17章で考察するが、どのようなブランド資産であっても100％の知名度を達成することができる。

知名度を測定する

私と私の友人マグダ・ネニキスチールは、ジャーナル・オブ・アドバタイジング・リサーチ誌に、独自のブランド資産を測定するための4つの方法を検証する論文を発表した。4つの方法とは、いくつかのきっかけと（ブランドがきっかけになることも、資産がきっかけになることもある）、それによって引き起こされる反応のタイプだ（純粋想起による反応と誘導想起による反応がある）。その結果、ブランド資産をきっかけにしてそのブランド名を純粋想起させることが最善の方法であることがわかった（Romaniuk & Nenycz-Thiel, 2014）。

ブランド資産をきっかけにしてブランド名を純粋想起させるこの測定方法を用いると、独自のブランド資産に求められる望ましい役割を浮き彫りにすることができる。それはブランドを提示しなくても、ブランド資産がブランド名を想起させるきっかけになることだ。この点は極めて重要だ。しかし、ブランド名を純粋想起させる方法は回答者にとっては簡単な調査方法であるが、誤判定が起きやすく、スコアが高く出やすい。また、ブランド資産を提示することによってブランド名を純粋想起させるので、表面的妥当性テスト（ブランドが存在しない環境下でブランド資産を使ってブランドを想起させるテスト）にも失敗する。

独自のブランド資産の強度の測定は、記憶の機能やプライミング効果（先行刺激が後続刺激に影響を与えること）などの限界を考慮して適切に設計された調査によって行うことが可能だ。

この他にも、応答遅延などの暗黙的アプローチによる、より複雑な方法を採用することが可能かもしれないが、これらのアプローチは、全カテゴリーの評価を行うために必要な追加費用を正当化するためには、その価値が相当大きくなければならない。私はまだ、これらのアプローチに費用を投じて行うだけの価値があるかどうか、それを証明するエビデンスを見たことがない。私がこれまでに見てきたアプローチの多くも、競合ブランドのリンクを測定することに失敗しており、そのため独自性の高さを測定することは困難であった。

顧客セグメントにみられる知名度スコアの共通パターン

スコアが高い領域と低い領域を特定するためにセグメント間の差を分析するのが、典型的な市場調査の手法だ。ブランドが18歳から24歳の顧客層に強いかどうか、あるいは女性より男性に弱いかどうかなどを知ることが可能だ。同様に、知名度のスコア別にセグメント間の差を分析することで、独自のブランド資産を測定することができる。これらに共通して見られるパターンから、自分のブランドの資産構築活動がどの程度機能しているか、あるいはブランド資産が無視されていないかどうかを理解することができる。

しかしその解釈にはいくつか注意を要する。セグメント間の差は成功よりも成績不振を反映することが多い。セグメント間に差がないことは良い結果と言えるのだ。つまり、自分の選択したメディアや広告クリエイティブのエグゼキューションにバイアスが含まれていないことが示唆される。もし、年齢、性別、ブランド経験などの違いによってブランド資産の知名度に有意な差が存在していれば、結果は以下のパターンのうちどれかに従っていると考えられる。

年齢間の知名度スコアの差

独自のブランド資産の違いについて、年齢群別に3つのパターンが頻繁に観察される（**図9－1**）。

- ブランド資産の無視——このパターンは、カテゴリー購買客の年齢が上がるとともに知名度スコアが上がるときに観察される。このブランド資産は、最近使われていなかった資産か、または最近のキャンペーンのエグゼキューションに問題があった資産か、そのいずれかである。この状況を修正するためには、エグゼキューションの問題を解決するか、このブランド資産の使用を再開しなければならない。過去のエグゼキューションの成功例を、もしそのエグゼキューションを変更して変化がもたらされたのであればなおさら、研究することが役立つだろう。

● 若年層に依存しすぎるブランド資産——このパターンは、カテゴリー購買客の年齢が上がるにつれて知名度スコアが低下するときに観察される。このパターンが生じる典型的な原因は、若年層の購買客に過剰な比重を置いたメディアをプランしたため、高齢層に訴求するブランド資産を刷新することに失敗したことだ。この状況を修正するためには、メディアプランと資産構築活動を検証し、すべてのカテゴリー購買客にリーチするための活動に変更しなければならない。もし若年層に多くのメディアを投資するのであれば、高年層のカテゴリー購買客にリーチできるメディアにも投資してバランスを取らなければならない。

● ショッパー資産——このパターンは、25歳か

図9-1　カテゴリー購買客年齢別の知名度の分布パターン

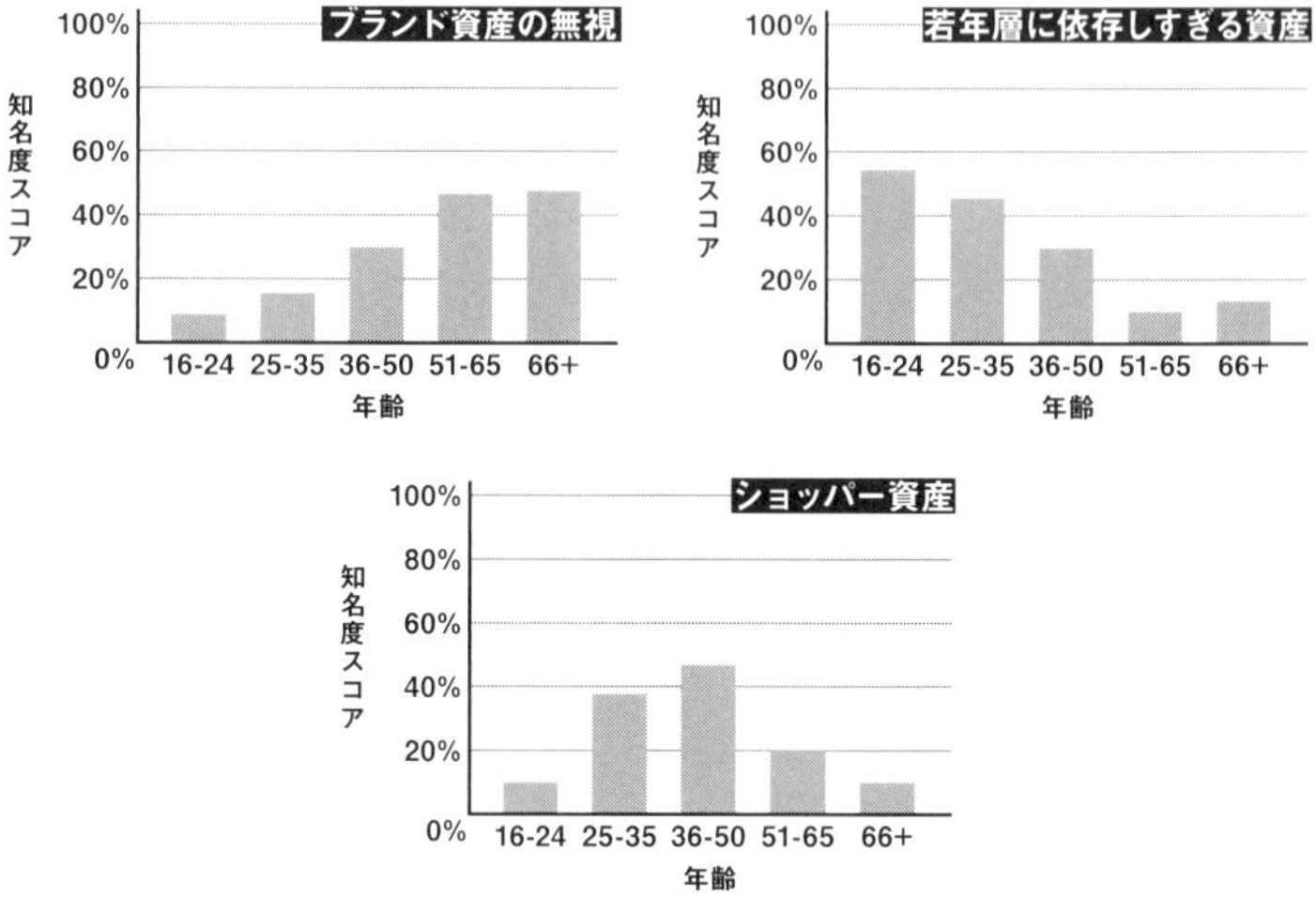

ら50歳の女性において知名度スコアが高いときに観察される。多くの場合、このパターンは、カテゴリー内の全購買客ではなく、家庭用品の購買客層を対象にメディアを投資した結果の表れだ。この層を対象にしてブランド資産を構築することは、もし関心を示していなかった他の購買客を取り込むことができれば、必ずしもマイナスではない。

男女間の知名度スコアの差

性別で生じる知名度スコアの差は、広告クリエイティブやメディアプランへのバイアスに起因していることがある。広告クリエイティブへのバイアスの例を挙げよう。たとえば、購買客の30％が男性であるのに、その広告に製品を使った男性が1人も登場しないときだ。そのような広告が男性の注目を得られることはない。つまり、男性視聴者がこのような独自のブランド資産の構築活動に触れることはない。ジェンダーバイアスが大きいかどうか、その資産を使った広告表現に対する反応を性別に確認しよう。

メディアプランもジェンダーバイアスを引き起こすことがある。たとえば、ほとんど男性しか出場しないスポーツイベントに男性用カミソリブランドの広告を出稿することは一見理にかなっているように見えるが、自分のパートナーや10代の息子のためにカミソリを購入している多くの女性がこのようなブランド資産構築活動に接する機会はない。メディアの比重にも問題があるかもしれない。たとえば、男性を対象にしたブランド資産構築活動は10回行い、女性の場合は1回しか行わないときなどだ。これも知名度のメトリックスに不均衡を生じさせる可能性がある。

ブランド経験による知名度スコアの差

ブランドユーザーと同様にノンユーザーも、独自のブランド資産の価値が高いほど、ブランド名との間に新鮮なリンクを構築している。ブランド資産の知名度を80％に到達させるためにはノンユーザーを啓発しなければならない。広告は、ノンユーザーにリーチしてブランド資産を構築するための主要なメカニズムの1つであり、ブランド名がアンカーとして機能してノンユーザーに影響を与える。

広告を出稿してもブランド資産の知名度がノンユーザーの間で低ければ、その原因として、広告エグゼキューション上のプロミネンス（注：『ブランディングの科学　新市場開拓篇』第8章を参照）か、アンカーとしての機能に問題があると考えられる。すなわち、その広告の中で、ブランド資産を理解させられなかったか、ブランド名との関連を示すことができなかったということだ。もしパッケージ資産のスコアがノンユーザーの間で低ければ、この問題は購買環境においてはいっそう顕著であることと、ターゲットに広く到達できる広告活動を通してブランド資産構築活動を行うことに重点を置くことが有利であることが示唆される。もしそのパッケージ資産がすでに広告活動の中で使用されているにもかかわらず、ノンユーザーの間でスコアが低ければ、プロミネンスの問題かアンカーの問題が存在すると考えられる。

カテゴリーの広告が禁止されている特殊な市場（インドのアルコール飲料市場など）では、ユーザーとノンユーザーの間に差がないという原則には一部の例外が存在する。このような市場では、知名度が低ければブランドユーザーとノンユーザーの間にある程度の差があって当然であり、この差は過度に大きい場合にのみ懸念されるべきである。このような市場では、顧客基盤が大きいブランドほど、価値のある独自のブランド資産の構築は有利である。しかし、独自のブランド資産構築の主な活動の場が雑然とした購買環境であれば、どのようなブランドであっても資産構築は容易ではない。

知名度は、価値ある独自のブランド資産の構築に向けて最初に取り組まなければならないメトリックスであるが、次章で考察する独自性がなければ何の価値もない。

第10章

独自性
——もっとも重要なメトリックス

ジェニー・ロマニウク
&
エラ・ウォード

Chapter 10

Core Metrics
-Uniqueness

ブランドがある資産にリンクする唯一（=Unique）のブランドとなったとき、そのブランドは独自性（Uniqueness）を獲得したという。たとえば、独自性の高い色を持つことで、その色を独自のブランド資産として構築することに大きく貢献する。本章では、独自のブランド資産の強さを評価するための2つめのメトリックスである独自性について考察する。独自性でブランド資産に対するオーナーシップの高さを測ることができる。100%になることが理想だが、100%の独自性とは人の記憶の中にそのブランド資産だけが存在することを意味する。独自性に欠けることは、自社ブランドの隣に、あるいは自社ブランドの代わりに、競合ブランドが存在することを意味する。

また本章では、第2章で解説した、独自性のアンチテーゼであるメンタルコンペティションについてもさらに考察を深めたい。また、メンタルコンペティションの様々なモデルおよびブランド資産の独自性が低くなりがちなシナリオについて考え、そのような状況を克服するための方法を提案する。

独自性の価値

独自性は、ブランド連想を育むための価値ある要素として長年にわたり評価されてきた（Keller, 1993）。独自のブランド資産を獲得するためには、メンタルアベイラビリティやフィジカルアベイラビリティを構築できる独自性を持つことが非常に重要だ。たとえば、メンタルアベイラビリティを構築するとき、もしブランドと資産との独自のリンクが形成されれば、ブランドのカテゴリーエントリーポイント（CEP）が刷新されたことを意味する。逆に、もし資産との独自のリンクが形成されなければ、（つまり、競合ブランドが一緒に想起された場合には）カテゴリー購買客にリーチすることもCEPを刷新することもできないし、競合ブランドだけが想起されれば逆効果ですらある。

独自性の欠如は、フィジカルアベイラビリティを構築するときのブランド資産の貢献にも影響を与える。あるブランド資産を複数のブランドが共有している場合、たとえば、もし購買客が〈青いもの〉を探しているときに複数の青色の選択肢が存在すれば、購買客は自社ブランドではなく競合ブランドを探すかもしれない。この状況は、購買客が競合ブランドの存在に気づけば購入してしまうかもしれない環境下ではリスクを伴う。

独自性を測定することで、同じカテゴリー内の他のブランドとの間に生じるメンタルコンペティションのハードルの高さ、およびその特性を評価することができる。メンタルコンペティションとは、セールスコンペティション（販売競争）が店舗内での収益の競争であるのに対して、購買客の心の中で起きるブランド想起の競争のことだ。プロクター＆ギャンブルのパンテーンとトレセメのように同じ企業の同じブランド資産を持つ2つのブランドの間にも、どちらのブランドが購入されてもプロクター＆ギャンブルの収益になるとはいえ、メンタルコンペティションが存在する。同じ企業の2つのブランドの間のメンタルコンペティションは短期的な収益には影響をおよぼさないかもしれないが、長期的には、混乱を引き起こし、ブランド想起が妨げられ、カテゴリー内で広く競争する能力に悪影響を与え、ポートフォリオ形成の妨げとなる。

独自性スコアの計算方法

第8章と第9章でデータ収集の方法について考察した。独自性も同じデータを使い、競合ブランドとのレスポンスの割合を比較して算出する。したがって、目立つブランドが複数存在する場合は、回答者が複数の回答をできるように、またブランド想起の推測ゲームに陥ることなく回答をできるようにアンケートが設計されていることが重要だ。さらに、次の質問に回答する意欲が削がれるような質問は、競合ブランドへの言及が抑制され、ブランド資産の独自性を過大評価することにつながるので、避けなければならない。

独自性は、0%（リンクがまったく存在しない）から100%（そのブランドだけが想起される）の範囲の値を取る。独自性が50%未満であれば、競合ブランドへの回答が大半を占めるということであり、そのブランド資産を使用することにはリスクが伴う。独自性が50%を上回れば、自社ブランドへの回答が大半を占めるということであり、リスクは小さい。独自性が100%に近づくほど、リスクはさらに下がる。

表10－1は、独自性の計算方法を3つの場合に分けて示したものだ。回答者は複数のブランド名を答えることも、まったく答えないこともできる。したがって、回答の総和は必ずしも標本数に一致しない。もし回答者が持つブランド資産とのリンクが少なければ（またはまったくなければ）、総回答数は標本数を下回る。逆に、もし複数のブランド資産とのリンクを持つ回答者が多ければ、総回答数は標本数を上回る。

ブランド資産のタイプによって独自性は大きく（または小さく）なりやすいか？

我々は異なる資産タイプを照合して、常に独自性の高いブランド資産があるか、または逆に常に低い資産があるかどうかを調べた。その目的は、

表10-1　独自性の計算例

100人から回答を得た場合の考えられるシナリオ	自社ブランドへの反応（n）	競合ブランドへの反応（n）	計算方法	独自性（%）
シナリオ1	50	20	50／（50+20）	71
シナリオ2	50	100	50／（50+100）	33
シナリオ3	50	40	50／（50+40）	55

脆弱性の高い、または低い特定の資産タイプを明らかにして、どの資産タイプを開発するべきかどうかの判断材料にすることだった。

ウォードが13種類の日用品カテゴリー中の1512種類のブランド資産を調査して（2017年）、キャラクター、ロゴ、フォントがもっとも独自性のあるブランド資産であることを発見した（**図10－1**）。購買客の記憶は、それぞれの資産タイプに対して1つのブランドしか連想をリンクさせていなかった。

ブランドカラーと広告スタイルの独自性は、他の資産タイプと比較すると有意に低かった[1]。これらのブランド資産の独自性は平均して50％未満であり、1つのブランドが独占するというよりも、複数の競合ブランドに観察された。その他にも、広告モーメント（P240を参照）、キャッチコピー、製品の形状、パッケージ上の画像などの6

図10-1　ブランド資産タイプ別の相対的独自性

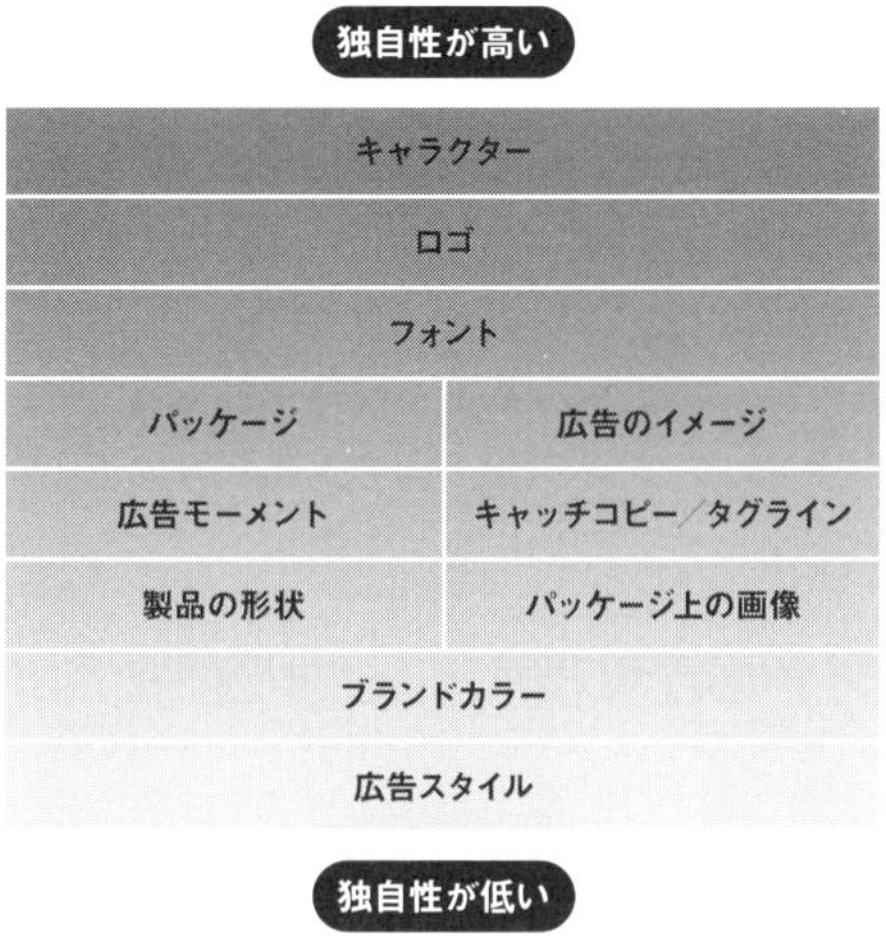

つの資産タイプを検証したが、有意に高いまたは低い独自性スコアは発見されなかった。

ブランド資産の独自性はそのタイプによって有利と不利が生じているが、同じタイプの資産であっても大きく異なることが結果から示された。同じ資産タイプでも独自性スコアにこのような分散（データのばらつき）が見られることは、どのブランド資産を選択し、それをどう実行するかが、ブランドのオーナーシップに大きく影響を与えることを示唆している。たとえば、ブランドカラーや広告スタイルなどは独自性の低いブランド資産であるが、それぞれが非常に個性的な資産である。また、キャラクターの独自性はおおむね高かったが、独自性が低くても競合力のあるキャラクター資産は存在する。これらの資産については後の章で詳しく考察する。

メンタルコンペティションの原因

メンタルコンペティションが生じる状況には2種類がある。まず、購買客が同じまたは類似のブランド資産を持つ複数のブランドに実際に触れたとき。次に誤認識、すなわち、2人の購買客が同じブランドに触れて1人がそれを競合ブランドと混同するようなときだ。

前者は、競合ブランドが資産を模倣したり、カテゴリーやサブカテゴリーの約束事の使用を模倣したり、イノベーションの機能的品質を模倣したり、あるいは消費行動を促進する資産を利用したことで、不幸な結果すなわち類似ブランドへの購買客の逃避が起きたことなどが原因だ（第6章で考察した）。このようにして複数のブランドが同じ資産の想起を競い合うという状況が作り出されている。

独自性を測定することのメリットの1つは、このような競争反応の構造を調べてメンタルコンペティションの2つの主要タイプを区別できることだ。

メンタルコンペティションの2つのタイプ

独自性が100％であるとは、そのブランドだけが、ブランドリンクを持つすべての購買客との間にリンクを構築していることを意味する（**図10－2**参照）。独自性が低ければ、その原因として2つのメンタルコンペティションが存在すると考えられる。それを我々は、バトル・フォー・ブレイン型メンタルコンペティション（battle for brains mental competition）、バトル・フォー・ファースト・スポット型メンタルコンペティション（battle for first spot mental competition）と呼んでいる。

〈バトル・フォー・ブレイン（脳争奪戦）〉型メンタルコンペティション

カテゴリー購買客が資産とリンクするブランドを1つだけしか持たない場合で、しかもリンクするブランドが購買客によってそれぞれ異なる状況。たとえば、カテゴリー購買客Aがブランドとのリンクを持ち、カテゴリー購買客Bがブランド Yとのリンクを持っているような状況だ。この場合、競合ブランドよりも先に購買客の脳（ブレイン）争奪戦（バトル）を行い、競合ブランドがそのブランド資産を育成することを諦めて自社ブランドとのメンタルコンペティションに負けるのを待つ。

〈バトル・フォー・ファースト・スポット（首位攻防戦）〉型メンタルコンペティション

ブランド資産に触れることで、1人のカテゴリー購買客が複数のブランドとリンクを持つ状況。たとえば、カテゴリー購買客Aがあるブランド資産に触れてブランドXとブランドYにリンクすること。この場合の攻防戦（バトル）は、競合ブランドよりも新鮮な記憶を購買客に与えることだ。

図10-2　メンタルコンペティション

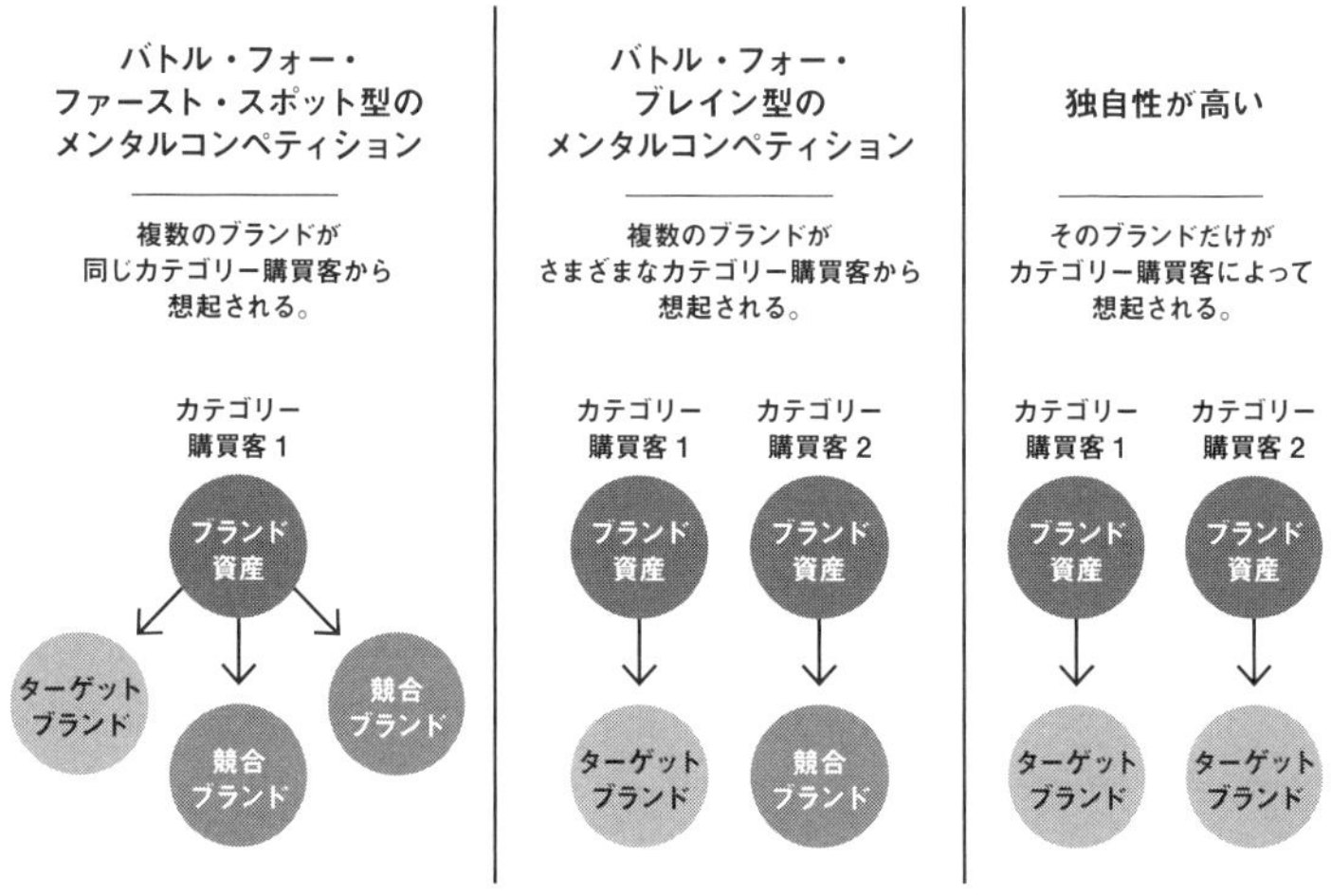

どちらのメンタルコンペティションモデルも可能性を秘めているが、どちらかが一方と比べて優れているのだろうか？

ブランドと資産のリンク——競合力を持つ構造

独自性が50％であるとは、100人中50人があるブランドを想起し、残りの50人が別のブランドを想起すること（バトル・フォー・ブレイン〈脳争奪戦〉の状態）、または、50人が2つのブランドを想起し、残りの50人が何も想起できなかったことを意味する（バトル・フォー・ファースト・スポット〈首位攻防戦〉の状態）。ウォードは、独自のブランド資産の独自性が80％に満たない主要ブランドを1000以上選んで、カテゴリー購買客が想起するブランドは1つかそれとも複数かを調査した（2017年）。

ウォードは、もしブランド資産に独自性が欠けていれば、2つのタイプのうちバトル・フォー・ブレイン型のメンタルコンペティションが主流になることを発見した。つまり、独自性が低ければ、カテゴリー購買客は、そのブランド資産を持つブランドのうち1つのブランドとだけリンクを構築し、しかもリンクするブランドが購買客によってそれぞれ異なる。独自性が80％に満たないすべてのブランド資産を対象にすると、93％の人が1つのブランドのみを回答していた。回答の幅は、ロゴに関しては96%以上、独自性がもっとも低いブランドカラーと広告スタイルに関しては90%以上であった。記憶に残るブランドは人によって異なる。重要なことは、ブランド資産の独自性を構築するためには、ブランド資産のリンクが存在していない〈空白の脳〉がどれだけあるかだ。この〈空白の脳〉を持つ購買客が多ければ、独自性が低くてもそれを修正できる可能性は高い。

独自性をどう構築し、メンタルコンペティションとどう戦うか

メンタルコンペティションを克服して独自性を構築することは、知名度を構築することよりもはるかに難しい。なぜなら、カテゴリー購買客に考えを改めさせることも、競合ブランドに同じブランド資産を広告することをやめさせることもできないからだ[2]。できるのは、競合ブランドのリンクが時間経過とともに弱体化し、購買客の記憶が想起閾値《いきち》を下回ることを願うことだけだ（Collins & Loftus, 1975）。

開発したいブランド資産の独自性が低いとしよう。さて、どうしたものか。このシナリオでは、競合ブランドに対する回答の分布によっては今後の進め方が変わってくる。もし回答が複数のブランドに分散していれば、メンタルコンペティションが十分に確立されていないことを意味し、賢明なエグゼキューションによって立場は逆転するだろう。

ブランドへの反応の構造をさまざまなレベルの独自性のもとで詳しく調査するために、さまざまなカテゴリーの独自のブランド資産を測定した4件の多国間研究を精査した。まず、各カテゴリーにおいて、独自性スコアが70％以上[3]の独自のブランド資産を所有している主要ブランドを数値化した。**図10－3**はそのもっとも典型的な結果であり、スナックカテゴリーの67％からアルコールカテゴリーの34％までのデータ分散が観察された。独自性が高いブランド資産の数は、カテゴリーによって大きく差があった。次に、独自性スコアが70％未満のブランド資産であっても競合するブランドがいない（反応率が10％以上の）資産の割合を数値化した[4]。これが最小のグループであり、食品カテゴリーの2％から酒類カテゴリーの7％までのデータ分散が観察された。

独自性スコアが70％未満のその他のブランド資産については、反応がどのように集中しているか、すなわち、1つの競合ブランドに集中しているのか、少数の競合ブランドに分散しているのか、または多くの異なるブランドに分散しているのかを検証した。その結果、競合ブランドが1つの場合と複数の場合で均等に分散しており、どちらのシナリオにも同じ可能性があることが示唆された。このことより、独自性スコアが低いブランド資産の多くが、その原因が混乱にあるというよりも、複数の競合ブランドとの直接的競合によるものであることがわかる。

独自性スコアをベンチマークしてさまざまなブランド競合の構造を明らかにする

この分析を使ってベンチマークを明らかにすることで、特に注目しなければならない競合ブランドがどこに存在するのかを知ることができる。ここで、資産への反応がもっとも高かったブランドを1位ブランドと定義して考えてみよう。1位ブランドの独自性の平均値は、予想どおり、競合ブランドの数が1つ増えるごとに10％ずつ低下していく（競合ブランドがない場合の63％から競合ブランドが3つある場合の29％へ。**図10－4**参照）。

1位のブランドとは異なり、2位のブランドの独自性スコアはほとんど変化しない（競合ブランドが1つある場合の23％から競合ブランドが3つある場合の20％の間で分散している）。このスコアをベンチマークとして使用して、自社ブランドにもっとも近い競

図10-3　独自性スコアとブランド競合の関係

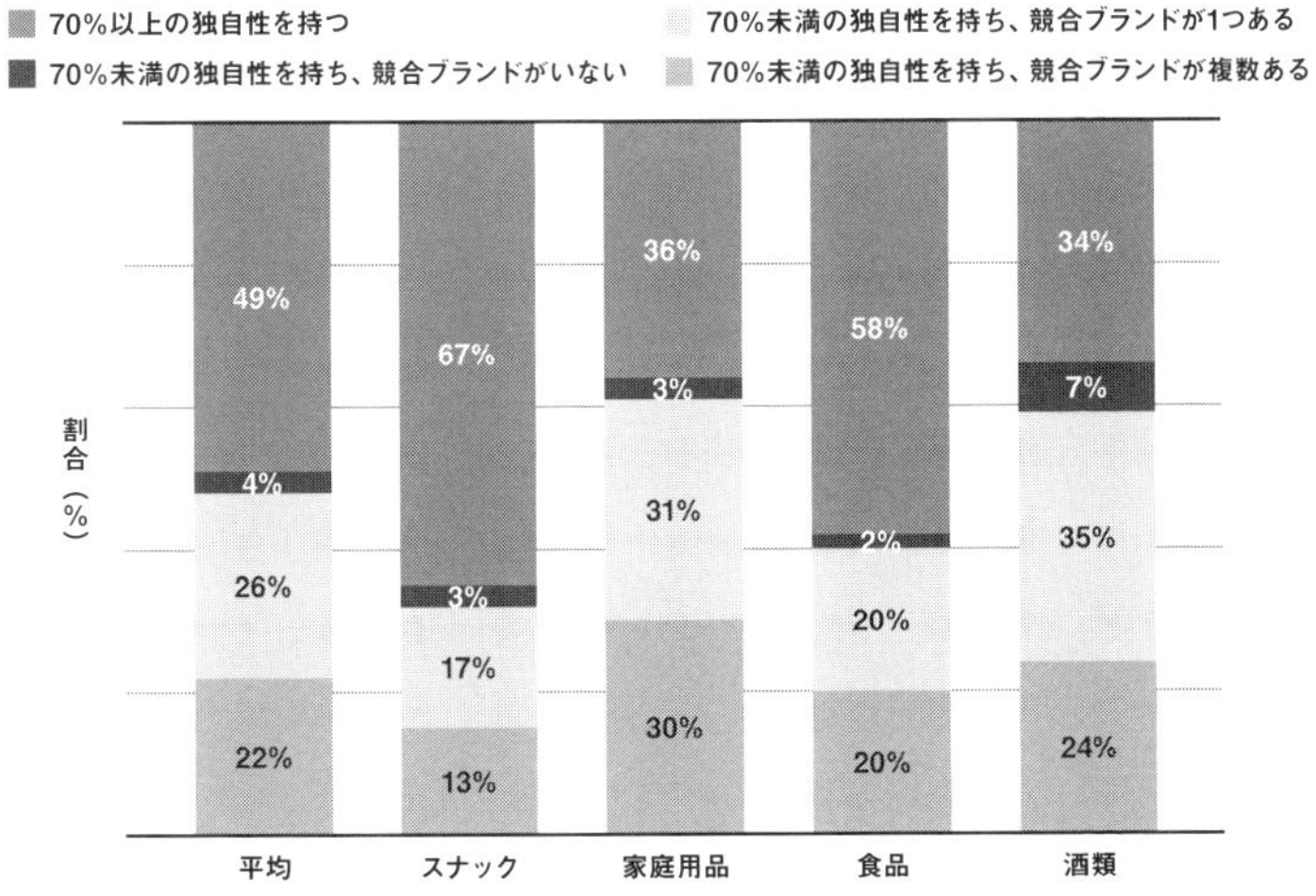

合ブランドの資産スコアが著しく高い（例：30％の独自性）のはどのような状況か、また著しく低い（例：10％の独自性）のはどのような状況かを知ることができる。そのスコアが平均より高ければ、競合ブランドの守りが強固であることを意味し、自社ブランドの独自性の欠如を克服することは難しいことが示唆される。

独自性を取り戻すための条件

ブランド資産の独自性は、必ずというわけではないが、そのブランド資産のタイプの影響を受ける。キャラクター、ロゴ、フォントを選択することで独自のブランド資産を構築するための優位性を得られるが、これはブランドの安全を保障するものではない。

低い独自性がカテゴリー購買客の記憶の中でどのように映っているかをより深く理解することで、独自性の課題を解決するためのさまざまな方法の実行可能性を探ることができる。その結果、次の2つの特徴に注目することが効果的であることがわかった。

- **〈空白の脳〉がどれだけ存在するか**　その数が多いほど、ブランド資産を再生できる可能性が高まる。
- **競合構造を知る**　もし2位のブランドの独自性が20％以上であれば、20％以上の独自性を持つブランドを持たない限り、それを克服することは難しい。

独自のブランド資産の選択肢が広いことを考えると、その資産にあまり〈空白の脳〉がない場合や、競合他社がすでにその資産に大きく進出している場合は、代替の資産を優先させることが賢明であると考える。

次章では、知名度と独自性という2つのメトリックスを上手に組み合わせることで、ブランド資産開発の可能性についての戦略的な指針が得られることを示す。

図10-4　独自性スコアのブランド間比較（4つのカテゴリーを調査した19の研究より）

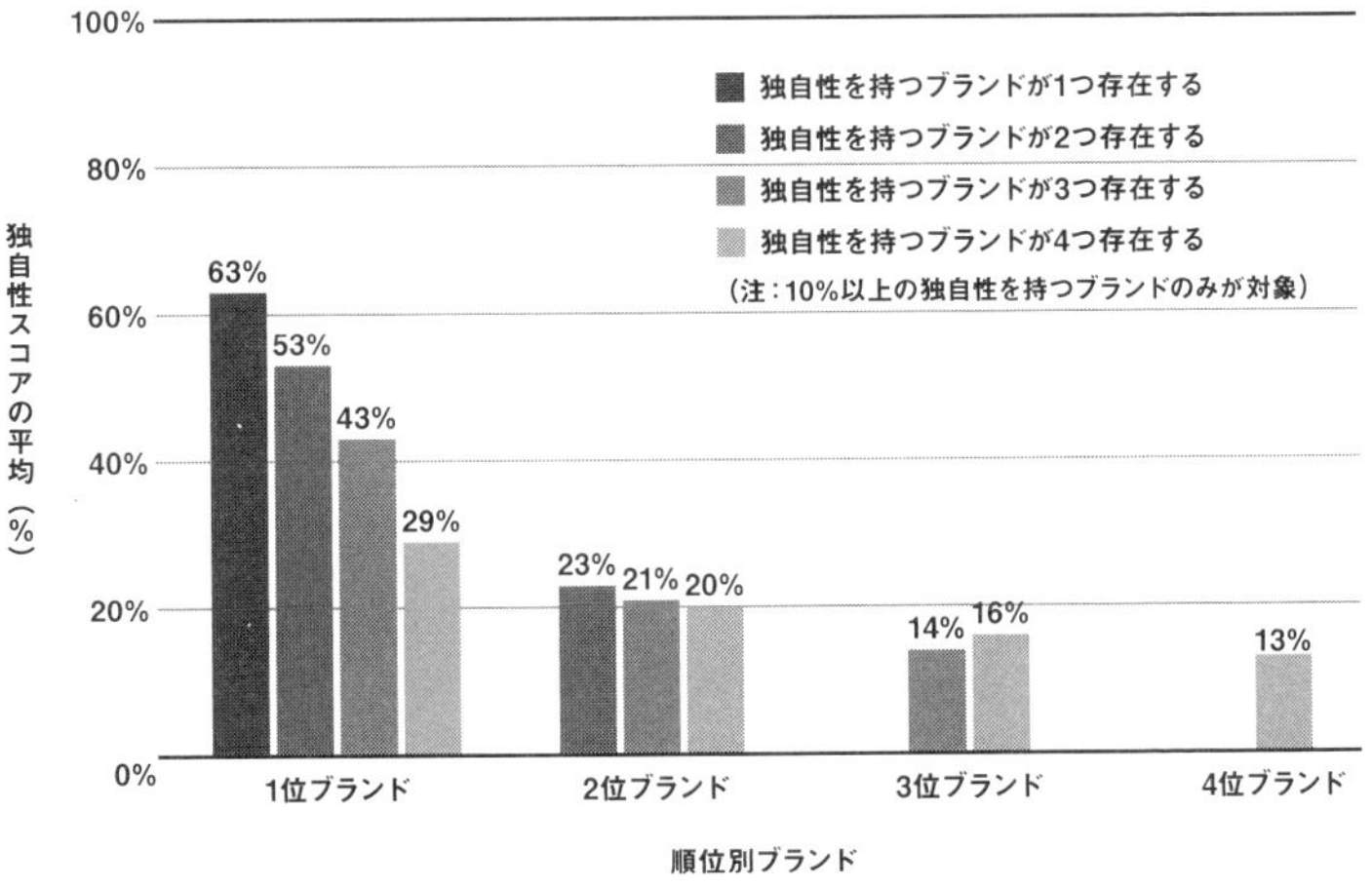

第11章

独自のブランド資産構築の戦略を策定する

ジェニー・ロマニウク

Chapter 11

Setting a
Distinctive Asset-building Strategy

本章では、知名度と独自性という2つのメトリックスを組み合わせて〈独自の資産グリッド〉を作成する方法を示す（Romaniuk, 2016b）。グリッド上の位置は、各ブランド資産の潜在能力を示している。すべてのブランド資産の潜在能力を詳しく調査することで、そのブランドの全体的なアイデンティティの戦略的方向性が見えてくる。また、4つの象限に配置された資産の意味や、いくつかの一般的グリッドパターンの解釈方法についても説明する。

独自のブランド資産グリッド

価値ある独自のブランド資産を構築するためには、知名度と独自性の両方を手に入れることが必要だ。どちらも目標は100％だ。これは、その資産がもっとも価値を持つときであり、ブランド名と同義になるときだ。将来性のある資産の多くはその目標地点にはなく、多くの場合は、開発途上の利用可能な資産として存在し、その数は財源でカバーできる範囲を超えている。独自のブランド資産グリッドは、どの資産を開発するのが最善の策かを特定するのに役立つ。

独自のブランド資産グリッドは4つの象限から成り、それぞれの象限が50％で区切られている。このカットオフ値を超えると良い状況がブランドに働いていることのシグナルだ。

もしブランドが50％以上の知名度を持てば、カテゴリー購買客がそのブランド資産に触れたとき、50％を超える確率でそのブランドが想起される可能性が高い。もしそのブランドが50％以上の独自性を持てば、カテゴリー購買客がそのブランド資産に触れたとき、圧倒的にそのブランドが想起されるだろう。

第一象限〈使って価値を維持する〉

もしブランド資産がこの象限にあればすばらしいことだ。特に、私ロマニウクとネニキスチールが提唱している測定方法（2014年）は意図的に厳しく設定したリスク回避策なので、これにしたがったのであればなおさらだ。もしブランド資産が100％に近い知名度と100％に近い独自性を持つ第一象限（**図11－1**の右上領域）にあれば、その資産をブランド名の代わりに使うことが可能だ。

図11-1　独自のブランド資産グリッド

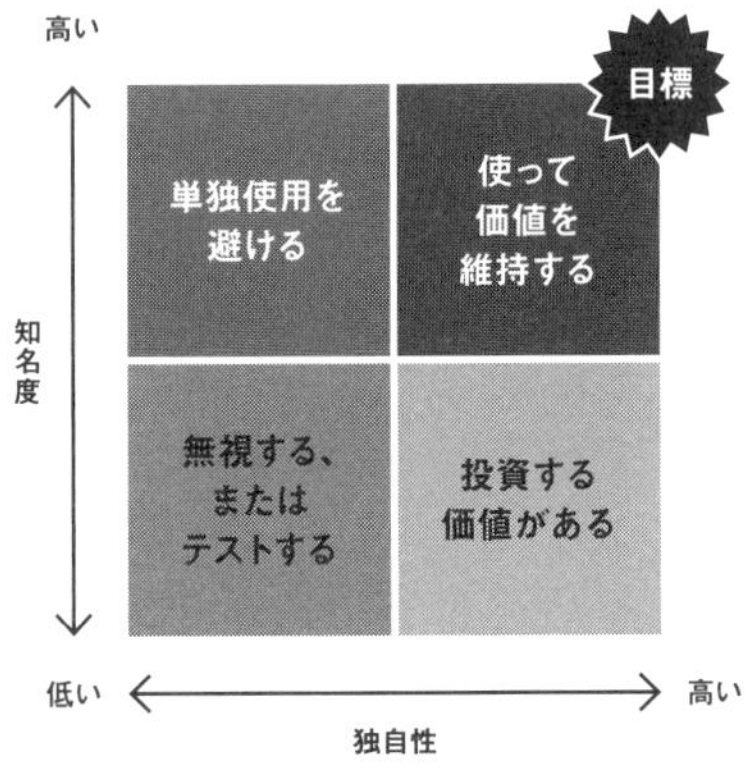

データソース：Romaniuk (2016b)

ブランドの価値を維持したいならブランド資産を使わなければならない。この象限が〈使って価値を維持する〉と名づけられているのはそのためだ。記憶は次第に衰えていくのが自然であり、カテゴリー購買客のブランド記憶が薄れないよう新鮮に保つためには、ブランド資産との接触を常に維持する必要がある。独自性は競合ブランドが同じブランド資産を使いはじめたときに変化する。一方、知名度は、たとえどのような資産であっても、無視されれば時間経過とともに低下する。

ブランド資産がこの象限に入っただけでは（例：知名度が55％、独自性が80％）、ブランド資産構築の作業の完了ではない。ブランドと資産のリンクが構築されていない市場が大部分を占めており、マーケティング活動でこれらのカテゴリー購買客にリーチして啓蒙する必要がある。具体的には、ブランドと資産を同時に提示して、ブランド名とのリンクを拡大し強化することだ。また、知名度スコアが低いカテゴリー購買客がいるセグメントを探すことも賢明な方策だ（第9章を参照）。これは資産形成を妨げているエグゼキューションやメディアプランの不足を特定するのに役立つ。

どのような資産を持っていても（たとえ非常に価値のある資産であっても）、新規カテゴリー購買客への注意を怠ってはならない。彼らには独自のブランド資産について学習してもらう必要がある。これは成長中のカテゴリーにおいては重要である。成熟したカテゴリーにおいても顧客基盤は激しく変化している（死亡したり、誕生したり、子どもができたりと、人の生活は変化する）。可能な限り、これらの新規カテゴリー購買客を対象にしたブランド資産構築活動を行うべきだ。たとえば、いかなる初期ポートフォリオのための資産構築活動も新規カテゴリー購買客に偏りがちであり、特別の注意を払って行うべきだ。

この象限に入るブランド資産の主要パフォーマンス評価指数は、2つの重要な目的を達成しなければならない。それは、価値の高いブランド資産になるためのメトリックスを維持することと、新規カテゴリー購買客を対象にしたブランド資産構築に成功することだ。

第四象限〈投資する価値がある〉

独自のブランド資産の中には、高いブランド反応（独自性が50%以上）を示しつつも、それがごく一部のカテゴリー購買客（知名度が50%未満）において生じているものもある。このタイプのブランド資産は、独自性のスコアが高いことがブランド資産を構築するうえで有利に働くこと、また独自性よりも知名度のほうが構築しやすいことから、〈投資する価値がある〉ブランド資産として分類されている。独自性のコントロールは多くの場合難しく、競合他社の活動に左右されるが、知名度の構築活動は、そのエグゼキューションのおよぶ範囲と質を調節することでコントロールできる。

長年使われているにもかかわらずこの象限に入るブランド資産は、次のような特徴を有していることが多い。

- 散発的に使われる。ゆえに、記憶の衰えとともに資産とブランドとのリンクが弱体化している。
- 変更が多い。ゆえに、1回ごとのエグゼキューションが資産とブランドとのリンクを強化できない。
- 卓越したエグゼキューションに欠ける。ゆえに、資産構築活動を行っても誰も気づかない。

知名度の構築を妨害しているこれらの問題は、一貫性のある、リーチの広い、卓越した資産構築活動に大きな注意を向けることでたいていの場合は解決できる。しかし、〈投資する価値がある〉の価値があるとは、価値があるからといって投資すべきという意味ではない。幅広い種類の資産をテストするベンチマーキングのプロセスでは、通常は、適切に財源を確保できないほどの多くのブランド資産がこの象限に入る。したがって、それらの資産に優先順位をつける必要が生じる。

優先順位づけのプロセスには3つのステップがある。

第1ステップ

最初のステップは、ただでさえ困難な作業をさらに困難にするような資産はすべて除外することだ。もしあなたが考えているブランド資産の独自性のスコアが70％に満たなければ、競合ブランドに対する反応を詳細に検討しよう。もしメンタルに競合する他のブランドがそのブランド資産を狙っていれば（第10章を参照）、そのブランド資産の優先順位は低く置くべきであろう。

第2ステップ

次のステップは、この象限の知名度スコアを検証し、知名度の高いブランド資産の優先順位を高くすることだ。この象限の知名度スコアは1％から49％までの幅があり、40％の知名度を持つブランド資産は、10％に満たない知名度を持つブランド資産よりもスタート時点においてすでに有利だ。

第3ステップ

最後のステップは、ブランド資産の役割を再確認し、残りのブランド資産を以下の問いに照らし合わせて詳しく検討することだ。

- そのブランド資産をどのように使えば、フィジカルアベイラビリティを構築できるか？ ブランドを小売り環境で際立たせられるブランド資産は特に価値が高い。
- そのブランド資産をどのように使えば、メンタルアベイラビリティを構築できるか？ ブランドマーケティングを実行しやすいブランド資産は有益だ。

● そのブランド資産に多様性を持たせることができるか？　脳の新しい領域にリーチできるブランド資産の価値は大きい。独自のブランド資産の可能性を拡大できるからだ。

もしこれら3つの項目すべてに該当するブランド資産があれば、その優先順位を高くするべきだ。

投資する価値のあるブランド資産が10個あるよりも、使えるブランド資産が1つあるほうが良い。したがって、短期的には1つまたは2つのブランド資産を優先させて、その後、他のブランド資産の優先度を上げていく。そのためには、可能性のあるものを犠牲にしてでも、1つか2つの優先順位の高いブランド資産を作ることに集中しながらブランド資産構築活動を行う必要がある。そのメリットは、いったん価値ある資産を手に入れられれば、その資産が次の世代の資産構築を容易にし、将来のブランド資産構築活動のための新たなるアンカー（第2章参照）となることだ。たとえば、あなたのブランドがロゴ資産を開発したとして、そのロゴをスポークスパーソン（ブランドの代弁者）が身につけることでその人とブランド名のリンクを構築することができる。

第二象限〈単独使用を避ける〉

この象限に入るブランド資産は、カテゴリー購買客があなたのブランドにも競合ブランドにもリンクを構築しているので注意を要する。そのような状況に陥るのは次のようなブランド資産の場合だ。

- カテゴリー指標となっている資産。たとえば、パスタソースのカテゴリーカラーである赤と緑などの色。
- 機能的系列品のシグナルを発している資産。たとえば、キャットフードの魚の種類を示すピンク色などであり、競合ブランドに模倣されると、競合系列品へのメンタルな近道ができる。
- 競合ブランドから模倣された資産。たとえば、プライベートブランドがカテゴリーのリーダーブランドを模倣した場合や、新興市場においてローカルブランドが海外ブランドの成功要因を模倣した場合など。

この象限のブランド資産をブランド確立のためのツールやきっかけとして使うことに依存すると、競合ブランドにメンタル資産を奪われてしまう。これは決して得策ではない。というのも、競合ブランドを使用している人も多いカテゴリー購買客にとって、競合ブランドのメンタルアベイラビリティは自社ブランドのメンタルアベイラビリティよりも強いかもしれないからだ。もっとも望ましい結果は、自社ブランドが競合ブランドと一緒に想起されることであり、最悪の結果は、競合ブランドだけが想起されることだ。これではまるでメディア予算を競合ブランドに寄付しているようなものだ。どうしてもこの象限のブランド資産を使うときは、マーケティング予算を無駄にしないために、直接的で強力なブランディングを同時に行うべきだ。

ブランド資産が〈単独使用を避ける〉象限に移行するリスクを抑える

次のようなステップを踏むことで、ブランド資産が〈単独使用を避ける〉象限に移行するリスクを最小限に抑えることができる。

- カテゴリーの共通要件をブランド資産にすることを避ける。他の一般的なブランドと同じような形状のパッケージを使用しなければならないとき、それをブランド資産として構築してはならない。
- 系列品のブランド資産が系列品にだけリンクし、しかも機能面の品質情報を発信しないようにする。
- 競合ブランドのブランド資産使用状況を把握するためシステムと、独自性の低下を迅速に把握するための評価基準を持つ。

競合ブランドのブランド資産を意図的に狙うことは効果的か？

競合ブランドのブランド資産を利用して利益を追求することのリスクは高い。最大のリスクは、メンタルコンペティションの闘いに負けて、単に競合ブランドの資産を強化してしまうことだ。あまり表面化していないリスクに機会損失（ある選択を行ったことで失う機会）がある。競合ブランドを打ち負かしながら、知名度と独自性を持つ独自のブランド資産を構築する機会を逃してしまうことがある。

第三象限〈無視する、またはテストする〉

この象限に入るブランド資産は、知名度スコアと独自性スコアを足しても回答者数は過半数に達しない。可能性が顕在化していない新しいブランド資産候補は、通常この象限に入るが、だからといって新しいブランド資産は拒否してもよいというわけではない。まだ導入していないブランド資産をテストすることの目的は、競合ブランドがすでにその資産を牽引する力を得ているかどうかを再確認することだ。もしその力を得ていれば、自社ブランドの資産構築活動の妨げとなる。

過去にブランド資産構築の取り組みを行っていたのにもかかわらずこの象限にブランド資産が存在していれば、それは否定的な結果である。その取り組みに効果がなかったということを意味するからだ。そのような資産は、エグゼキューション戦略に劇的な変化をもたらすことができない限り無視し、他のブランド資産に焦点を移すべきであろう。

また、テストしたブランド資産がこの象限に入っていたとしても、それはブランディングの可能性を評価したにすぎないことを忘れてはならない。メッセージ性があり、望ましい感情を喚起するために役立つのであれば、競合ブランドと強いリンクがない限り、その資産を広告やパッケージに使用してもかまわない。しかし、有効なブランドシグナルとして機能するには至っていないことを認識し、ブランドメッセージを発信するための他の要素を含めなければならない。

独自のブランド資産グリッドの構造を理解する

ブランド、カテゴリー、そして国を超えて何年間にもわたりテストを行った結果、いくつかの共通したグリッド構造が見えてきた（**図11－2を参照**）。本節ではその構造について考察し、それぞれのシナリオに対応するためのいくつかの提案を行う。

マウンテンピーク（山頂）型

マウンテンピーク型の特徴は、1つか2つの使えるブランド資産と、多くの投資価値の

図11-2　一般的グリッド構造

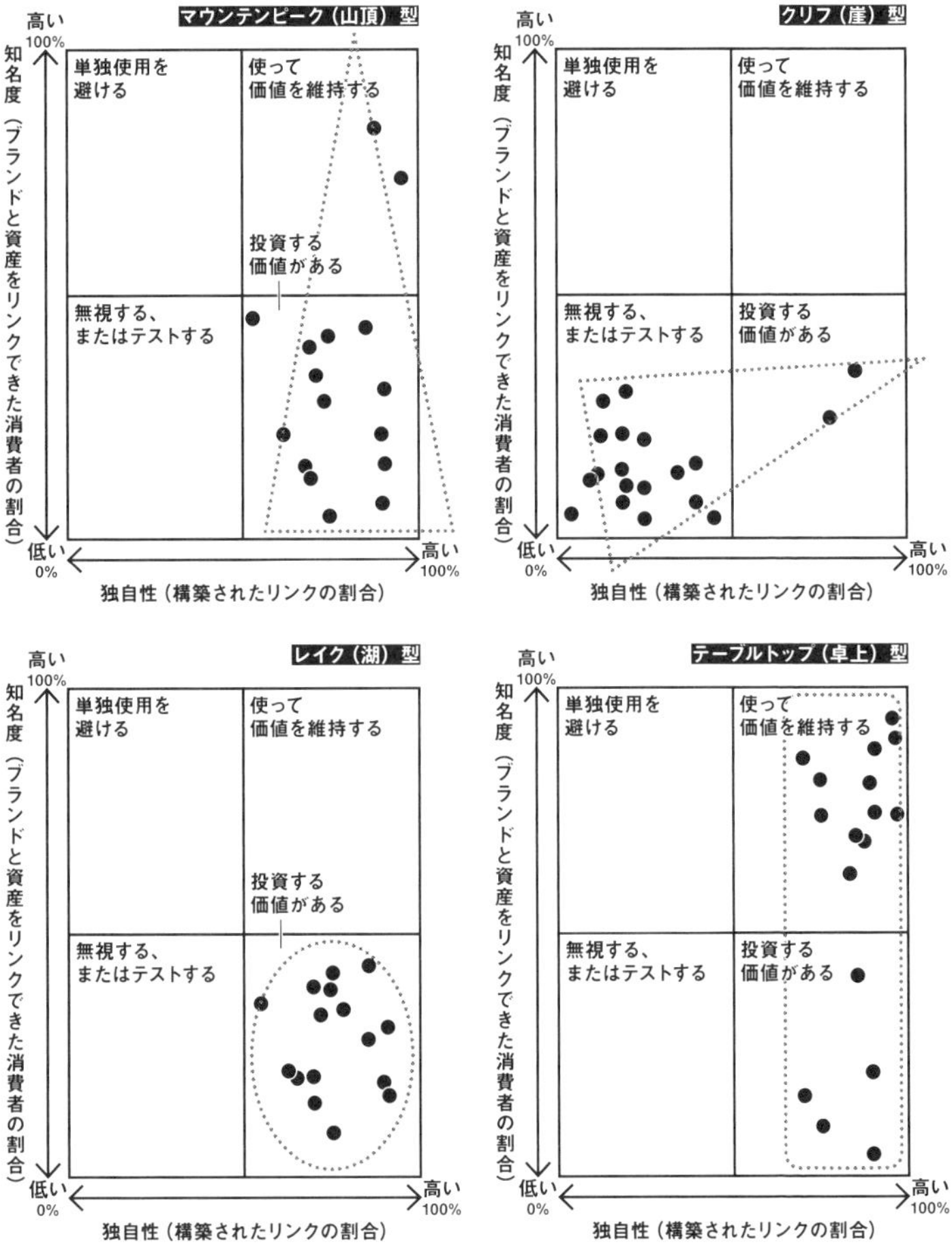

あるブランド資産が存在することだ。

独自のブランド資産がマウンテンピーク型であれば、そのブランドが持つ価値のあるブランド資産は1つか2つであり、これは好ましい状態だ。もしブランド資産がこの象限の中でも低い位置にあれば、最優先させるべきことは、そのブランド資産をさらに成長させて、100%の知名度と独自性を達成することだ。

その次のステップは、使えるブランド資産のプラットフォームを拡大し、他のブランド資産の構築に応用することだ。自社ブランドが持っていないブランド資産や、資産構築のために使用されたメディア、およびブランドの流通販路などを検討しよう。これらの要素を使い、次に構築すべきブランド資産の候補としての独自性があり投資の可能性を持つ資産を1つまたは2つ選ぶ。たとえば、もしブランドが強いタグライン（タグラインはキャッチコピーとはやや異なり、独自のブランド資産とブランド名を長期的にリンクさせることが目的）を持っていれば、映像資産で補完することが効果的だろう。もし強いロゴを持っていれば、次にやるべきことはそれをキャラクターやタグラインで補完することだろう。もしブランドが2つの映像資産を持ち、音声を使用するメディアを使用しているのであれば、次のステップは音にかかわる資産を使うことだろう。もし使えるブランド資産の中に購買に関連する資産がなければ、このタイプの資産を追加することが役に立つ。その目的は、ブランド資産を効果的に分散させることだ。

クリフ（崖）型

クリフ型の構造の特徴は、1つまたは2つの投資可能なブランド資産があることと、〈無視する、またはテストする〉象限に多くのブランド資産が入っていることだ。

クリフ型はマウンテンピーク型を横向きにしたもので、投資可能なブランド資産を使用可能なブランド資産に変換するためには多くの労力が必要であることを除けば、マウンテンピーク型と同様の推奨事項が適用される。1つまたは2つの投資可能な資産を持つことは良い出発点ではあるが、これらはまだ投資可能なレベルにすぎないため、優先させるべきかどうかを最終的に決定する前にその質を評価する必要がある。

時には、現時点で大きな投資効果が期待できるブランド資産であっても候補から除外して、現在の成績は悪くても長期的にはメンタルアベイラビリティとフィジカルアベイラビリティを構築できる可能性の高いブランド資産を選択することもある。たとえば、あるフォントが一貫して頻繁に使用されてきた結果、投資可能な唯一のブランド資産となっていることがある。しかし長期的には、このブランド資産を選ぶことは最善の選択ではない。創造的でもっと大きい可能性を秘めた別のブランド資産を選択することがより賢明な投資判断であろう。

レイク（湖）型

レイク型の構造の特徴は、使用可能なブランド資産がないことと、投資価値のあるブランド資産が多く存在することだ。

レイク型は〈投資する価値がある〉象限にブランド資産が集中しているが、これは戦略的なブランドを持たないブランドにはよく観察される傾向だ。また、ブランド資産を構築するためにさまざまな努力を行っているが、どの施策もブランド資産に多くのカテゴリー購買客を引きつけるだけの十分な持久力を持っていない。これにはメディア戦略にも責任がある。リーチを基本とした戦略を採用しなければ、カテゴリー購買客の大部分が、すべてのブランド資産構築活動の影響外に置かれることになるからだ。

ブランド資産に優先順位をつけることは戦略を軌道に乗せるためのもっとも主要な目標だ。その第一歩がブランド資産をいくつかのタイプに分類することであり、そうすることで、類似のブランド資産を比較しながら評価でき、本当の勝者を見つけることができる。

たとえば、あなたが2種類のタグラインをテストし、そのうち1つが45％の知名度と80％の独自性を、もう1つがわずか10％の知名度と56％の独自性を持っていたとする。この場合、最初のタグラインが2つ目のタグラインよりもブランドパフォーマンスは優れており、最初のタグラインを優先することになる。

もし明らかに勝者と言えるブランド資産が存在しなければ、しかしブランド資産に投資したいのであれば、クリエイティブ担当の広告代理店に相談してみるのもよい。彼らには、どのブランド資産が他と比較して長く使えそうだとか、クリエイティブの可能性を秘めているとか、わかるかもしれない。それでも可能性のあるブランド資産が発見されなければ、難しく考えずに1つ選んでそれを優先させる。どのブランド資産を選ぶかはどのブランドを優先させるかほど重要ではないので、リソースは、複数のブランド資産に分散させるのではなく、選んだブランド資産の構築に集中させることが可能だ。

各資産タイプの優先順位を決めたら、〈投資する価値がある〉の象限で説明したユーザビリティ基準テストをそれぞれに実施する。そうすることで、レイク型をマウンテンピーク型にするための優先的に投資すべきブランド資産がいくつか見えてくるはずだ。

テーブルトップ（卓上）型

テーブルトップ型の構造の特徴は、多くの使用可能なブランド資産が存在することだ。多くの場合、大規模な広告予算を持ち、カテゴリーに革新をもたらした大規模な先行ブランドの資産だ。イノベーションのたびに新しいブランド資産が追加され、時間の経過とともにブランド資産の数は増えていく。このシナリオの競合ブランドは、多くの場合、弱小であったり広告をほとんど行わなかったりするので、少なくともこの段階でのメンタルコンペティションは低い。

テーブルトップ型は初期段階としては好ましい状況だが、資産が多過ぎると長期的には問題が生じる。管理しなければならないものが多くなると弱体化につながる。ブランド資産は守らなければならないが、ブランド資産が多いということは守るべき最前線が多くなることを意味する。新規参入ブランドは、短期間で競争上の位置を変えることができるので、管理すべきブランド資産の数を減らして、将来の競争に備えよう。

ブランド資産を厳選するためには、レイク型の構造と同じ優先順位づけのプロセスにしたがう。ブランド資産をタイプ別に分類し、それぞれのタイプから明確な勝者を探す。さらに、将来の優先事項を明確にするために、クリエイティブ面の可能性についてふたたび広告代理店に相談しよう。目的は、管理可能で、使用可能で、変化に富んだ独自のブランド資産を開発することだ。

投資する価値のあるブランド資産が自社ブランドにないとき

このような状況は、あなたのブランドだけではなく他社ブランドにおいても同様であり、まず安心していただきたい。実際のところ、すべての新製品がこの位置からスタートする。しかし、もしあなたのブランドが独自のブランド資産を構築しようとしたものの、投資可能な状態にまで達していないようであれば、それは効果を発揮することができなかった過去の努力の反映であると考えて、ブランドの進むべき進路を変更し、ブランドのアイデンティティを将来に向けて強化することに注力していただきたい。

幸先の良いスタートを切れるブランド資産がないことは悪いニュースだが、将来に向けて強力な独自のブランド資産の基盤構築を白紙の状態から行えることは良いニュースだ。次のような活動から開始することは効果的な1つの方法だ。

- 現在の市場をマッピングして、競合上の立ち入り禁止区域を設定する。
- メディアプランニングと連動して、最大の可能性を秘めたブランド資産を選択する。
- 購買資産の構築機会と広告資産の構築機会の両方を検討する。

そして1つでも2つでも、役に立つブランド資産を構築することからはじめよう。

以降の章では、1つひとつの資産タイプを扱う際に役立つように、また、構築するブランド資産を選択する際により賢明な選択ができるように、さまざまな資産タイプについて考察する。まず、資産タイプの枠組みを説明し、独自のブランド資産パレットのコンセプトを紹介する。

第12章

独自のブランド資産のタイプ

ジェニー・ロマニウク

Chapter 12

Types of Distinctive Assets

五感に訴えかける資産であればどのようなものでも独自のブランド資産になり得るのだが、実際にはほとんどの人が、まるで三種の神器のように、カラー、ロゴ、タグラインの3つにしか注目していない。本章以降、独自のブランド資産候補に対する読者の皆さんの思考の枠組みを拡大しながら、独自のブランド資産パレットのコンセプトを紹介し、特定のブランド資産タイプの強みと弱みをより深く考察する。

独自のブランド資産が提供する感覚的体験

何かを見る、聞く、嗅《か》ぐ、味わう、触るなどして受けたどのような刺激も、まず感覚記憶として処理される（Tulving & Craik, 2000）。視覚と聴覚は独自のブランド資産の影響を直接受けることが多いが、嗅覚、味覚、触覚などの感覚は適切な条件下ではじめて活性化する。たとえば、ラッシュコスメティックス社やアバクロンビー&フィッチ社の店舗では店内に独特の香りを漂わせ、Wホテルチェーンでは香りを持ち帰れるように販売している（残念ながらルームサービスでは入手できない）。

確かに、嗅覚、味覚、触覚を刺激するブランド資産はブランディングの選択肢に神経刺激的多様性をもたらすが、これらの資産タイプは残念ながら柔軟性と適応性に欠ける。これらのブランド資産が機能するのは、購買客が影響を受けやすい環境内にいる場合、または、購買客の何らかの行動がブランド資産との接触を引き起こしやすい場合だけだ。

たとえば、香りのブランド資産は、購買客が実際にその環境にいる場合や、購買客が香りを持ち帰った場合にのみ効果的だ。ブランドによっては独特の味を持つものもあるが、そのようなブランドは購入後しか効果を発揮しない。味のブランド資産を活用することは困難だ。なぜなら、ブランドを成長させるためには、そのブランドをまだ買ったことのないノンユーザーや過去に買った経験のあるライトユーザーにアプローチする必要があるからだ（**Sharp, 2010a**）。

製品やパッケージは触感を活性化させることができる。コカ・コーラの初期のボトルのデザイン開発の目的は、暗闇の中で触っただけで識別できるようにデザインすることだった（**Ryan, 2015**）。コカ・コーラのボトルのように平面媒体で注目を集める形に変換できる場合は例外として、このタイプの資産は、製品が具体的な形を持ち、目につきやすく、カテゴリー購買客と同じ物理的環境にある場合にのみ機能する。これらの感覚を刺激することが有効な状況があるのは事実だが、実際には非常に少ない。

聴覚と視覚は、購買環境下またはメディアプラン実施中に活性化されるため、独自のブランド資産としてよく使われる。そしてこれら2つの感覚が独自のブランド資産の選択肢を豊かにしてくれる。本章および以降の5つの章では、これらの感覚を利用した独自のブランド資産に焦点を当てる。

映像資産と音声資産

独自のブランド資産の世界は広大だ。これらの資産を使って上手に航行するためには、資産タイプ別にスキーマ（構成）を整理しておくと便利だ。**図12-1**は、映像資産がカラー（色）、ワード（言葉）、フェイス（顔）、シェイプ（形状）、ストーリー（物語）の大きく5つに分類されること、また音声資産がサウンドと音楽の大きく2つに分類されることを示している。

それぞれのブランド資産はさらに細かく分類される。たとえば、カラー資産は、単色、色の組み合わせ、色とデザインの組み合わせに分類され、フェイス資産は、スポークスパーソン、キャラクター、セレブリティに、そして音楽資産は、インストゥルメンタルBGM、ジングル、ポピュラー

図12-1　映像と音声を使った独自のブランド資産の構造図

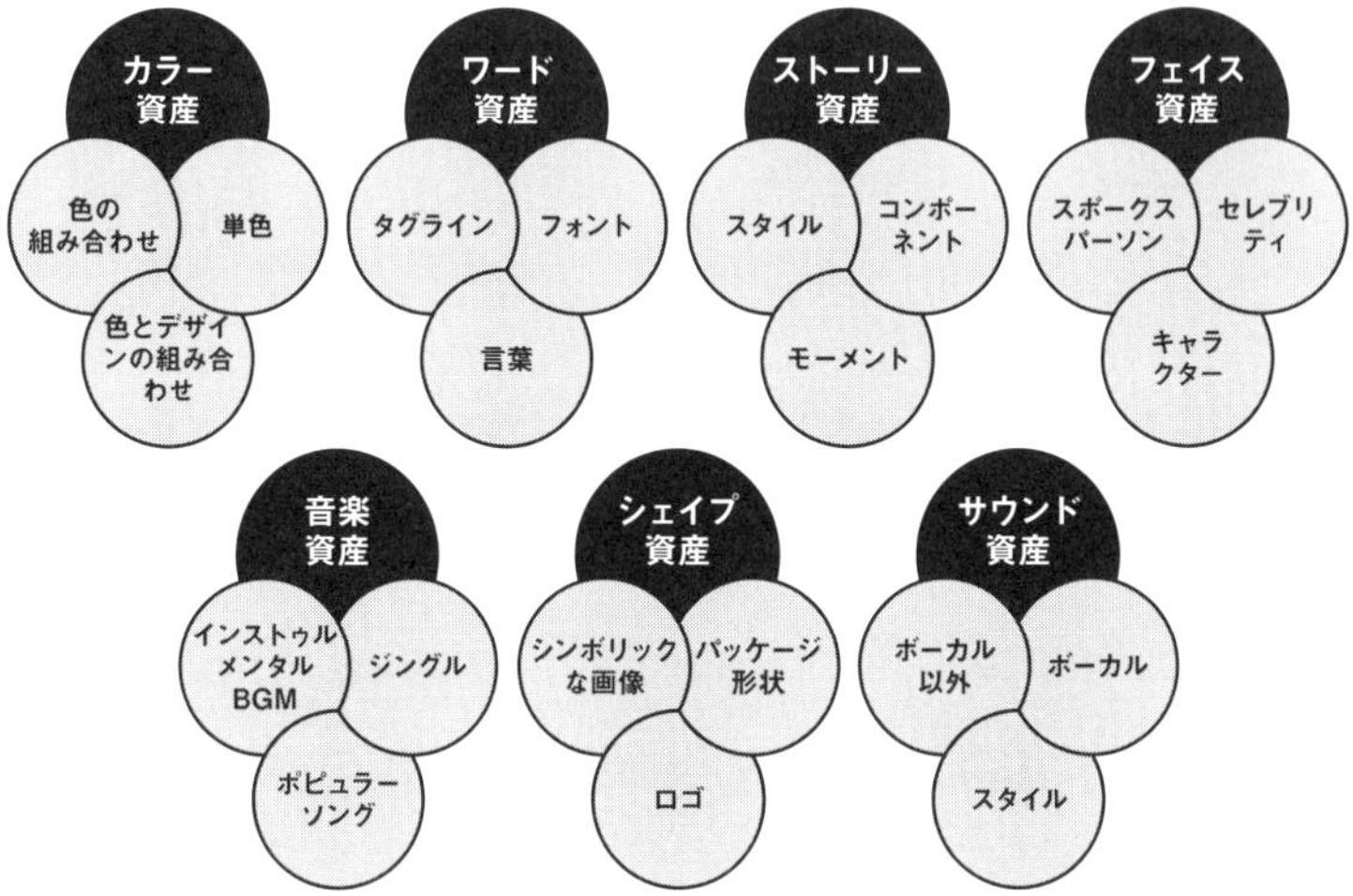

ソングに分類される。

資産タイプがこのように豊富であることで、独自のブランド資産の選択は大いに広がって刺激的なものになる。以降の5つの章では、それぞれのブランド資産がブランディングにどのように貢献しているかを、いくつかの事例およびその効果を示すエビデンスとともに紹介する。詳細な説明は各章で行うとして、ここではブランド資産構築活動の全体的な長期目標の重要性について解説する。これは〈独自のブランド資産パレット〉と呼ばれている。

独自のブランド資産パレットを創造する

独自のブランド資産パレットとは画家のパレットのようなものであり、どのような環境下のブランディングであっても、その時々の状況に応じてさまざまな資産候補のメニューを提供してくれる。どのメニューでもそうだが、品目が豊富になると、状況に応じた最適な選択肢を見つけられる可能性が高まる。資産にはどのような種類があり、それぞれがどのようなメリットとデメリットを有しているかを理解することで、どの資産を追加し開発するのが良い選択であるかを見極めることができる。

メニューにたとえたのは意図的だ。というのも、ブランドがいくつかの独自のブランド資産を有している場合、これらのブランド資産を食材リストのように扱ってしまい、どのタッチポイントにもいずれかのブランド資産が常に含まれていなければならないと思い込む間違いを犯しがちだからだ。これは、ブランディングの目標を達成するためには不要であるだけではなく、制約が多くなりすぎてクリエイティブの質を抑制することにもなりかねない。

いくつのブランド資産を所有すべきか？

1つのブランド資産に依存することは危険だ。それに伴いさまざまな問題が生じるかもしれないし、効果を発揮できない状況もあるかもしれないからだ。しかし多くのブランド資産を持つことも危険だ。管理しなければならない資産が多すぎると、リソースが分散し、やがてブランド資産は衰え、競合ブランドの攻撃を受けやすくなるからだ。柔軟性、適応性、多様性を提供するという独自のブランド資産の目標をブランドを弱体化させることなく達成するためには、4〜5つのブランド資産で十分だ。

優れたパレットは4〜5つのブランド資産を備えているが、実現可能な資産リストはそれぞれのブランドの置かれている状況によって異なる。次に、所有すべきブランド資産の数を決定するときに検討しなければならない2つの要因を紹介する。

● メディアと流通チャネルの多様性

ブランドを宣伝し販売するチャネルの数が多いほど、それぞれの環境で最適なブランディングを達成するために必要なブランド資産の数も多くなる。しかし、それぞれのメディアや購買形態ごとに個別のブランド資産を用意する必要はない。また、ブランドに十分なリソースが割り当てられている場合は、どの選択肢がもっとも効果的に機能するかを検討し、それに応じて独自のブランド資産パレットをデザインする。

● アバブザライン広告（ATL：マスメディアを利用した広告）にかける費用

ATLに投資することで、ノンユーザーや新規カテゴリー購買客などの本来リーチして啓発しなければならない人たちの間に資産を築くことが可能になる。この投資額が低いほど、ブランド資産の構築に時間を要する。したがって、価値のある対象に狙いを絞ることが重要だ。しかし、もしブランドが、毎週のように新しいメッセージを広告しているスーパーマーケットや百貨店のように、広範囲に継続的に広告活動を行うのであれば、独自のブランド資産のメニューを増やすことで、同じブランド資産を頻繁に使用することによるクリエイティブの消耗や消費者離れを食い止めることができる。

図12-2は主要なブランド資産をすべて持っているあるブランドのブランド資産パレッ

トで、このような完全なパレットを持つことが長期的な目標だ。短期的に重要なことは、できるだけ100%に近い知名度と独自性を持つブランド資産を少なくとも1つ所有すること、そして、ブランド資産を追加するときは多様性を考慮して慎重に行うことだ。

ブランド資産の好感度は重要か？

多くの候補の中から選んでブランド資産を決定するときは、消費者やカテゴリー購買客にさまざまなブランド資産の好みを評価してもらってから、もっとも好感度の高いブランド資産を選択するのが賢明だろう。嫌悪感を抱かせるようなブランド資産は明らかに避けるべき資産の候補だが[1]、ただちに気に入られないからといってそのブランド資産を無視するべきではない。

図12-2　独自のブランド資産パレットの基本構造

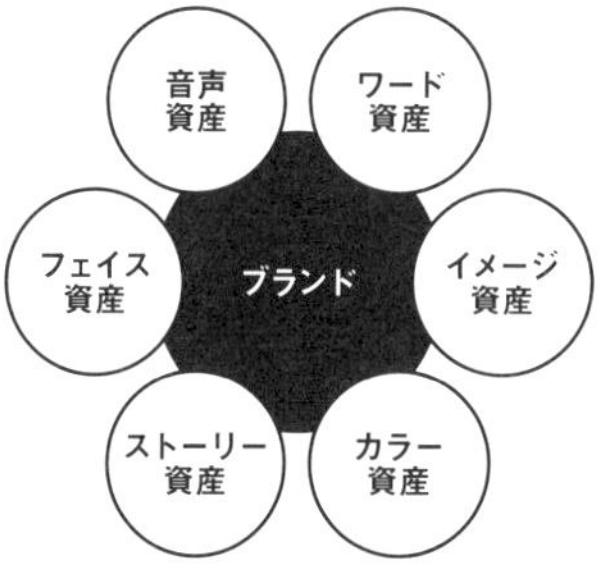

親しみやすさと好感度の間には、ある刺激に触れる機会が増えると人は無意識のうちにその刺激を好きになるというメカニズムがある（Zajonc, 1968）。つまり、ブランドの資産は、使えば使うほどその資産への好感度が高まる。

そのため、ブランディングは、必ずしもカテゴリー購買客の間で非常にポジティブに受け入れられているブランド資産を使って開始する必要はない。なぜなら、このような即断的かつ主観的な評価は往々にして気まぐれであり、またブランド資産の好感度はむしろ効果的なエグゼキューションと一致していることのほうが多いからだ。ブランド資産選択の基準としては、有用性、多様性、メトリックスのほうがより理にかなっている。なぜなら、これらはブランド資産の能力と直結しており、それがブランドの成績に影響をおよぼすからだ。この点についてはカラー資産を解説した次章で詳しく説明している。

次章以降では、さまざまなブランド資産のタイプについてさらに詳細に考察する。まず、カラー資産について、なぜこのブランド資産は構築する価値があるのか、そして第5章と10章で解説したように、なぜこの資産は他の資産よりも過小評価されるのか、などについて詳しく見ていく。

BUILDING
DISTINCTIVE
BRAND
ASSETS

第13章

カラー資産を構築する

ジェニー・ロマニウク

Chapter 13

Building Colour-based Distinctive Assets

目に見えるものにはすべて色があり、その色が判断の対象となることを避けることはできない。カラー資産は自然に進化するものではないので、カラー資産を育てるための積極的な意思決定を行うことが必要だ。カラー資産には次のようなものがある。

- 単色の資産
- 色と色の組み合わせ（赤色と黄色など）による資産
- 色とデザインの組み合わせ（赤色の円など）による資産

本章では、カラー資産を優先させる人が直面する課題、よくある落とし穴、メリットを紹介する。これらは、第5章でも紹介した、色を基本にした資産に対する期待と現実とのギャップに基づいている。

カラー資産が重要である理由

色は私たちの生活の中で大きな役割を果たしている。色が感情を刺激する。赤色は興奮を引き起こし、青色は気持ちを穏やかにする。色のトーンも同様に重要だ。明るい色は新鮮さと快活さを、暗い色はその逆を表す。また、色にはそれぞれ記号論的な意味がある。

たとえば、白色は清潔を、黒色は洗練を意味する。確かにこのような考え方は興味深いものではあるが、独自のブランド資産としての色の役割と価値を見落としているため、ブランドのアイデンティティにふさわしい色を正しく選択できない可能性がある。

果物のオレンジと色のオレンジ、どちらが先か？

オレンジという言葉の語源は１３００年代のサンスクリット語のnarangaまでさかのぼる。narangaが古フランス語のorengeとなり、英語に取り入れられてorangeになった。１６００年代にオレンジがイギリスの市場に広く出回るようになると、それまで使われていたgeoluread（古英語で赤黄色を意味する）に代わってorangeが使われるようになった。これは色よりも果物のオレンジが先に存在していたことを意味する。ちなみに、コマドリが胸の色がオレンジ色であるにもかかわらずredbreastと呼ばれるのも、orangeという言葉が生まれる前からこの鳥がredbreastと呼ばれていたからだ（Soniak, 2012）。

なぜ自社ブランドにカラー資産が必要か、その理由を考えてみよう。まず自分の周囲を見渡してみよう。何が見えるだろうか？　ぼんやりと色のついた世界があるはずだ。特に何かを見るでもなく、ただ情景を見渡すだけのときは、色だけが認識されるからだ（Wedel & Pieters, 2006）。物の形が認識されるのは、何かに視点を定めたときだ。つまり、カラー資産は雑然とした環境の中でブランドを見つけるための強力な手段となる。たとえば、コーヒーを探しているときにスターバックスの柔らかい緑色が視界に入る、スーパーマーケットで棚を見ているときに洗剤ブランドのバニッシュの鮮やかなピンク色が目につく、広告を見ていてドッグフードのペディグリーの黄色が一瞬にして目に飛び込んでくる、などがそうだ。

これまでの章では、ブランドを見つけるための手段としてのカラー資産の力について考え（Gaillard, Sharp & Romaniuk, 2006; Piñero et al, 2010）、カラー資産の独自性は他の資産に比べて全体的に低いことを考察した（Ward, 2017）。カラー資産を構築することに伴う問題点を掘り下げる前に、まず、カラー資産のタイプについて詳しく見ていこう。

カラー資産のタイプ

本節では、大きく分けて3つのカラー資産、すなわち、単色カラー資産、カラーコンビネーション資産、色とデザインのコンビネーション資産について解説する。

単色カラー資産

単色カラー資産は1つの色がブランドとリンクしている場合に形成される。有名な例として、キャドバリーチョコレートの紫色、ボーダフォンの赤色、ペディグリードッグフードの黄色などがある。第5章のパッケージ資産の説明で示したように、これらの色は、色の中でももっともよくテストされる一般的なものであり、マーケターがその結果に失望することが多い資産の1つだ。

ある色が独自のブランド資産の候補となるためには、3つの関門を通過する必要がある（**図13－1**）。色は、カテゴリーの色（例：赤色でケチャップ売り場を示す）、サブカテゴリーの色（例：白色でクリームパスタソースを、赤色で唐辛子入りであることを示す）、ブラン

図13-1　カラースクリーニングのための質問

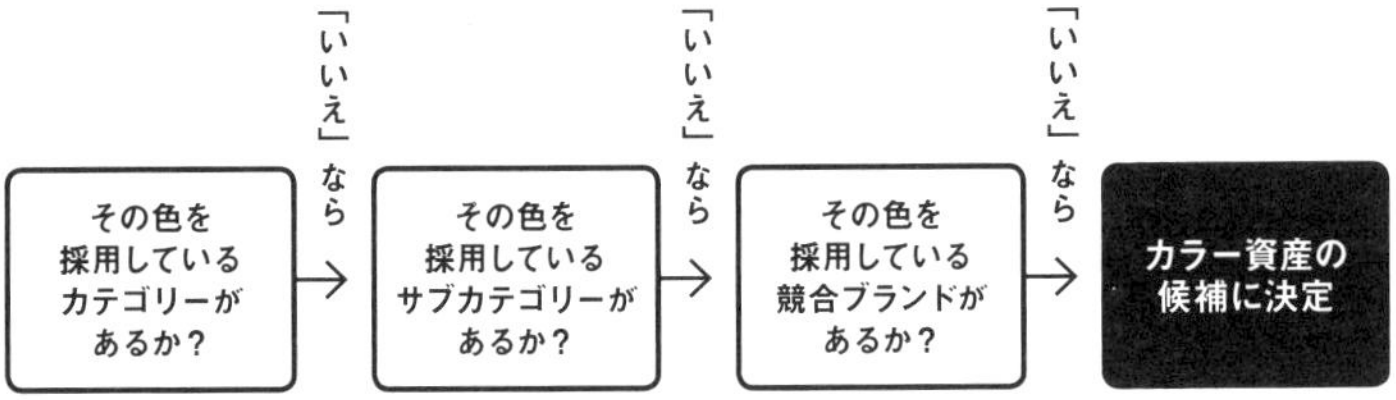

その色を採用しているカテゴリーがあるか？
「いいえ」なら
その色を採用しているサブカテゴリーがあるか？
「いいえ」なら
その色を採用している競合ブランドがあるか？
「いいえ」なら
カラー資産の候補に決定

ドの色（例：紫色でキャドバリーを示す）などのシグナルを発する。カテゴリー、サブカテゴリー、競合ブランドの色を除外して残った色が自社ブランドの採用すべき色の選択肢となる。

カラーコンビネーション資産

3つのスクリーニングを経て残る色の候補はパッとしない色であることが多い。もしこのようなことが起きたら、色を組み合わせてそのコンビネーションにブランド連想のリンクを構築するという方法がある。たとえば、ペプシの赤色と青色、マースチョコレートの赤色と黒色、グーグルのロゴで使われている色の組み合わせなどだ[1]。〈カラーコンビネーション資産〉をテストしてみると、そのパフォーマンスは〈単色カラー資産〉と比較して差がないことがわかる（Ward, 2017）。つまり、単色カラー資産と比較して、カラーコンビネーションを独自のブランド資産として所有することは、それ以上に難しいわけでも容易であるわけでもない。

独自のブランド資産としてのカラーコンビネーションを構築するためには、そのコンビネーションを構成している複数の色を同時に使用しなければならない（赤色と白色など）。また、同じブランドの製品カラーにバリエーションを出すと効果は減少する（1つのパッケージに淡ピンク色を使い、別のパッケージには淡青色、さらに別のパッケージには淡緑色を使うなど）。たとえば、複数の色を使い分けているアメリカの家庭用品カテゴリーのあるブランドをテストしたことがあるが、知名度は３％で独自性は29％であった。同じように複数の色を使っている他のブランドをテストしても、同様に低いスコアが得られると思われる。カテゴリー購買客が製品に使用されているすべての色を十分に理解し、ブランド名とリンクさせていることはまれであり、カラーバリエーションの構築は難しい。

逆に、すでにブランドが優れたカラーコンビネーションを所有している場合、その構成色のそれぞれが単独でも同様に機能すると考えるのは危険だ。カラーコンビネーションのうち、１色だけが単独で独自のブランド資産として大きい可能性を持っていることがあり得るからだ。カラーコンビネーションから単独の色を選び出す判断を行う前に、適切なメトリックスを収集することで大きな出費を伴う失敗を避けることができる。

色とデザインのコンビネーションによる資産

色を基本にしたブランド資産を構築する３つ目の方法は、色と形状などのデザイン要素を組み合わせることだ。たとえば、ＨＳＢＣ銀行が広告で使用している赤いボーダーラインや、レッドブルの缶にデザインした青と銀の斜めの長方形などだ。色とデザインを組み合わせることで、１色を単独で使用する場合よりも大きな独自性を構築することが可能になり、それが価値の高い独自のブランド資産の構築につながる。しかし、デザイン要素を導入することで、色の使用に制約が生じることもある。デザインを組み入れて独自のブランド資産を構築して活用するときは常にこのリスクがつきまとう。色とデザインのコンビネーションを解体するときは、それぞれの要素を切り離して別々に使用する前に、各要素の正しいメトリックスを特定しておかなければならない。各要素はコンビネーションで価値を発揮していても、解体したときに引き続き価値があるとは限らない。

この方法を採用したら、競合ブランドの独自のブランド資産になっている色を採用するときには注意が必要だ。色とデザインのコンビネーションによる資産の強度を高めるためには時間を要するが、もしその間に、カテゴリー購買客がそのブランド資産を見て競合ブランドを想起するようであれば、競合他社のブランドに利するリスクが生じる。

カラー資産を構築することにともなう問題点

ブランドを視覚的に認識するときの視覚システムの色の重要性を示すエビデンスが数多く存在する一方で、カラー資産を構築することは難しいことが示されている。マーケターがカラー資産を構築する際に直面する重要な問題が2つある。まず、色が背景に溶け込んでしまいがちであること。次に、マーケターが飽きてしまい安易に別の方法を探してしまうことだ。

選択した色が背景に溶け込む

色はどこにでも存在する。色が目立つためには、その環境の中で目立つ色でなければならない。卓越したエグゼキューションがなければ、人の脳は他の対象物に、たとえばかわいい子犬がいればそちらに注意を向ける。すべてのブランド資産が注目を得ようとしている。その中で色は、神経刺激的に重要な形状や顔やその他の要素の多面的な情景に欠かせないものであるにもかかわらず、見落とされがちだ。

パッケージやロゴ、フォントにも色が使われているが、これらのアイテムは単独で色とブランドをリンクするというよりも、全体的な印象として処理されることが多い。これは、色を単独のブランド資産としてテストすると、おおむね低いスコアが得られることからも明らかだ。将来のカラー資産としてブランドの名前に使われている色などがそうだ（テキストへの使用は除く）。ブランドの名前には常に何らかの色が使われているが、その色が将来の独自のブランド資産として記憶されるためには、ブランドの名前以外にも使用されなければならない。

表13-1は、あるブランドのロゴ全体をテストした場合の結果と、画像や色やフォントなどの各構成要素をテストした場合の結果を示している。ロゴはA国では〈投資する価値がある〉の象限だが、B国では〈使って価値を維持する〉の象限に入っている。各要素は

すべてロゴの一構成要素だが、キャラクターだけは広告にも使われており、ロゴ全体と同じレベルのパフォーマンスを発揮している。フォントの色はどちらの国でもまったく反応がなかった。フォントはB国だけで価値のある資産であった。

次の例は人目を引くキャラクターは使っていない従来的なロゴの例で（**表13－2**）、ロゴ全体はフォント同様に〈投資する価値がある〉資産だが、背景色とフォント色はともに〈無視する、またはテストする〉象限にある。

色を使った独自のブランド資産を構築するためには、エグゼキューション上、その色がシーンやロゴなどの他の部分とは別の異なる存在として想起されなければならない。そうすることで、色とブランド名との間に独自のリンクが形成され、ブランドを想起するきっかけとして機能するようになる。

表13-1　ロゴ全体としての資産の強さと各構成要素の資産としての強さの比較—例1

	A国		B国	
	知名度（%）	独自性（%）	知名度（%）	独自性（%）
キャラクター	32	96	83	100
フォント	4	79	68	97
画像	3	8	8	16
フォントの色	0	0	0	0
ロゴ全体	36	96	83	100

すぐに飽きられないカラー資産を構築する

カラー資産にどのような色を使えばよいか、新しい映像資産を世に送り出すたびに見直さなければならない。その結果、色に変化をつけること自体が目的になってしまいやすい。ニューステッド社はブランドマネージャーと広告代理店スタッフを対象に調査を行い（2014年）、ロゴの変更を行うとき、色、形、フォントのうちどの構成要素を変更したいと思うかと尋ねた。色が、特にブランドを再活性化しなければならないというプレッシャーがあるときのもっとも変更したい要素であった。また、そもそも色はもっとも変更が簡単な要素であり、ブランドを刷新するための魅力的な選択肢の1つである。

表13-2　ロゴ全体としての資産の強さと各構成要素の資産としての強さの比較―例2

	知名度（%）	独自性（%）
ロゴ上の画像	26	90
ロゴのフォント	23	94
ロゴの背景色	13	48
フォント色	1	9
ロゴ全体	29	96

カラー資産を選択するとき、消費者の選好は重要か？

「何色が好きですか？」とは子供が好きな質問の1つだ。誰にでも好きな色とそうでもない色がある。実際、オーストラリアのある研究チームが調査を行って、世界でもっとも醜い色を発見したと発表した。それはパントーンの448Cの色で、喫煙の意欲を削ぐためにタバコのパッケージに使われている（Lang, 2016）。

私の好きな色は紫色だ。紫色の服を持っているし、寝室の壁は紫色だ。その私が台所のスプラッシュバック（流しやコンロの後ろの壁に貼る板）の色を選ぶとき、何色を選んだだろうか？　また本書の表紙の色を決めるとき、私は自分の好みで紫色を選んだだろうか？　断じてそのようなことはない。では、紫色が私の好きな色であることが、あるいは他の誰かの好きな色であることが、本書の表紙の色の選択にどれほど影響を及ぼしただろうか。

ここで、なぜ人の色の好みが重要であると考えられているのかを考えてみよう。大前提として、ブランディングの心理学的理論にはごく当たり前の〈注意〉と〈態度転移〉という2つの基本的な考え方がある。

〈注意〉とは、好きな色があれば、その色を持つものに注意が向きやすいということだ。〈注意〉がその色の存在に引きつけられるからだ。〈態度転移〉とは、好きな色があれば、その好きという感情がその色を持つブランドに転移しやすいことだ。このいずれのメカニズムも、人をその色を持つブランドを買う方向に向かわせる。

これらのメカニズムがうまく機能したときのことを想像してみよう。はたして自分の世界はどのように見えるだろうか。私が、家の中のいたるところに、洋服ダンスだけではなく台所や浴室にも、紫色の製品を置くとする。たとえば、クレスト3Dホワイトを使って歯を磨き、ピュレックス・クリスタルフレッシュ・ラベンダーブロッサムを使って洗濯をし、夕食にアニー・ロティーニパスタにスリーチーズソースをかけて食べたとしよう。紫色のブランドは少ないので、私はこれらのブランドを好きになるかもしれない（アニー・ロティーニパスタは、ウォルマートドットコムで200種類以上のパスタを見たところ、これが唯一の選択肢だった）。実際には、我が家のキッチンの食品庫には色とりどりのパスタがあるが、紫色のものはない。

私のことを例に挙げても、色の好みが独自のブランド資産に果たす役割を厳密に検証することはできないので、信頼できる実証的なエビデンスを見てみよう。カテゴリー購買客の注意を引きつけるために彼らに好まれる色を使うことのメリットは、購買客がその色とブランドの間にリンクを構築しやすくなるということだ。したがって、独自のブランド資産を構築するときは、好まれない色よりも好まれる色を使うほうがメリットは大きい。

もし、使っている色が好まれることが独自のブランド資産の構築に役立つのであれば、その色に対する選好の程度と色とブランドのリンクの強度との間には関連性があるはずだ。この仮説を、チョコレート、銀行、ヘアケアの3つのカテゴリーで検証した（延べ127通りの色の組み合わせがあった）[2]。

カテゴリー購買客にもっとも好きな色から順番に色を並べてもらった。上位3位の色は、青色、水色、赤色で、下位3位の色が、茶色、オレンジ色、ピンク色であった。この結果から、色に対する選好の程度と色とブランドのリンクの間の相関性は低いことがわかった（銀行が0・36ポイント、ヘアケアがマイナス0・12ポイント、チョコレートがマイナス0・28ポイントであった）。つまり、好まれる色ほど強いブランド資産になるわけではないということだ。**図13-2**の散布図に各カテゴリーの結果を示した。

次の段階では、色とブランドを関連づけられた

図13-2　色の人気度とカラー資産の強さの関連性

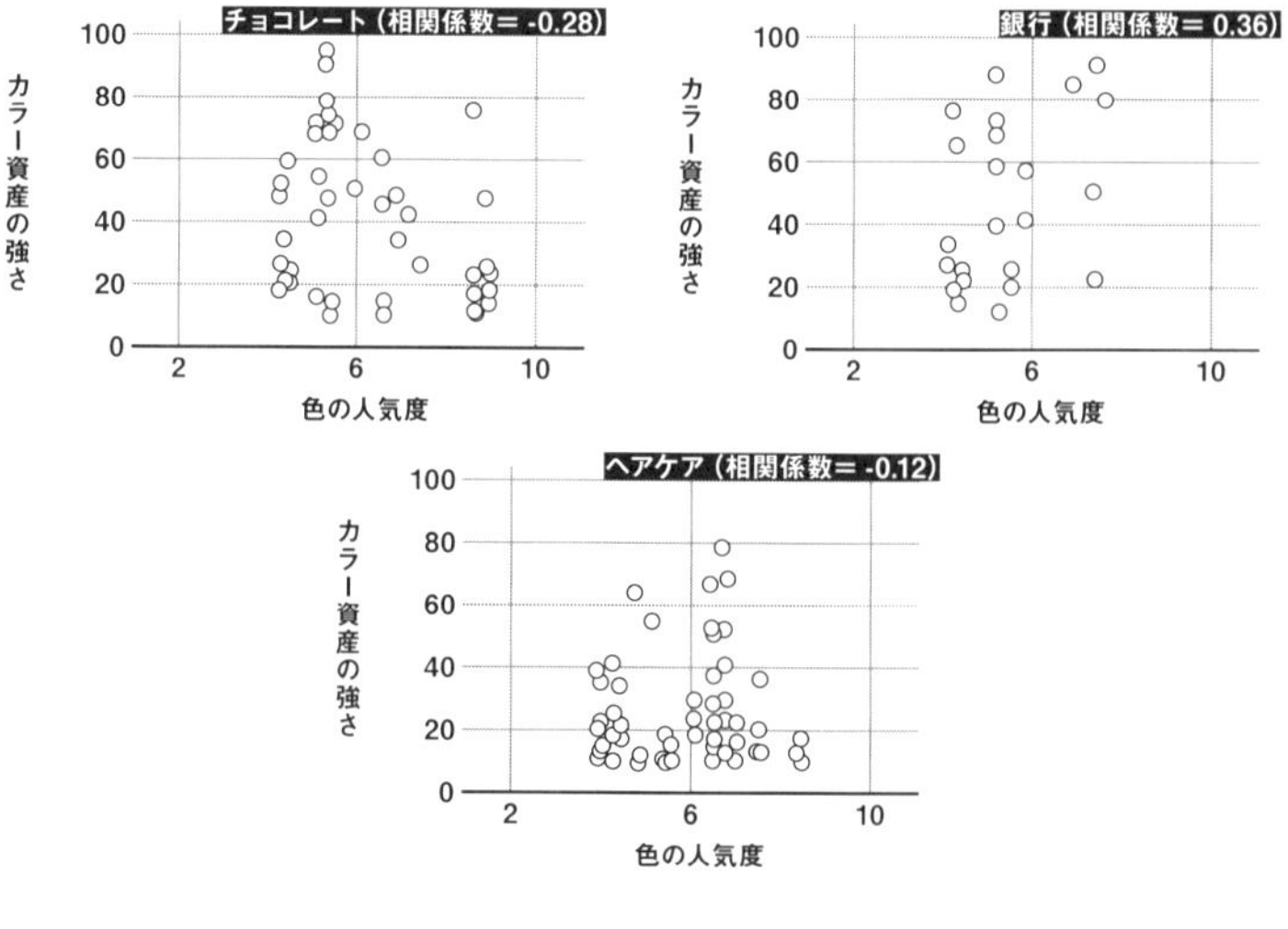

回答者が、関連づけられなかった回答者と比較して、その色に対してより強い好みを抱いているかどうかを調査した。試験の94％において、個人の色の好みとその色にブランドを関連づけられることの間に関連性はなかった。色の好みは独自のブランド資産に使う色の選択に影響を与えないことがわかった。**図13-3**にカテゴリー別に結果をまとめた。

カラー資産を守る

ブランドカラーとして希望する色と実際に採用される色の間には、明らかに乖離《かいり》が存在する。カラー資産はブランドとして所有したい資産だが、エビデンスによれば、マーケターはカラー資産の開発が上手ではないことは明らかだ。もしあなたのブランドがカラー資産を所有していたら、その

図13-3　ブランドと色の関連、およびその色に対する好み

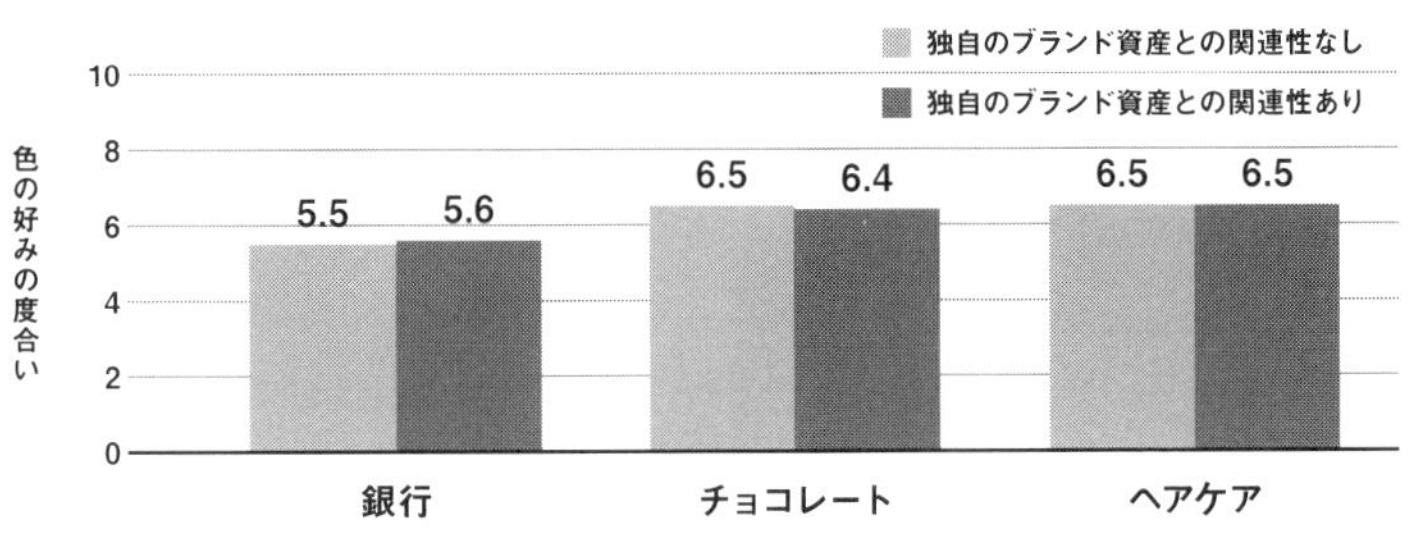

うち社内から、あるいは広告代理店から、そろそろ消費者がブランドカラーに飽きてきているので変えどきだという声が上がるかもしれない。そのときは何があってもそのカラー資産を守らなければならない。

そのような声が上がるということはありがたいことだ。しかし色を変えてはならない。その色はあなたのブランドが所有できる価値の高いブランド資産の1つであり、守らなければならない。第18章では、ブランドのアイデンティティを刷新または更新すべきだという声や圧力への対処法について解説する。

次章では、ロゴや、広告モーメント、広告スタイルなども含めた形状資産とストーリー資産について考察する。

第14章

形状資産とストーリー資産

ジェニー・ロマニウク

Chapter 14

Assets that Draw on Shapes and Build Stories

本章では2つの資産タイプについて考察する。形状資産（ロゴや製品形状などの象徴的イメージなど）とストーリー資産だ。これらの資産は広告のクリエイティブデザインに組み込まれ、全体的な広告スタイルから個々の要素（広告に登場する犬など）に至るまで、その幅は広い。

形状資産の種類

形状を利用した独自のブランド資産は、二次元的または三次元的なビジュアルを持つ。これらの形状の認識には、私たちが形状や身近なものを認識するために使っている精巧な視覚処理システムが利用される。この種類の資産は、物語性の高いプリント広告など、文字の多い情報に起伏をつけるときに役立つ（Smith, Boerman & Van Meurs, 2015）。本章では、もっとも一般的な3つの形状資産、すなわちロゴ、シンボル、パッケージの形状について考察する。

ロゴ

形状を利用してロゴの一部または全体を構築することがある。これらの形状には、ペプシの円形ロゴのように広く知られているものもあれば、クリスピークリームの五角形のロゴのようにまだあまり知られていないものまでさまざまだ。一般的な形状であっても、そのカテゴリーでの新規性があり、独自性を高めるための資質を備えていれば、独自のブランド資産に成り得る。たとえば、赤と青の渦巻き模様がアレンジされているペプシの円形のロゴがそうだ。他にも、Tモバイル社のTのマークやレッドブルの2頭の赤牛のように、ブランドネームを視覚的に表現したものなどがある。

形状を使ったロゴはどこにでも存在するので、それをいつも背景の構成要素の1つとして使っていたのでは、ブランド名との関連性は希薄になってしまう。卓越した使い方をしなければ、ロゴは全体の中で埋もれてしまい、特定の形状とのリンクが構成されない（第13章で考察した）。

ロゴの形状の独自のブランド資産としての適応力は大きく、店内環境でもオンライン上でも、さまざまなビジュアルプラットフォームでの利用が可能だ。たとえば、アマゾンのスマイルマークは、タイムズスクエアのビルボード広告の他にも、アマゾンの商品梱包箱《こんぽう》や、ウェブサイト、スタッフの制服、テレビ広告、マンハッタンの実店舗の正面入り口、購入商品を入れるバッグ、そしてショッピングアプリのデザインなどに使われている。アマゾンのあるところならどこでもその笑顔を見ることができる。

最近、ロゴがアプリのサムネイル画像にも使われるようになった。ブランド名が入っているものもあれば、ロゴをデザインしたものもある。たとえば、エアビーアンドビー社は社名がそのままロゴになっており、エクスペディア社のロゴはブランド名を含んでいる。

ほとんどの携帯電話やタブレットにはアプリが満載であり、強いロゴ資産であるほどユーザーはそれを見つけやすい。しかし資産の管理に一貫性を持たせることが重要だ。

たとえば、最近私は2つのアプリを携帯電話にダウンロードした。1つはBBCのアプリで、BBCのウェブサイトやテレビのロゴと同じように、BBCという文字が3つの四角の中にデザインされている。もう1つはハフィントンポストのアプリで、以前は緑色のHをデザインしていたが、現在は黒い背景に2つに分割された緑色の四角がデザインされている。しかし私の脳はHという文字を探そうとすることに慣れており、このアプリを見つけるのにいつも苦労している。明らかにこの四角のデザインはHを抽象化したものだが（Beizer & Zack, 2017）、私の脳はこの新しいデザインを記憶することができず、見つけるのにいつも時間がかかっている。もし、ブランド活動の影響で購買客がある特定のシンボル（象徴）を見つけることに慣れていたら、そのブランド活動を変えてはならない。競合ブランドのアプリに負けてしまう可能性がある。

シンボル

シンボリックな形状を持つ独自のブランド資産の代表例としてナイキのスウッシュマークが挙げられる。しかし、そのイメージを脳内のナイキに結びつける集合意識が魔法のように覚醒するわけではないことを、多くの人が忘れている。このイメージのリンクは、広告とパッケージに何十年にもわたってこのマークを表示してきたことの結果だ。今ではとてもインパクトがあるが、常にそうであったわけではない。また将来的にも、ナイキが既存購買客の記憶構造を継続的に刷新しなければ、また新規購買客にこのイメージのリンクを構築しようとしなければ、インパクトを持ち続けられるとは限らない。

色と同様に形状についても、その記号論的意味、すなわち曲線や鋭角が何を暗示しているのかについて、多くの研究が盛んに行われている。しかし、独自のブランド資産の使用に関して優先すべきことは、その形状が独自のブランド資産としてブランドに所有され得るかどうかであり、もしそれが可能であれば、他の何よりも優先させるべきだ。

私たちがテストするもっとも一般的なシンボルの1つが製品の形状だ。これは、チョコレートやクラッカーの形状など、食品の場合もあれば、食洗機用タブレット型洗剤や洗濯用カプセル型洗剤のこともある。サービス分野では、クレジットカードやATMのような製品に代表される有形のアイテムがあり、耐久消費財では、車やコンピューター、携帯電話などの形状や、バッジやヘッドフォンなど製品の一部分の形状がある。有名な製品の例としては、バイアグラの錠剤、車のミニクーパー、初期のiMacなどがある。

製品の形状には2つの大きな弱点があるため、形状が強い資産になることはめったにない。まず、よほど目立った形状でない限り、ほとんどの強化策は一度製品を購入したことのあるユーザーに対してのみ効果的であることだ。実際、第9章でも考察したが、ブランドユーザーとノンユーザーの結果を比較すると、多くの場合、製品の形状をもとにしたブランド資産は、他の資産よりもスコアの格差が大きい。

次に、同じカテゴリー内では多くの製品の形状が同じように見えていることだ。違いはあっても、専門家が製品を並べて詳しく調べてみないと判別できないくらい極めて微妙な差であることが多い。つまり、多くのブランドの製品の形状が混同され、そこから不確実性が生じ、独自性の欠如を招いている。

製品の形状が独自のブランド資産になるためには、まず、他の製品の形状と差別化が図られていなければならない。次に、ブランドのノンユーザーの目にも留まらなければならない。ノンユーザーの目に留まるためには、広告に投資を行ったりパッケージの視覚的プレゼンスを高めたりすることが必要だ。その良い例がアップル社の白色のヘッドフォンだ。ちなみに、これが初期段階で成功を収めると、ヘッドフォンをつけた人が泥棒に狙われやすくなったといわれている。白色のヘッドフォンからアップル製品の所有者であることがわかり、強盗の標的になったのだ（Coté, 2007）。

パッケージの形状

第5章で考察したように、パッケージは製品を守ることの他に独自のブランド資産としての役割も併せ持つ。トブラローネ（チョコレート）の三角の形状やダック（トイレットクリーナー）のネック部分などがそうだ。パッケージは積み重ねたりストックしたり輸送したりするので、形状の選択には限界がある。さらに、今日のｅコマースやｍ（モバイル）コマースの発達を考慮すると、パッケージの形状が、アプリと同様に小さくても、また2次元でも、独自性を維持する力を有していることが重要だ。

したがって、ブランド資産としてのパッケージの形状をデザインするときや決定するときは、その形状が一目で認識できる形状かどうかを確認しよう。もしそうでなければ、その形状は独自のブランド資産を構築できる形状であるとは言いがたい。たとえば、サンペレグリノ（ミネラルウォーター）は、フォイルのカバーをつけただけでごく普通の形状から独自のブランド資産を構築できる形状へと進化した。

独自のブランド資産でストーリーを語る

ストーリー資産とは、広告クリエイティブの中に取り込んで広告ストーリーの軸を作れるような独自のブランド資産のことだ。ストーリー資産の焦点の置き方は3つのタイプに分けられる。

●スタイル

スタイルは広告全体のトーンに影響をおよぼす。例：レッドブルの漫画のスタイル

•モーメント

特定の時点に発生する特定の行動とその映像。例：南アフリカのラジャ（スパイス）の広告で使用されたノーズタップ（鼻を指でたたく）という動作

•コンポーネント

広告のクリエイティブデザインの中に取り入れる構成要素。例：アンドレックス（トイレットペーパー）の子犬やアフラックのアヒルなど

ストーリー資産は、広告のクリエイティブデザインから切り離して複数のエグゼキューションに何回も登場させることで、独自のブランド資産に成長させることができる。何回も登場することにより、どこの広告でも見たことのない独自性を持ったブランドとの連想のリンクを構築できるのだ。このタイプのブランド資産を構築するときに最初に直面する課題は、どのような連想を構築すればブランド名と的確にリンクすることができるかを特定することが難しいことだ。その資産はどのように見えているか（スタイル）、何が起きているか（モーメント）、どのような構成要素が含まれているか（コンポーネント）を考えよう。

ブランド資産を具体的に理解することで、ブランドのマーケティング活動にかかわるすべての人が、ブランド資産を構築し強化し続けるために一貫して維持すべきものを知ること

ができ、変更すべき要素を特定して創造性を発揮することができる。

スタイル

スタイルとは広告全体に流れる様式のことだ。たとえば、レッドブルのアニメーションや、プログレッシブ（保険会社）に使われる白い研究室というシーン設定などがある。マスターカードのキャンペーンに使われるプライスレスという言葉も一種のスタイルだ。広告のスタイルは早い段階で表現されることが多いため、このタイプの独自のブランド資産を使えば、ブランド名を直接的に発することなく早期にブランディングのシグナルを発信することができ、第4章で考察したブランドエグゼキューションにおける主要な障壁の1つを克服することができる。

どれほど効果的なキャンペーンでも、マーケティング担当者やクリエイティブスタッフがその広告のスタイルに限界を感じて飽きてくることがある。このことは、称賛されている広告スタイルであっても、それが断続的に使用されたり、新しいものに変更されたりすることがあることからも明らかだ。たとえば、プログレッシブのこの数年の61本の広告表現を検証したところ、広告の早い段階で白い研究室というシーン設定を行っていたのは、そのうちわずか3分の1だった。残りの3分の2は、5本が広告の後半で白い研究室というシーンを設定し、その他の広告ではそのような設定が行われていなかった。同様に、ガ広告スタイルを継続的に採用した有名な広告キャラクターとして起用した有名な広告イコ（保険会社）も、英語を話す皮肉屋のヤモリをキャラクターとして起用している。すべての広告スタイルから離れて、いくつかのスタイルを継続的に採用している。すべての広告スタイルが同じ強さを持たない限り、あるいは弱いスタイルを補うために直接的ブランディングが強化されない限り、これらのブランドは、もっとも認知された広告スタイルから離れることの代償を払うことになるだろう。

長年受け入れられてきた広告スタイルの例として、1997年にはじまったマスターカードのプライスレスキャンペーンがある。ボトルの形状に着目したアブソルートウォッカの広告スタイルも長く続いているキャンペーンの1つだ。こちらは1980年にはじまったキャンペーンで、ボトルと〈アブソルート・パーフェクション〉（Absolute perfection）というコピーと背景の光だけのシンプルなエグゼキューションだ（Taube, 2013）。これらのエグゼキューションは息の長いキャンペーンであるが、例外的な存在として理解されている。

広告スタイルを独自のブランド資産として利用するのであれば、一貫したスタイルを長期的に維持するための要素を決定する際に、長期的存続を妨げる可能性のある課題を早期に検討してそれをどのように回避できるかを考えることが重要だ。最終的には、クリエイティブアイデアを制約しない、プロセスが容易な類似性を実現する必要がある。

モーメント

モーメントは、広告の一部しか占めないため、スタイルよりもフレキシビリティが大きい。しかし、モーメントは複数の要素で構成されることが多いので、繰り返されることでブランドとリンクする瞬間を作ることが課題である。このタイプの独自のブランド資産の構築には、モーメントの中で何を維持して何を変化させるべきかを知ることが重要だ。そのためには、広告の構成とエグゼキューションの要素を研究しなければならない。

製品を使うモーメント、たとえばシリアルにミルクを注ぐとか、飲み物の蓋を開けるなどのモーメント表現は、あまりにも普通に見えるというリスクがあるため、その陳腐なモーメントとブランドとの間にリンクを構築することは難しい。製品主体のモーメントを独自のブランド資産にするためには、製品の使用にユニークさを発見しよう。この良い例として、オレオの「ツイスト（クッキーを剝し）、リック（クリームをなめ）、ダンク（ミルクにつける）」や、ティムタムの「バイト（かじって）、シップ（吸って）、スラム（食べる）」キャンペーンがある。また、スキットルズ（キャンディ）の広告の中では、登場人物が何かに触れるとそれがスキットルズに変化する。

子どもがいるとか犬を飼っているなどの一般的なモーメントを認知させることは、どのような子どもやどのような犬がいるなどの具体的な連想を獲得することよりも難しい。行動を伴うモーメントは、その行動をさまざまな場面でさまざまな人が実演する可能性があり、それがフレキシビリティを生むので、容易に獲得できる。

コンポーネント

コンポーネントとは、さまざまな状況に取り込むことのできる具体的な要素だ。犬に例えると、マイドッグの広告に登場するウェストハイランドホワイトテリアやデラックスの広告に登場するオールドイングリッシュシープドッグなどの犬種だ。これらのコンポーネントは、広告の本質的部分ではなくストーリーに取り込まれることが多い。そのため、コンポーネントを独自のブランド資産にするのであれば、まず、ブランド名とのリンクを構築するための下地作りが重要になる。

時間をかけて潜在意識の連合に頼るという戦略には高いリスクが伴う。構築しようとしている記憶構造を具体化することも重要だ。前述の例の場合、その犬の存在感か、それともその犬種の存在感か？　いったん具体化したら、その資産を使いはじめて少なくとも最初の数年間はその核心部分から大きく逸脱しないようにしよう。短期間に大きく逸脱するようであれば、カテゴリー購買客の記憶構造の構築の役には立たない。

次章では、もう1つのブランド資産であるフェイス資産について考察する。ブランドの顔とも言えるセレブリティ、キャラクター、スポークスパーソンなどが含まれる。

第15章

ブランドの顔 ——セレブリティ スポークスパーソン キャラクター

ジェニー・ロマニウク

Chapter 15

Faces of a Brand-Celebrities,
Spokespeople and Characters

人類が進化の過程で獲得した重要な本能の1つに、何と言っても、どのような状況であれ人の顔を認識できることが挙げられる（Gobbini et al, 2013）。私たちは、人の顔を認識できることで、顔を持つものすべてに興味を引かれる。前述したように、人の脳には紡錘状回顔領域という人の顔認識に特化した領域がある（Kanwisher, McDermott & Chun, 1997）。顔を見分けるというスキルには、社会を生き抜くためのサバイバル能力に通じるものがある。誰かが近づいてきたとき、その顔を見てその人が知人であるかそうでないか、そのまま接近するべきか逃げ去るべきか、私たちは瞬時に判断している。

顔には感情が表れる。脳がそのシグナルを読み取る。ブランドの顔が持つ個性がブランドコミュニケーションのトーンを設定し、クリエイティブ戦略に影響を与える。本章では、ブランディング手段としての顔に着目し、ブランド名を想起させるためのブランドの顔を、いつ、どのように使えば良いかについて考える。セレブリティが大きな注目を集められるのは確かだが、ブランドの1つの顔に過ぎない。同様に、スポークスパーソン（例：プログレッシブ社のCMキャラクターのフロウという架空の女性営業社員）やキャラクター（例：M&Mのレッドとイエロー）もブランドの1つの顔に過ぎない。本章ではこれら3つのタイプの顔について考察する。

セレブリティの魅力

優れたエクイティを有するブランドこそセレブリティを必要としていることは、誰もが認める事実だ[1]。現在、世界中の5つに1つの広告にセレブリティが登場していると考えられている（Knoll & Matthes, 2017）。スキンケアや運動靴などのカテゴリーでは、また中国、日本、韓国などの国では、セレブリティによる推奨がはやりの広告戦略だ。

何をもってセレブリティと定義するのか？〈15秒であなたも有名人〉的な今日の社会では、この質問に答えるのは難しいかもしれない。学術論文的に言うと、セレブリティとは、視聴者から高い親近感を得ており、その認知度を利用してエンドーサーとしてブランドを宣伝する人だ（McCracken, 1989）。セレブリティの持つ影響力はそのセレブリティの知名度次第だ。知名度が高いほど、そのセレブリティの価値は高い。従来は、セレブリティといえば、映画、音楽、テレビ、スポーツなどの限られた業界の出身者が多かった。しかし今日のセレブリティは、料理、ガーデニング、リアリティTV番組、ユーチューブのオンライン番組などの幅広い領域からの出身者が多い。その1人、コメディアンのピューディパイには5000万人以上のチャンネル登録者がいて（McAlone, 2017）、どのテレビ俳優よりも知名度が高い。

セレブリティを認知することで得られる親近感効果は、そのセレブリティから思考や行動のヒントが得られる影響効果とは異なる。この差はたびたび混同される。たとえば、私はモデルのケイト・モスのことはよく知っているが、メイクアップブランドについての彼女の推奨を行動に移すとき、彼女の意見を十分に考えたうえでそうしているのではない。これまでは、セレブリティの大衆に影響をおよぼすインフルエンサーとしての役割は、そのセレブリティが有する特定分野の専門知識から生じていた（Bergkvist & Zhou, 2016）。たとえば、バスケットボール選手のレブロン・ジェームズがアスリートシューズを推奨していたように、アスリート用製品であればアスリートが推奨していた。その影響はその専門分野におけるそのセレブリティの知識と判断力に依存していた。レブロン・ジェームズのような優秀なバスケット選手は世界中のどんなシューズのことも知っているので、レブロンがナイキを履いているのであればナイキのシューズがベスト、という理解につながる。

今日では、セレブリティは、自分の専門分野以外のカテゴリーのブランドを推奨するようになってきている。たとえば、レブロン・ジェームズは、スプライト、キア（自動車）、ウィーティーズ（シリアル）、マクドナルドなどの商品を推奨するようになった。これらのブランドは、自動車や栄養に対するレブロンの知識ではなく彼の知名度を利用している。インスタグラムやツイッター、フェイスブックなどのフォロワー数は相当なものであり、その数に応じて報酬を得るソーシャルメディアにおいてはさらに複雑化している。ケイティ・ペリイは、2017年6月、ツイッターのフォロワー数が最初に1億人を突破している（Fisher, 2017）。

人は顔に自然に引きつけられる。ビヨンセやジョージ・クルーニーなどのセレブリティの顔には5000万ドル以上の高い価値があると考えられている（AJ, 2015）。安価で無名の人物を起用するよりも費用は増すが、広告やソーシャルメディアを通じて拡散されることでより大きな影響を与えられるので、セレブリティを起用して増える費用は相殺されると期待されている。しかし、マーケターが投資したくなるセレブリティの魅力的な資質が、ブランディング手段としてのセレブリティ効果を妨げることもあり得る。

セレブリティの強み

人の顔はただちに注意を引きつける。親しみのある顔はそれ以上のスピードで注意を引きつける。混雑した部屋にいるとしよう。友人とそうでない人は、すぐに見分けられるはずだ。セレブリティに対しても、その顔を知っていれば同じように親近感を感じる。そのセレブリティの顔が他の人の顔と比べて人を引きつける力が勝っているからだ。このような親近感は、記憶の中に構築されているそのセレブリティの連想ネットワークが大きいほど強く感じられる。

これを説明するために、よく知っている友人の1人を思い浮かべてみよう。そしてその友人にまつわることを思い出してみよう。どのようなことが思い出されただろうか？　その思い出は、その友人に関連するさまざまな記憶のネットワークの一部であり、全体として豊かなネットワークを構築している。第2章で考察した想起のきっかけを思い出していただきたい。その友人を思うときに、あるいは会ったときに、記憶によみがえる思いがあるはずだ。その思いに関連する何かを見たとき、友人を思い出すだろう。たとえば、映画の広告を見て、友人とその映画を見た記憶がよみがえるかもしれないし、タイ料理のレストランの前を通り過ぎたときに、友人とタイに旅行に行ったときのことが思い出されるかもしれない。過去の経験の中にそのような記憶があるために、友人のことが思い出されるのだ。

ここで、セレブリティを1人、たとえばジェニファー・ロペスを思い出してみよう。そして同じような記憶のエクササイズを行ってみる。まず、ジェニファー・ロペスについて知っていることをすべて思い出してみよう。彼女の音楽、映画、テレビ番組、ラスベガスでの公演、元夫、子ども、グラミー賞授賞式で着ていたドレスなどが思い起こされたことだろう。

次に、**図15－1**の女性の写真を見てみよう。どのような思いが連想されるだろうか？　おそらくあなたの知らない人であろうから、想起される思いは少ないに違いない。これと同じような反応が、広告に自分の知らない人を見たときにも起きている。誰か知らない人を見たとき、思考を刺激するのは目の前にいるその人だけであり、その人の過去の記憶は存在しない。

記憶構造の中には、記憶と記憶の結節および連想と連想の広範囲なリンクが存在しており、これらを介することで、著名なセレブリティを見ると、まったく知らない人よりも親しい知人のように想起されることが多い。記憶ネットワークが、注意を集中させる力とイメージ伝達という贈り物を与えてくれているからだ。もしこのネットワークが存在しなければ、広告のセレブリティもただの人にすぎない。その場合、起用する価値はあるのかもしれないが、高い費用を払ってまで起用するほどの理由はないだろう。セレブリティに親近感を抱かせるこのネットワークを、ブランド名想起のきっかけを作るブランディングの手段として使用する場合、メリットもあるがデメリットも伴う。

図15-1　若い女性の写真[2]

セレブリティをブランディングの手段として起用する

オールステート保険は初期の広告からデニス・ヘイスバートを起用しているので、デニス・ヘイスバートがオールステート保険を想起させるブランディング手段となっている。デニス・ヘイスバートとオールステート保険の間にリンクが構築されているのでこのようなことが起きる。第2章で、メンタルコンペティションの役割について考察し、それが存在することでいかにブランドと資産をリンクさせることが難しくなっているかについて考えた。あるセレブリティに関連する広大なネットワークがすでに記憶の中に存在していれば、そのセレブリティとの新たなネットワークを構築することは難しい（Mayers-Levy, 1989）。したがって、私がジェニファー・ロペスやジョージ・クルーニーについてよく知っているとして、私が彼らを見たときに彼らが推奨するブランドを想起する可能性が少しでも存在するためには、そのブランドが、私の中に存在する彼らに関連する広範な連想ネットワークの少なくとも一部となっていなければならない。

ブランドへの愛着を育むことに成功することは、セレブリティをブランディング手段として利用するという試みの第一歩に過ぎない。その次の段階は、ブランドを、映画やテレビ番組を見た記憶や私生活にまつわるゴシップなどよりも新鮮な存在として連想ネットワークの中で維持することだ。他のブランド資産と異なる点は、セレブリティは通常、自分の活動を宣伝したり、生活の様子をSNSに投稿したりと、話題性のある活動をしていることであり、このような活動がブランドのメンタルコンペティションを新鮮に保っている。私はケイティ・ペリーを見たら、カバーガールや彼女の新しいアルバム、テイラー・スウィフトとの確執、あるいは3人の恋人のランクづけなどを想起するかもしれない。基本的には、セレブリティにまつわるすべての情報が、そのセレブリティが推奨するブランドの記憶構築に間接的に不利に働いている。つまり、セレブリティが有名人であるほど、またブランド以外の活動でマスコミに取り沙汰されることが多いほど、そのセレブリティが強力な独自のブランド資産になることは難しくなる。

メンタルコンペティションとセレブリティによる推奨

ブランド名とは直接関連のない連想ネットワークを持つセレブリティは、2つの重要な点でブランドとメンタルな競合関係にある（図15-2）。クリエイティブ環境内で注目を争う競争と、競合環境内でブランド想起を争う競争だ。

1. クリエイティブ環境内で注目を争う

クリエイティブ環境内（広告、インスタグラム、フェイスブックなど）では、セレブリティが視聴者の目をブランドから逸らしてしまうことがある。これはバンパイヤ（吸血鬼）効果と呼ばれている。プリント広告を研究したエルフゲンらによると、セレブリティを起用した広告は、同じように魅力的なノンセレブリティを起用した広告に比べて、想起度が低いことがわかった（Erfgen, Zenker & Sattler, 2015）。人の広告への注意度には限界がある。有名なセレブリティの起用は大きな注目を集めるので、結果的に、ブランド名への注目が低下する。エルフゲンらの研究によると、セレブリティがブランドの想起に効果を発揮するのは、ブランドとセレブリティの間のリンクが強いときだけだった。つまり、バンパイヤ効果は、セレブリティとブランドのリンクが弱いときに生じると考えられる。逆にリンクが強

図15-2　セレブリティのメンタルコンペティションの2つのタイプ

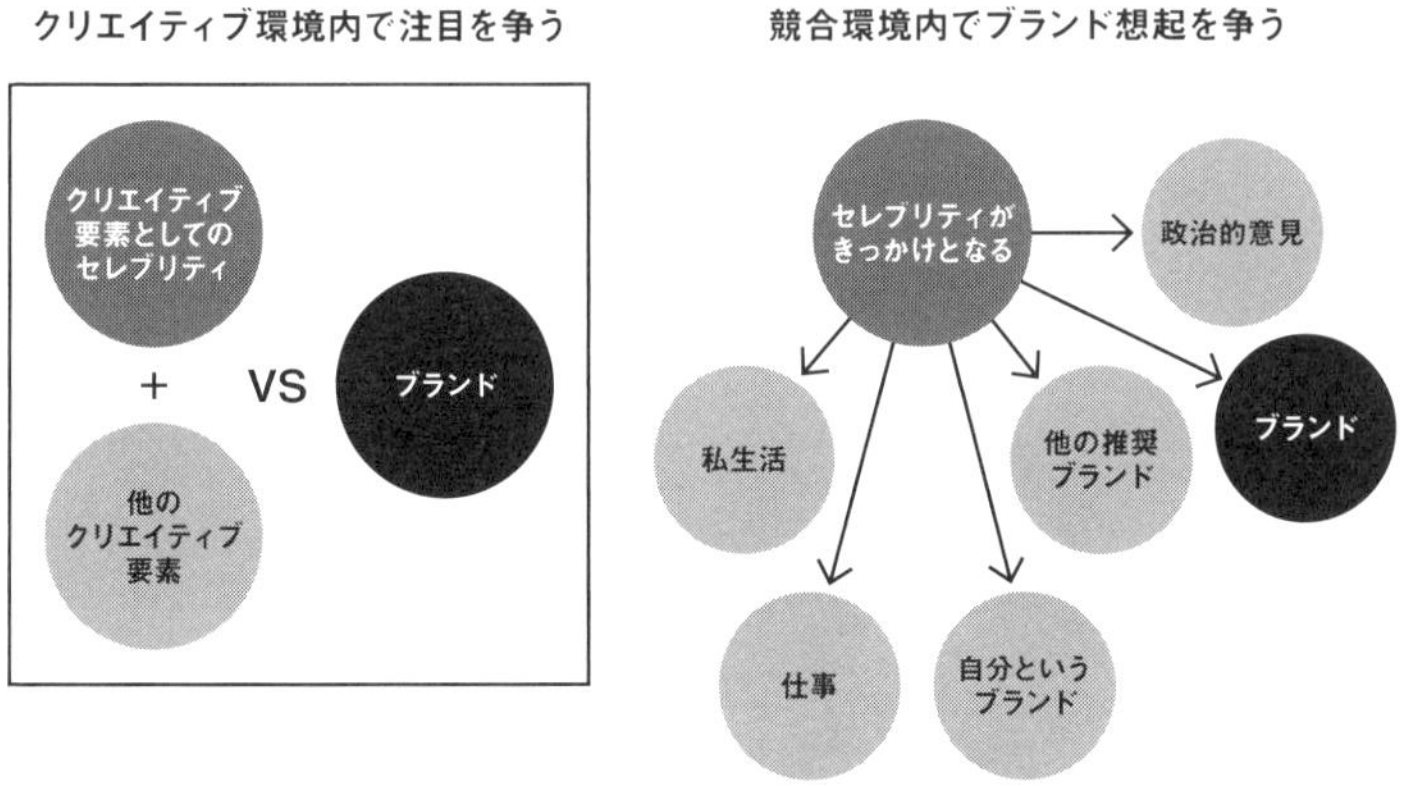

ければ、セレブリティが認識されるとブランドも認識または想起される可能性が高くなる。私たちはこの現象を私たちの調査でも確認することができた。その調査では、カテゴリー購買客がセレブリティの名前を知っているときは、ブランドとセレブリティの間のリンクは4・5倍強かった（Romaniuk, Nguyen & Simmonds, 2017）。

2. 競合環境内でブランド想起を争う

セレブリティを起用した推奨広告のメリットは、セレブリティには広告を離れたところでも生活感があるため、幅広い状況下でブランド想起のきっかけとして機能し得ることだ。たとえば、私が自宅でウインブルドンのテニス大会を見ているとする。それがロジャー・フェデラーの試合であれば、私はクレディ・スイスを想起するだろう。この場合のクレディ・スイスは、ラファエル・ナダルとのチャリティ活動や、双子の子どもがいること、スイス・オープンに出場した際に牛をもらったことなど、私がロジャー・フェデラーに抱くすべての印象と競合している。クレディ・スイスには双子や牛よりも強いインパクトが必要だ。

セレブリティの持つ幅広い連想ネットワークは過小評価されやすい。したがって、ブランドが直面するメンタルコンペティションも過小評価されやすい。私たちは最近、映画、テレビ番組、音楽、スポーツの各界からテイラー・スウィフト、セリーナ・ウィリアムズ、ケビン・ハート、ジェニファー・ガーナー、セリーナ・ゴメスなど延べ20人のセレブリティを選んで、これらのセレブリティを見てどのブランドを想起するかを600人のアメリカ人を対象に調査を実施した。

図15-3は、セレブリティとリンクが見られた4つのカテゴリーとそれぞれの割合だ。最初のカテゴリーは〈推奨ブランド〉で、セレブリティとの間に正式な契約関係がある。2つ目のカテゴリーは〈競合ブランド〉で、推奨されているブランドと同じカテゴリー内で競合するブランドだ。

3つ目のカテゴリーはクラッターブランドだ。このカテゴリーに入るのはケビン・ハート主演のドラマ『魔法の恋愛書』のようなセレブリティ独自の財産となっているブランドか、セリーナ・ウ

図15-3　セレブリティとリンクが強いブランドのタイプ

推奨ブランド	競合ブランド	クラッターブランド	関連性のないブランド
セレブリティとブランドとの間に正式な契約関係がある	カテゴリーにはリンクしても、ブランドとのリンクは弱い	推奨ブランドとは無関係なセレブリティの活動、私生活、他ブランドなどが想起される	他のセレブリティやブランドとの混乱が生じている
36%	16%	28%	20%

データソース：600人のアメリカ人を対象にしたオンライン調査（2016年7月）

ィリアムズがウインブルドンに出場したときの試合のようなセレブリティの知名度にリンクするブランドか、ベン・アフレックとジェニファー・ガーナーの関係のようなセレブリティの私生活にリンクするブランドなどだ。4つ目の〈関連性のないブランド〉のカテゴリーは、前述の3つのどのカテゴリーにも入らないブランドであり、ブランドとセレブリティの属性との間に混乱が生じている。

この結果から、想起されたブランドの約3分の1を推奨ブランドが占めること、次いでクラッターブランドが多く占めること、そして直接競合するブランドよりも推奨ブランドのメンタルコンペティションが大きいことがわかった。セレブリティの間でも差があった。デニス・ヘイスバートが推奨するブランドへの反応は71%もあったのに対して、スティーブ・ハーヴェイが推奨するブランドへの反応はわずか8%であった。しかし、セレブリティのタイプ間では有意な差はなかった。

複数の推奨ブランドの存在はブランド想起に悪影響を与える

ブランドを推奨するセレブリティをカテゴリー全体で考えるとき、デニス・ヘイスバートのようにオールステート保険という単一の推奨ブランドとのみリンクするセレブリティから（デニスの写真を見て「オールステートの男性」と答える被験者もいた）、ソフィア・ベルガラのようにカバーガール、Kマート、ヘッド&ショルダー、ダイエットペプシ、ルームズ・ツー・ゴー、ニンジャコーヒーメーカーなどの複数の推奨ブランドとリンクするセレブリティまでさまざまである。

世界の国々の例を見てみよう。インドのクリケット選手のヴィクラム・コーリは同時に18種類ものブランドを推奨している（Express Web Desk, 2017）。それらのブランドは同じカテゴリーには属さないが（アウディ、ティソ、コルゲート、ヴィックスなど）、それでもメンタルコンペティションを競い合っている。広告の中にコーリを見た購買客は、コーリの推奨する別のブランドを想起するかもしれない。もし私がロジャー・フェデラーを見てメルセデスベンツを想起すれば、クレディ・スイスを想起する可能性は低くなる。私の記憶の中では、ロジャー・フェデラーとクレディ・スイスの間には直接的リンクが存在しているが、メルセデスベンツとクレディ・スイスとの間には直接的リンクが存在していないからだ。記憶の中の私は、ロジャー・フェデラーの記憶の結節まで戻るよりもメルセデスベンツの記憶の道をたどり、古い型のメルセデスや他の車種やドライブなどに夢中になっている友人のマックスのことを思い浮かべようとする可能性が高い。

この種類のメンタルコンペティションの存在は、ブランドがセレブリティの私生活やキャリアとリンクして人々の注目を集めるだけではなく、そのセレブリティが推奨する他のブランドとも競合することを意味する。

セレブリティの起用にリスクがないわけではない。アクセンチュア、アンハイザー・ブッシュ、スピード、タグ・ホイヤーに共通する点は何か？　それは起用したセレブリティがスキャンダルに巻き込まれてこれらの広告主が痛手を被ったことだ。セレブリティをコントロールすることはできない。また、契約書にスキャンダルを禁止する条項を加えても効果はなく、スキャンダルが起きたときに契約を解除しやすくなるだけだ。

ブランドに〈顔〉があることで人々の注目を集めることは可能だが、その〈顔〉は必ずしもセレブリティでなくてもよい。スポークスパーソンやキャラクターでも注目を集めることはできる。メンタルコンペティションのデメリットもない。もしあなたがブランディングの手段としてセレブリティの起用を考えているのであれば、カテゴリー購買客の間で親近感が高く、新鮮さやセイリアンスはそれほど高くはないセレブリティ（たとえば3年前に有名だったセレブリティ）を起用することは賢明な選択だろう。そうすることで親しみのある〈顔〉を作ることができ、メンタルコンペティションのデメリットを防ぐことができる。しかも、そのようなセレブリティの契約金は今が旬のセレブリティよりも低いだろう。

スポークスパーソンの起用

多くの広告で人物が登場する。キャンペーン広告では同じ人物を継続的に起用することがある。この人物が独自のブランド資産に成長することがある。そして、このような人物が今は無名でもブランドの代名詞として有名になることがある。たとえば、プログレッシブ保険のキャラクターのフロウやトリバゴの茶色の髪の女性などだ。パフォーマー（俳優やコメディアンなど）が起用され、広告中での彼らのキャラクターが本来のキャラクターよりも有名になることも多い。広告外での彼らの知名度が低いということは、そのブランドのメンタルコンペティションが低いということを意味する。このタイプの〈顔〉はブランド資産としては確立しやすく、また新鮮に保ちやすい。

スポークスパーソンへの初期の投資額はセレブリティよりも低いが、もし成功すれば高額のタレントと同等になる。オールステート保険のＣＭでメイヘムマン役を演じているディーン・ウインターの年間契約金は、Ｔモバイルガールに出演しているカーリー・フォルケスと同じ１００万ドルで、プログレッシブ保険のＣＭでフロウ役を演じるステファニー・コートニーは50万ドルだと報じられている（Matsuo, 2014）。スポークスパーソンを起用するという戦略を選択するときは、成功したら契約金が膨らむことを想定して判断しなければならない[3]。

長期的な独自のブランド資産としてスポークスパーソンに投資するときは、その人物も年々年をとるということを考慮に入れなければならない。年齢を重ねるにしたがって、その人物が演じる役どころへの適性が変化する可能性がある。これは子どもをブランドのスポークスパーソンとして起用するときは特に懸念される。この問題は平凡な個性の人物を起用することで対処できる。たとえば、フォードのCMには青い服を着た茶色の髪のボブカットの女性が起用されている。この人物の表情にはあまり特徴がないので、いつでも同じような表情の人物と交代させることが可能だ。特に、サブウェイの例からもわかるように、ブランドが名前を持つ人物に連想づけられることは危険だ（Steinbuch, 2015）。

もしあなたのブランドがこれまで起用してきたスポークスパーソンとの契約を解除したい場合、自分たちのコントロールできないところでスポークスパーソンが活躍する可能性があることをわかっておいていただきたい。ベライゾンのスポークスパーソンを務めていたポール・マルカレッツリがそうだった。マルカレッツリはその後、ベライゾンの競合ブランドのスプリントの広告に出演するようになった。マルカレッツリのベライゾンのスポークスパーソンとしての過去の役どころは好評で、スプリントの広告では、ベライゾンの広告で使われていたキャッチフレーズ「私の声が聞こえますか？」を使った。ただし、この戦略に効果があったかは疑わしい。同じスポークスパーソンが出て同じキャッチフレーズが使われている広告を見て、多くの視聴者がベライゾンを想起しただろう。このような戦略が効果を発揮するためには、視聴者は多くの情報を処理しなければならない。通常の視聴体験とは異なる視聴体験をすることになるからだ。比較広告は貴重なメンタル資産を競合ブランドに譲ることになるのでリスクの高い戦略だ（Beard, 2013; Romaniuk, 2013）。競合ブランドの独自のブランド資産を使った比較広告はさらにリスクが高い。独自のブランド資産が自社ブランドにもたらしたすべての財産を競合ブランドに与えることになるからだ。

同じように、ドス・エクイス社の広告キャンペーン「世界で一番おもしろい男」に起用されていた人物は、火星旅行から帰ってくるという設定の広告の仕事を最後に、アストラル社のテキーラブランドの広告に起用された。もっとも得をしているのは、世界で一番おもしろいこの男性自身だろう。

もしセレブリティやスポークスパーソンを使うことが難しいようであれば、キャラクターを使ってブランドの〈顔〉を開発するという方法もある。

キャラクターの起用

キャラクターとは実写またはアニメの人物のことだ。マクドナルドのロナルド・マクドナルドやドルミオ（パスタソース）のママとパパ、あるいはコンペアザマーケット・ドットコム社のアレクサンドル・ミーアキャットやピージーティップス（紅茶）のマンキーなどの人間性を持ったアニメなどがその例だ。キャラクターを起用することのメリットは、その行動を完全にコントロールすることができること、キャラクターが歳をとらないことだ。しかしアニメーションの制作費は莫大であり、デメリットがないわけではない。

キャラクターやマスコットを使うときは、その歴史をじっくり検討しよう。この可能性に満ちた独自のブランド資産をいつどのように使用するべきかについての最新の知見を得ることができる。キャラクターの使用は、良きにつけ悪しきにつけ、古き良き時代の1950年代には盛んであった。

キャラクターは、朝食用シリアルカテゴリー（トニーザタイガーやココザマンキーなど）や焼き菓子カテゴリー（サラリー、リトルデビー、マザーなどの女性キャラクター）では人気が高い。これらのカテゴリーでは、際立った個性を持たない限り、いかなるキャラクターも新規参入することは難しい。日本では、ブランドの代弁者としてのキャラクターが存在することは普通であり、マスコットについて学べるマスコットスクールさえ存在する（Telegraph, 2012）。

独自のブランド資産としてキャラクターを使う場合、それがカテゴリー内で一般的であるほど独自性の構築は難しい。この問題は、他ブランドのキャラクターとは対照的なキャラクターをデザインするなどして、ブランドのキャラクターがカテゴリー内で独自性を持つことを優先させることで解決することができる。たとえば、焼き菓子カテゴリーでは多くのキャラクターが女性であるが、男性のキャラクターを開発することがこのカテゴリーの普通からの脱却の第一歩になるかもしれない。

キャラクターを使うことがあまり一般的でないカテゴリーでは、キャラクターを独自のブランド資産として使うことで、雑多な環境で注目を得やすくなるだろう。ドルミオ（パスタソース）のママとパパの場合、2011年にハートネットが行った調査では、パパは

76％の知名度と94％の独自性を得ており、強力な独自のブランド資産であることがわかった。パスタソースカテゴリーの多くのブランドが、カテゴリーの普通を軸にしている。たとえば、赤や緑といったトマトやハーブなどの食材の色や、イタリア風の夕食の風景などである。しかしドルミオは、ママとパパというアニメーションのキャラクターを広告に使ってメンタルアベイラビリティを構築しようとした（フィジカルアベイラビリティを構築するためのパッケージ上での使用は行わなかった）。他の多くのブランドがキャラクターを起用しているが（例：英国のロイドのグロスマン。グロスマンは広告にもパッケージにも使われている）、ママとパパとそれらとの混同は起きていない。

キャラクターの長寿と進化をよく体現している例として、モルテイン（防虫剤）の広告に登場するルイ・ザ・フライが挙げられる。1957年に開発されて以来、さまざまな広告キャンペーンに使用されてきた。最初は単なる黒い昆虫だったが、人間に近い特徴を備えるようになり、広告の中で友人も敵もできた。ルイはモルテインで何度も駆除されたが、そのたびに生まれ変わった[4]。もし時間があれば、ルイがいくつものキャンペーンを経てどのように人格を進化させてきたか、同時にアニメーションがどのように進化したか（同社のウェブサイトで視聴可）を学ぶことをお勧めする（**Mortein, 2015**）。

キャラクターが注目を集めるという事実をサポートするエビデンスは存在する（**Neeley & Schumann, 2004**）。キャラクターはどのように使っても高い独自性があるが（**Ward, 2017**）、パッケージ資産として使っても非常に効果的だ（第5章で考察した）。第5章では、パッケージにキャラクターを使うことが知名度をどれほど押し上げるかを明らかにした。またキャラクターは、セレブリティやスポークスパーソンと比較すると、知名度と独自性が有意に高い（**図15-4**を参照）。ちなみに、スポークスパーソンはセレブリティよりも知名度も独自性も高い[5]。これは、スポークスパーソンのメンタルコンペティションが低いのがその一因だ。

しかし、多くのマーケターが、キャラクターを使うことのメリットはわかっていても気が進まない。私は、かつてキャラクターを使っていたことがあるという金融サービス分野のブランド担当者と話したことがある。ある新しい広告代理店がプランしたマルチチャネル広告キャンペーンがオンエアされたという。その広告の一部はキャラクタ

図15-4　タイプ別『顔』の強さの比較

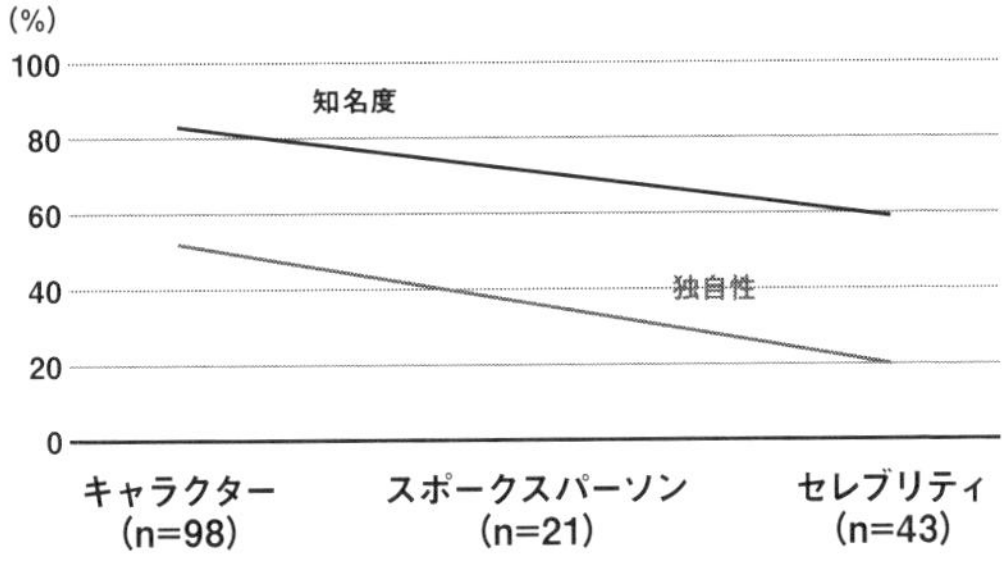

ーがオフィス内を掃除するというシーンだった。その担当者はそのキャラクターを使いたくなかったという。ブランドの真面目さが伝わらないと考えたからだそうだ。

その考え方にはある真実が隠されている。メットライフ生命は、30年以上も前に、保険をすべての人に親しみやすく感じてもらうために、ピーナッツのキャラクターであるスヌーピーのライセンスを獲得した（La Monica, 2016）。しかし、親しみやすいとは物事を軽く描くことではない。また、アニメーションのスタイルはキャラクターの印象に影響を与える。今日の技術では、伝統的に真面目な（あるいは退屈な）カテゴリーのブランド資産であっても、ガイコ保険の広告のやもり役のゲッコーのように非常に精緻なキャラクター作りが可能である。「真面目さに欠ける」と思われるリスクがあるからといって、キャラクターを使ってきたブランドの素晴らしい歴史を生かさないのは、独自のブランド資産の潜在力の無駄使いであり、カテゴリー購買客の心の深読みのしすぎである（第7章のブランド資産の意味を考えすぎることのリスクの考察を参照）。

キャラクターの持つ最大のリスクは、そもそもこれは人が作るものなので、ビジュアルやオーディオの特徴よりもキャラクターの個性を伸ばすことに力が注がれがちであることだ。しかし、最初に注目されなければならないのは、ビジュアルやオーディオの特徴だ。あなたは、誰もが友だちにしたいと思うような、温かみと共感に満ちた、世界で一番すてきなキャラクターを作りたいかもしれない。しかし、雑多なブランドの中で傑出する能力、特に顔に特徴がなければ、いくら個性的であってもほとんど価値はない。

さらに、キャラクター資産に投資することに消極的なマーケターから、キャラクターはミレニアル世代とは関係性が希薄だということを聞いたことがある。しかしこの意見は、スーパーヒーロー映画の人気が衰えないことを考えると、やや信憑性に欠ける。ミレニアル世代とキャラクターに関する最大の問題は、キャラクターがジングルと同様に人気が落ちたために、カテゴリー購買者が、再導入されたキャラクターの多くに対して個人的な歴史を投影できないことだ。そのため、ミレニアル世代は、これらのキャラクターとともに育った年配のカテゴリー購買者と比較すると、最初はポジティブな反応を示さないかもしれない。この反応の鈍さは、キャラクターを嫌っているわけではなく、むしろ、単なる知識不足から生じているものであり、将来的な独自のブランド資産としての可能性の欠如が示唆されているのではない。

どのタイプの顔を選択するべきか？

どのような顔にも長所と短所がある。どのタイプの顔があなたのブランドに適しているかは、その資産を構築するためにどれだけの労力を投入する覚悟か、また資産をどれだけコントロールしたいか次第だ。家具の購入にたとえてみよう。セレブリティの起用は、店に行って商品棚の商品を買うようなもの。スポークスパーソンの起用は、イケアに行って組立家具を買ってきて組み立てるようなもの。そしてキャラクターの使用は、ほしいものをゼロからデザインし、それを職人に作ってもらうようなものだ。

重要なことは、もしあなたのブランドがセレブリティを起用するという戦略を選ぶのであれば、メンタルコンペティションを評価し克服するための計画をしっかりと立てることだ。もしスポークスパーソンを開発するという選択を行うのであれば、契約と同時にその後継者の育成をも念頭に入れた長期的成功を目指した計画を立てよう。もしキャラクターを使用するのであれば、顔と声に特徴があり、周囲の環境や他のキャラクターとの差別化が図れるようにしよう。もしあなたのブランドがキャラクター使用率の高いカテゴリーにいるなら、自社ブランドのキャラクターが目立つための工夫をしたり、別のブランド資産に焦点を当てたりすることが、強力な独自のブランド資産を構築するための最善の判断かもしれない。

次章では、タグラインやフォントなどの言葉を使ったブランド資産について解説する。

BUILDING
DISTINCTIVE
BRAND
ASSETS

第16章

言葉を使った ブランド資産

ジェニー・ロマニウク

Chapter 16

Taglines, Fonts and Other Word-based Assets

独自のブランド資産には言葉を利用したものもある。タグラインやスローガン（レッドブルの「翼をさずける」など）や、一言で表現するもの（マスターカードの「プライスレス」など）、フォントで表現するもの（Coca-Cola）などがある。中でもタグラインは、もっとも頻繁に使用されるブランドアイデンティティの1つであるが、記憶に残りにくいと言われることが多い（Kohli, Leuthesser & Suri, 2007）。実際、米国の30種類の主要ブランドのスローガンのブランドへの帰属性を調査したところ、ブランドリンク率が50％を超えたスローガンは3つしかなかった（Kiley, 2004）。

バラはどんな名前のバラでも甘く香る[1]

言葉は私たちの体の中にしみ込んで蓄積して記憶となる（Tulving, 1972）。言葉の意味を理解するとき、私たちは、その言葉に関連する別の意味を介して理解している。しかも、多くの場合、無意識のうちに言葉の意味を理解している。このプロセスは他の言語を学ぶときにも顕在化する。たとえば、英語が母語のあなたがスペイン語の学習をはじめたとする。まずあなたは、スペイン語の単語に1つずつ英語の意味を関連づけることからはじめ、全体の意味を理解しようとするだろう。たとえば、Quieres un vaso de vino?　と尋ねられたとき、vinoというスペイン語には英語のwineを関連づける。そして最終的に

Would you like a glass of wine? という意味を英語で引き出す。するとワインに関連するあなたの記憶が刺激され、その記憶をもとにあなたは答えを考える。

このような遠回りのステップには、言葉を認識するための努力と時間が必要だ。実際の時間としては長くはないが、同じ質問を母語で尋ねられた場合よりもはるかに長い時間を要する。しかし、vino という言葉に慣れていくにしたがい、vino はその意味を定義する概念に直接結びつくようになり、記憶の中の遠回りの認知ステップが取り除かれていく。やがてあなたの反応は、早く、自動的に、そして流麗になる。

スペイン語、中国語、ロシア語の、英語の wine に相当する言葉がそれぞれ異なっているように、タグライン資産に使われる言葉がそれぞれ異なっていても不思議ではない。しかし往々にして、新しいタグラインには既知の言葉が使われる。これらの言葉は、バドライトの〈のど越しの良さ〉(Drinkability) のようなものは例外として、通常はブランド名とは関連のない意味を持ち、それがブランド名を思い起こすことを難しくしている。

確かに、タグラインは、意味の豊かさとそれがブランドのイメージや姿勢にどのように貢献できるかを重視して選ばれることが多い (Dahlén & Rosengren, 2005)。その例として、BMWの戦略主任のヘルムート・マイエンブルグ氏は、最近のインタビューの中で、「車に乗ることとモビリティの良さのよろこびを伝えるために〈駆けぬけるよろこび〉というタグラインを選びました」と述べている。他のどのブランド資産も同様だが、タグラインがあまりにも豊かな意味を持てば、余計なメンタルコンペティションが生じてブランド資産の構築の妨げになる可能性がある。

タグラインを使うことのメリット

タグラインには他のブランド資産にはないエグゼキューション上の利点がある。それは、話し言葉でも書き言葉でも表現することが可能であり、他の多くのブランド資産よりもマルチプラットフォームへの適応性が高いことだ。視覚か聴覚に訴える媒体であれば、どのような媒体でもタグラインを取り入れることができる。広告の中では、映像でも、音声でも、歌詞としても、フレキシブルに表現することができる。このような利点を持つタグラインは、独自のブランド資産パレットの貴重な一員だ。しかし欠点もある。タグラインはブランド名と同様に言葉で表現するため、ブランディングの手段としての選択肢に多様性が増すわけではない。特に、新聞などのようにそもそも言葉主体のメディアを利用する場合、記憶に残りにくい。

タグラインで知名度と独自性を牽引する

独自のブランド資産の強化に必要な要素であるリーチ、共同提示[2]、一貫性は、強力なタグライン資産を構築するときにも同様に必要だ。ブランドを上手に表現したタグラインを採用することで、強力なタグライン資産の構築に一歩先んじることができる。しかし、従来の調査はタグラインの覚えやすさに焦点を置いていた。たとえば、何か覚えているタグラインがありますかと尋ねられて、何人の人が、オールステート保険とのリンクを構築できていなくても、You're in good hands（大丈夫です。ご安心ください）というタグラインを思い出せるかというものだった（Kohli, Thomas & Suri, 2013）。しかし我々の関心は独自のブランド資産としてのタグラインにある。タグラインとブランド名の間のリンクの強さがもっとも重要だ。

タグライン構成要素

タグラインを構築するとき、または選択肢の中から選ぶときに、タグラインの知名度や独自性を高めることを助長または阻害するタグラインの構成要素（長さ、意味、リズムなど）は何だろうか。次の調査はこの問題に取り組んでいる。

我々は、英語を第一母語とする国（米国、英国、豪州、ニュージーランド、南アフリカ）の209例のタグラインを調査した。英語を母語とする国を対象に調査したのは、単語の希少性[3]を調べる必要があり、これは英語を調査することによってのみ可能であったからだ[4]。

タグラインは、日用品、サービス、耐久消費財などのブランドから広く収集した。測定値は、それぞれのカテゴリーの購買客サンプル（通常は約400〜600人）から抽出され、当研究所の基礎研究開発または外部委託研究の一環として集計された。

知名度と独自性の測定と計算は、第9章と10章で考察した方法にしたがって行った。どのタグラインも知名度と独自性のメトリックスは大きく分散していたが、これが要因分析の際に役に立った。タグラインの平均知名度は30％（2％〜88％）、平均独自性は68％（5％〜99％）であった。

要因分析

要因分析には、〈タグラインの長さ〉〈言葉の希少性〉〈ブランド名を含んでいるかどうか〉〈製品カテゴリーや価格への平凡な言及〉〈修辞的手法（押韻、音声強化、質問形式など）〉などの要因を用いた（Miller & Toman, 2016）。**表16－1**に、すべての要因、測定方法、統計データをリストアップした。

これらの要因の多くが知名度や独自性が高くなることと関連しているのではないかと考えられた。例外は、カテゴリーや価格に直接的に言及している場合だ。これは他のブランドと混同されかねない平凡なメッセージであるため、独自性が低くなる可能性がある。これらの要因は、個々の関係性を検証し、また多変量モデルが結果をゆがめないことを確認するために、まず単純直線回帰分析を用いてモデル化した。次の段階で重回帰分析を行い、

表16-1　タグライン構成要素の主な分析変数

要因	意味	仮説	例	データ概要
タグラインの長さ	タグラインの語数	長くなるほど、知名度は落ちるが独立性は高くなるのではないか？	‘Open happiness’（2語）	平均語数：4 語数幅：1〜14語
希少な言葉	もっとも聞き慣れない言葉の使用頻度の順位	珍しい言葉を使うと、知名度と独自性は高くなるのではないか？	‘Mayhem everywhere’ mayhem：12662位 everywhere：1948位	平均希少度：5759位 語数幅：4〜60000位 （データベース中最低）
リードワード（導入の言葉）の希少性	タグラインの最初に使われている言葉の希少性	リードワードが珍しいほど、知名度と独自性は高くなるのではないか？	‘Keep walking’ keep：156位 walking：3661位	平均希少性：1770位 希少幅：1〜60000位
ブランド名	タグラインの中でのブランド名の位置	ブランド名を組み入れると、知名度と独自性は高くなるのではないか？	‘Share a Coke and a song’	14%のタグラインがブランド名を含んでいた。特に飲料品と耐久消費財に多い（約30%）
カテゴリーや価格への平凡な言及	タグラインの中にカテゴリーまたはカテゴリーベネフィットが含まれているか？	カテゴリーに言及すると、知名度はそのままだが独自性は低くなるのではないか？	‘Expert care for damaged hair’	35%のタグラインが製品カテゴリーまたは価格に直接的に言及していた
韻を踏む	押韻のテクニックが使われているか？	押韻のテクニックを使うと、知名度はそのままだが独自性は高くなるのではないか？	‘Don’t get mad, get Glad’	7%のタグラインが押韻のテクニックを使っていた。カテゴリー間で差は生じていなかった
音声強化	音楽、音声、声の抑揚などの効果を使っているか？	音声強化を使うと、知名度はそのままだが独自性は高くなるのではないか？	‘Snap! Crackle! Pop!’（音楽の使用あり）	11%のタグラインが何らかの音声強化を使っていた。特に耐久消費財に多い（44%）
質問形式	タグラインは質問形式か？	タグラインを質問形式にすると、知名度と独自性は高くなるのではないか？	‘Can you hear me now?’	3%のタグラインが質問形式を採用していた。食品カテゴリーに多い傾向があった（8%）

各要因の個別の能力および組み合わせたときの能力を検証して、各タグラインの知名度と独自性のスコアを推定した。

2つの多変量回帰モデルはどちらも統計学的に有意であった。知名度スコアの分散は21%で、独自性スコアの分散は15%であった[5]。各メトリックの主な要因には類似点も相違点も存在した。その結果を**図16-1**に要約した。

結果概要

調査の結果、知名度と独自性の向上に次の3つの要因が関与していた。

- 音声面の強化——音楽を使用したり抑揚をつけてタグラインを音声化していた。
- ブランド名の使用——ブランド資産を構築するときは常にタグラインにブランド名が組み

図16-1　知名度と独自性に影響を与えるタグラインの構成要素

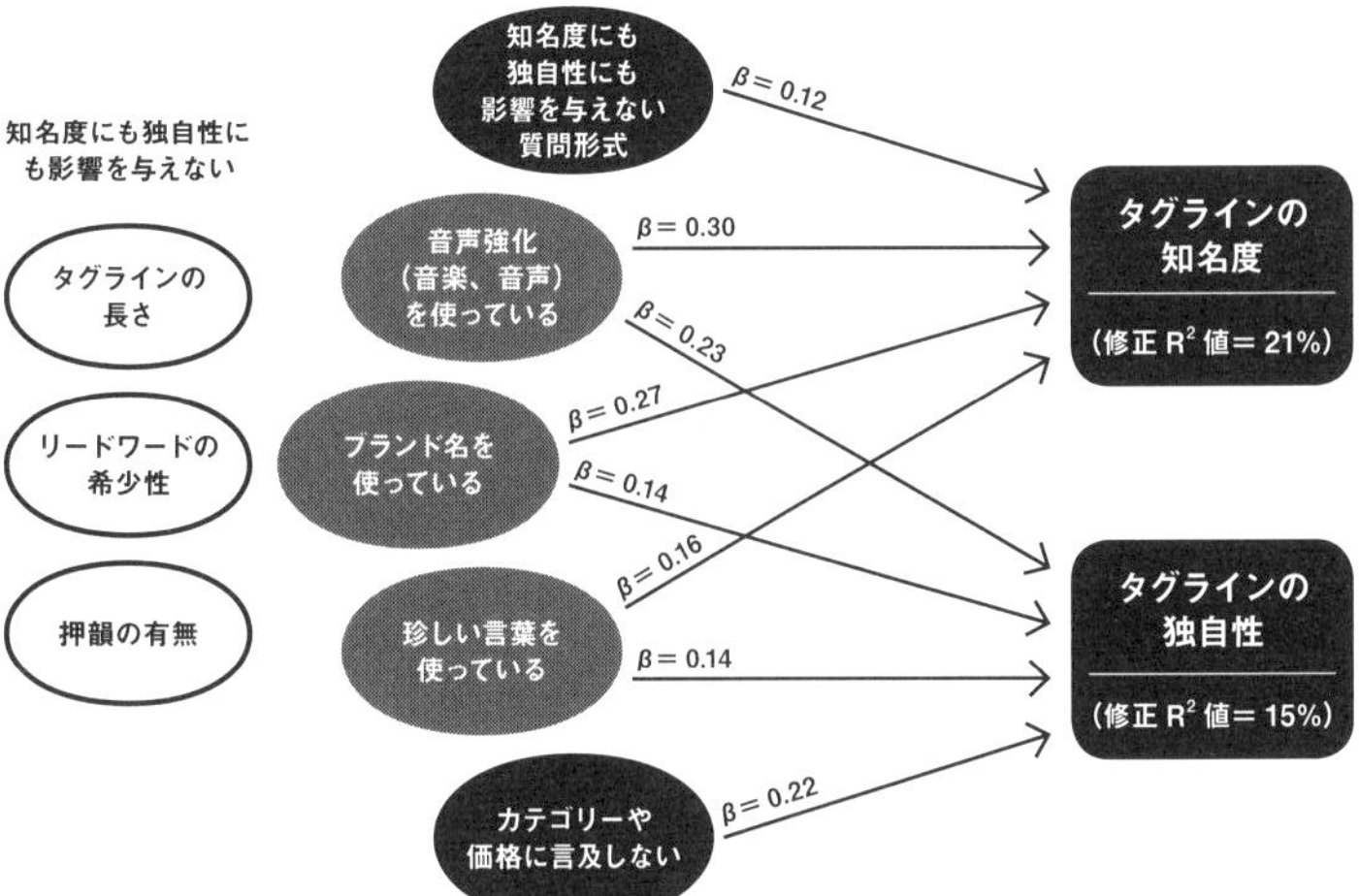

込まれていた（後で外すことも可能）。ブランド名はどちらのメトリックスにおいても大きい影響力を持っていたが、独自性よりも知名度に2倍の影響力があった。

- 希少な言葉の使用——まれで目立つ言葉がタグラインに組み込まれていた。

知名度または独自性と関連する要因のうち、質問形式のタグラインも知名度と正の相関があった。カテゴリーや価格への平凡な言及は独自性に悪影響を与えていた。知名度にも独立性にも影響を与えない要因は、タグラインの長さ、リードワードの希少性、押韻であった。これらの結果を覚えておくと、タグラインを作るとき、または選択するときに役に立つだろう。

音声面の強化——何を伝えるかではなく、どう伝えるか

タグラインの長さも押韻も重要な要因ではなかった。しかし、リズム、トーン、音楽の使用、音声の工夫などの音声強化は、タグライン資産の強さに肯定的な影響を与えていた。タグラインの長さについては、2013年のコーリらの研究が提唱する従来の格言、すなわち〈シンプルさこそすべて〉と相反する結論が得られた。なぜなら、従来の研究が、スローガンの覚えやすさに着目していたのに対して、我々の研究は、スローガンの中でのブランド名の覚えやすさに着目していたからだ。

消費者は長いタグラインを気にしないと発表している研究もあるが（Dass et al., 2014）、タグラインは長くなるほど覚えにくくなる。もしメッセージ発信のツールとしてタグラインを使うことに興味があるのであれば、そのメッセージの覚えやすさが重要であり、そのため短くしたくなる。しかし、スローガンの中でのブランド名の覚えやすさには、他にも重要な役割を持つ要因がかかわっており、それらが長いタグラインを必要としたり、長いタグラインを開発しやすくしたりしているのかもしれない。単に短くしようとするのではなく、語呂のよい発音しやすいタグラインをどうすれば開発できるかを考えよう（音声資産と音楽資産について考察している第17章を参照）。

空白をブランド名で埋める

タグラインにブランドを組み込むことでブランドへのリンクの構築が容易になる。音声の空白があれば人は心の中でそこをブランド名で埋めたくなるからだ。ブランド名を組み込むことで、ブランド資産形成の初期段階での共同提示を迅速化することができる。しかし、当然のことだが、あまりにも一般的な言葉を利用するのは危険だ。ブランド名をタグラインに組み入れた〈シティは眠らない〉というシティバンクの有名なフレーズもあるが、この場合、ブランド名を組み入れたことは当然の選択だと思われる。しかしブランド名を自然に組み込んだ平凡なフレーズを使うことの危険は、フレーズに組み込んだ単語に注意が向くのではなく、フレーズ全体が1つの意味の塊として理解されることだ（これはフレーズの中の1つの単語がブランド名であると認識させるために必要な処理だ）。このタイプのタグライン資産は独自性が高いことが多いので、競合ブランドが想起されることはほとんどないが、知名度が期待値を下回るのが一般的だ。

我々が調査したタグラインのいくつかも、たとえブランド名が含まれていても、しかもそのブランド名が100％の認知度を得ていても、知名度は40％ほどであった。慣用的フレーズをタグラインに使用することを検討しているときは、視覚的または聴覚的に工夫して、ブランド名とそれ以外のフレーズの部分を明確に分離するべきだ。

珍しい言葉を使うことのメリット

タグラインにあまり一般的には使われない言葉を含めることで、その知名度と独自性を高めることができる。その一例が、スペックセイバーズ（眼鏡チェーン）が使った〈should've〉という単語だ（Padmore, 2016）。新しい言葉を考案したり、珍しい言葉を使ったりすることでタグラインの記憶が格段に高まるのは、珍しい言葉を使ったブランド名がより明確に記憶に刻まれるのと同じことだ（Meyers-Levy, 1989）。

個性のない言葉は使わない

製品カテゴリーや価格に言及して独自性が下がるという否定的な結果についても考えてみよう。製品カテゴリーや価格に言及するとより多くの購買客の関心を得られるという自然な利点はあるだろう。しかしこの関心の高まりは、そのタグラインを資産として所有することが難しくなるというブランディング上の犠牲を伴う。このタイプのタグラインは流行に合わせて変更されることが多いので、他のブランドとの差別化が難しくなるリスクが高まるからだ（第7章参照）。たとえば、不景気になると、スーパーマーケットのタグラインは低価格を強調する。ウォルマートの〈Always low prices〉や〈Save money love better〉、クローガーの〈More value for the way you live〉や〈Low prices plus more〉などがそうだ。タグラインを使って、単に一時的にメッセージを発信するのではなく独自のブランド資産を構築するときは、時代の潮流に合致しているかよりも、記憶に残りやすいか、長期間にわたって使えるかを重視すべきだ。

フォントを利用したブランド資産

すべての文字が何らかのフォントで書かれている。これはおもしろい事実だ。コンピューターに使用された最初のフォントは、ドイツ人発明家ルドルフ・ヘルが陰極線を利用した植字機のためにデザインしたディギグロテスクという書体だった（図16－2参照）。

フォントは色と同じように一定の品質を持つ。しかし、すべての文字を何らかのフォントを使って書かなければならないにもかかわらず、私たちはフォントを1つの品質を持つ存在として意識していないことが多い（色についても同様であった）。フォントの品質が注目されるのは、デザインを構成する個々の要素としてのフォントの特徴が注目されるときだけだ。一般的に、フォントは他のブランド資産と比較してパンチに欠けるので知名度のスコアが低いことが多いが、独自のブランド資産としてその効果が実証されたフォントであれば他のブランドとの混同が起きることはまれであり[6]、独自性スコアは高いことが多い。図16－3に、

図16-2　コンピューターに使われた最初のフォントはディギグロテスク

4カ国で調査したIBMのフォントの例を示した[7]。

フォント資産の欠点は、言葉を文字として可視化して表現しなければ伝わらないことだ。フォントの最大の特徴は、eコマースやm（モバイル）コマースはもちろんであるが、実店舗でのパッケージに使用されることが多いことだ。したがって、もしブランドがフォント資産を構築し、その卓越さを小売り環境での広告に展開できれば、フィジカルアベイラビリティ構築時の付加的価値で、広告展開上の限界を十分に克服することができるだろう。

フォントを使った独自のブランド資産の良い例としてスニッカーズの広告が挙げられる。パッケージ上のSnickersという文字がhungryなどの文字要素に置き換わるスニッカーズハングリーバーの広告だ。このフォント資産の構築は、フォン

図16-3　4カ国で調査したIBMのフォントの知名度と独自性のメトリクス

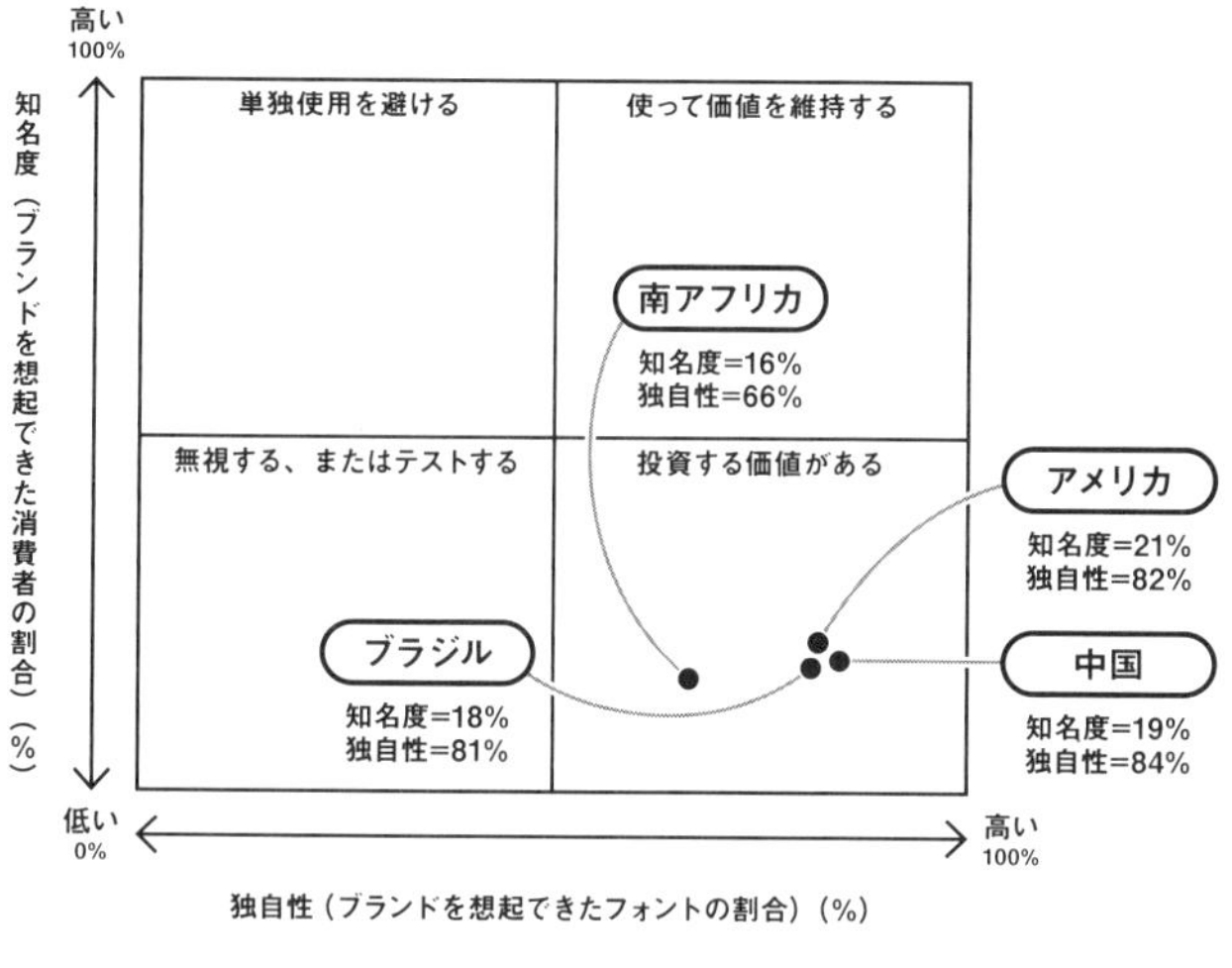

トを看板などのマスメディア広告や店内の商品パッケージなどに使われるフォントとは別に使用することで強化された。

次章では、音楽や音声などのオーディオ資産について考察する。

第17章

サウンド戦略の構築

ジェニー・ロマニウク

Chapter 17

Developing a 'sound' strategy

ラジオの全盛期は、深みと伸びのある声と、心地よいジングル、そして頭韻を踏んだ話し方がもてはやされていた時代で、これらは注意散漫になりがちな環境の中にあっても耳に残るようにデザインされていた。サウンドは広告クリエイティブの武器として使われていたが、ブランディングのツールでもあった。テレビが登場すると、人々は視覚情報に引きつけられるようになった。広告も、サウンドのことは後回しにして、まずは映像を使って人々の注目を得ることを考えるようになった。サウンドは、もはや1つの感覚刺激ではなく、視覚的なストーリーの進行を助け、トーンを設定し、サポートするという役割を担うようになった。

キャドバリー社の〈ドラムをたたくゴリラ〉などの広告は、音楽が広告クリエイティブの不可欠な要素となるようにクリエイティブの軸を大きく方向転換したものだ。広告が耳に残る覚えやすい音楽を使って人の心をつかみ、感情を揺さぶっている（**Binet, Müllensiefen & Edwards, 2013**）。ブランディングの武器としてのサウンドの役割は過小評価されることが多い。たとえば、私ロマニウクの報告によれば、1回のテレビ広告の中でブランド名が音となって発せられる回数は、ブランドが映像となって現れる回数よりも少ない（2009年）。夜、普通にテレビを見ていても、ブランド名を音声で表現していない広告がどれほど多いかに気づく。

モバイル通信やデジタル配信サービス（スポティファイやポッドキャストなど）の拡充といっ

た近年の技術の進歩により、サウンドを主体とした広告媒体が復活してきている。といっても、現在のポッドキャストの広告を聞いていると、その時々の商品やサービスの魅力を番組からわざとらしく切り離してアピールする昔のラジオアナウンサー風の推薦文を思い出す。忘れてはならないのは、ラジオは消滅したわけではなく、今でも人々の生活、特に通勤する人々の生活の中で大きな役割を果たしているということだ。ニールセン社の報告によると、米国ではラジオの聴取率がテレビやスマートフォンよりも高く（2016年）、オフコム社の報告によると、英国では人口の64％、ドイツでは人口の78％が定期的にラジオを聴いているということだ（2015年）。

本章では、音声主体の独自のブランド資産について、その選択と使用方法を詳しく見ていく。音声資産はついおろそかにされがちな資産の代表的存在であり、独自のブランド資産パレットを構築しようとしているマーケティング担当者にとっては特に重要な意味を持っている。

サウンドの力

サウンドの中には人の心をつかむ力を持っているサウンドがある。人はある種のサウンドに対してはどのような環境にあっても注意が向くようにできている[1]。たとえば、自分の名前が呼ばれるのを聞いたときや、自分の電話が鳴っているときなどだ（いわゆるカクテルパーティー効果）。いずれも背景に騒々しい音があっても聞こえてくる。このようにある種の音を敏感に認知できる力は、生まれ持った才能ではなく、時間をかけて訓練して得られたものだ。試しに、電話の呼び出し音を変えてみよう。脳が新しい呼び出し音を認識できるまでには時間がかかるかもしれないが、しばらくすると新しい呼び出し音に慣れて反応できるようになる。

2つ目の例として、ある種の音楽や音質などの特定のサウンドが私たちの感情や状況反応に影響を与えていることが挙げられる。たとえば、ポーカーマシンは、勝ったときの音が快感を呼び起こすように設計されている。また、ある水道工事会社のラジオ広告では、視聴者の注意を引くためにその冒頭で、水道の蛇口から垂れる水の音が不快になるように工夫されている。また、音楽を聴いて、子どものころや恋愛や失恋の体験などの人生の大切な瞬間への心の旅をすることもある。

音声を使った独自のブランド資産は2つの役割を果たしている。まず、音声のみのメディア環境においては、広告の一部としてブランドに注意を引きつけることだ。次に、テレビなどのマルチモードメディアでのブランドリーチを拡大することが可能であり、広告を注意して見ていない人にもブランドに気づかせることができる。これら2つのメリットは、サウンドが同じ環境中に存在する他の刺激よりも注意喚起力で勝っていること、またその音が認識されたときにただちに記憶が喚起される力をブランドが有していること、これらが前提だ[2]。

音声資産は大きく2つのタイプに分類される。音楽以外の音を基盤とする資産と、音楽を基盤とする資産だ。

さまざまなサウンド資産

サウンド資産は音楽以外の音を基盤にしており、オーディオコンポーネントを使った広告でブランドの存在を知らせることができる。サウンド資産は、ノンボーカルサウンド、ボーカルサウンド、スタイルコンポーネントの3つに分類される。

ノンボーカルサウンド

ノンボーカルサウンド資産とはブランドとのリンクを構築することを目的に作られた音声資産のことだ。〈インテル入ってる〉を表現する音やマッケイン社のテレビCMの電子レンジのチンという音などがその例だ。これらの音は、重要な瞬間に入るための区切り音として、あるいは広告終了のジングルとして機能することで人の注意を引きつけている。人の注意を引きつけるすべてのサウンドがブランディングに貢献するとは限らない。たとえば、電話の呼び出し音（または逆に無音）も人の注意を引きつけられるかもしれない。しかし視聴者の記憶の中にブランド連想のリンクが存在しなければ、ブランドトリガーとしては機能しない。

ノンボーカルサウンドで高いブランドリンクを獲得しようとすれば苦労することが多い。我々は、米国のテレコミュニケーション分野の独自のブランド資産の研究開発の一環として、AT&TとTモバイルの広告終了ジングルの強さを評価した[3]。AT&T（知名度：19%、独自性：62%）はTモバイル（知名度：3%、独自性：33%）よりもスコアが高かった。テレビ広告では広告終了ジングルは広く使われているが、どちらのジングルも効果的な独自のブランド資産とは言いがたかった。**図17-2**に示したように、ノンボーカルサウンドは、他のオーディオ資産と比較すると、スコアが低い傾向にあった。

ボーカルサウンド

ボーカルサウンド資産とは人の声を利用した音声資産のことをいう。人の声であれば、笑い声やせきなどでもよい。声は、著名人の声でもキャラクターの声でもよいし、単なる吹き替えでもよい。知名度の高い人の中には独特の声を持っている人もいる（ジェームズ・アール・ジョーンズなど）。しかし、その声にはセレブリティの顔と同じようなリスクがある。つまり、誰が声を出しているのかに気を取られてしまい、話している内容の（すなわちブランドの）情報を処理できないことがある。

２０１５年、米国の保険分野のキャラクター、スポークスパーソン、セレブリティの画像とその声の調査が行われた[4]。対象となったのは、ガイコ保険のゲコー（ヤモリ役）、プログレッシブ保険のフロウ、オールステート保険のデニス・ヘイスバート、プログレッシブ保険のボックス（注：ボックスの声はバラエティ番組『サタデー・ナイト・ライブ』のクリス・パーネルが担当した）であった。どの広告でも、冒頭シーンとキャラクター／人物の登場前のシーンでは、音声資産と映像資産が別々にまたは組み合わせて使われていた。

図17-1に示したように、映像資産と音声資産（たとえば、フロウの映像とフロウの声、またはボックスの映像とボックスの声）を比較すると、独自性レベルは同程度であったが、知名度レベルは映像の印象が音声の印象よりもはるかに高かった（20〜40ポイントの差）。しかし、声が映像資産よりも強力になる場合もある。たとえば、ゲコーの声がボックスの映像よりも高く評価されることがある。

声の音程は話し言葉の解釈にも影響を与える。文章の最後を上げると、質問をしているか疑問を持っていると解釈される。一方、深く響く声は信頼できると解釈されるが、これは、声を出す能力や胸腔の大きさが危険から身を守る能力と関連しているからだ（**Klofstad, Anderson & Peters, 2012**）。声の音程を工夫して意味を伝達することはできるが、声が独自のブランド資産にまでなるためには、その声にそのブランドにしか使えないような大きな個性が必要だ。そのため、ボーカル資産では珍しい声や話し方が重視される。

スタイルコンポーネント

さまざまな音響スタイルを組み合わせて使うことで、独自の音声資産を開発することができる。たとえば、マスターカードのプライスレスキャンペーンでは、言語は変わっても、音節数、間の取り方、長さなどの表現上のリズムはどのエグゼキューションでも統一されている。このように一定のリズムを持たせることもスタイル作りの良い例だ。人はパターンに敏感であり反応する傾向があるため、このアプローチは効果的だ。人は会話のリズムに心が動かされるものだ。

図17-1　米国保険業界の音声資産と映像資産の比較

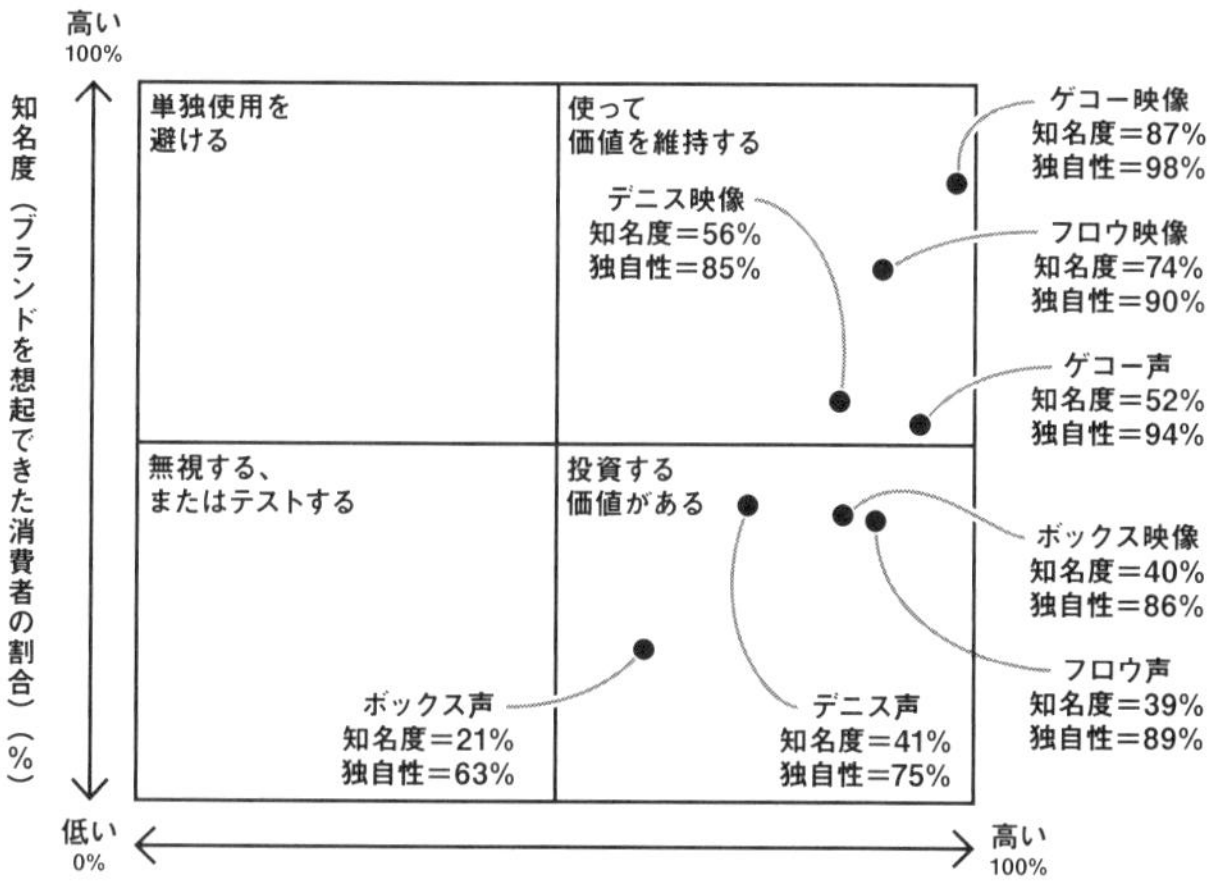

さまざまな音楽資産

音楽はさまざまな形で広告に組み込まれている。中にはブランディングのツールとして使われるものもある。音楽は感情的な反応を引き出すことができるが、このことは、引き起こされた感情が音楽の効果的ブランディングツールとしての機能を助ける（または妨げる）場合を除いては、本節の中心的テーマではない。音楽資産には、ジングル、ポピュラーソング、BGMという3つの基本的な形態がある。

ジングル

ジングルとは、ブランドを表現した歌詞を持つオリジナルの音楽素材のことで、ビッグマックの材料のことを歌ったジングルやオスカーメイヤー（食肉加工会社）のジングルなどがその例だ。アメリカ在住の人は久しぶりに聞いてもすぐに思い出せるだろう。私も、姪にアーノッツのヨーヨービスケットについて尋ねられたときに、自分がオーストラリアでの子ども時代によく聞いたその歌の全体を今でも覚えていることを知った。ジングルはそのブランドのためにオリジナルで作られるので、メンタルコンペティションはめったに存在しない。音楽を使って記憶力を高め、そこにブランド名を織り込むことで、両者の力が相乗的に影響し合う。おたがいの特徴の1つひとつが強力な独自のブランド資産を構成する要素である。最近は、ジングルの復活を告げる人も増えてきている（Taylor, 2015）。

ポピュラーソング

人気のある楽曲をブランディングの手段として利用することが可能だ。シャウト（洗剤製品）のCMに使われた曲〈Shout〉や、カリフォルニアレーズンのCMに使われた曲〈Heard It Through The Grapevine〉などのように、製品と楽曲の間に明らかに関連性があるものもある。また、キャドバリーのCMにビーチボーイズの〈Wouldn't It Be Nice〉が使われたり、1980年代にはマクドナルドのCMで〈Mac The Knife〉という曲をアレンジしてマックトゥナイトというキャラクターに歌わせたりしたように、人気のある曲をCMのニーズに合わせて歌詞を変えて使用することもある（Offbeat Frontier, 2010）。

人気のある楽曲は、脳内にすでにその連想ネットワーク（アーティストにまつわる思い出や個人的思い出など）が存在しているためにメンタルコンペティションにさらされることがあるという点で、音楽界のセレブリティとも言える。そうすると、楽曲がまるでセレブリティのようにブランドを圧倒してしまい、ブランドが記憶に残りにくくなるというリスクが生じる。そして、曲は覚えていても肝心のブランドは覚えていないことが起こり得る。

人気のある楽曲であっても使い過ぎると古く感じるので、視聴者が飽きたり広告を避けるための積極的行動を取ったりするリスクがある。通常の広告の出稿スケジュールでは、広告が短期間に何度もオンエアされるので、さらに飽きられることになる。したがって、音楽をブランディングの手段として考えるときは、自分自身に問いかけてみていただきたい。このブランドはこの先20年間にわたってこの曲を使用することができるかどうかと。もし使用することができるのであれば、ぜひともブランディングの手段として確立するための作業に入るべきだ。もし不可能であれば、広告クリエイティブへの投資の1つとしての価値だけを考え、ブランディングには他の独自のブランド資産やブランド名を使おう。

シュウとリャンは、人は10代に音楽の好みを形成するので、後年になってこの時期の音楽を聴くとポジティブな記憶が呼び起こされるというエビデンスを示した（2010年）。この結果を受けて、メイジャー、ロマニウク、ネニキスチールの3人は、このようなポジティブな感情が記憶に残りやすいかを検証するために、人気のある楽曲が、その曲がリリースされたときに10代だった人にとって、ブランド広告とより深いリンクを構築して記憶に定着しているかどうかを調査した。その結果、ブランドとのリンクはカテゴリー購買客の年齢ではなく、彼らの現在の音楽視聴状況とリンクしていることがわかった。音楽をよく聴く人のほうが、そうでない人よりも、どんな音楽資産でもよく覚えている。つまり、音楽を使ってブランディングをデザインするときは、その人の記憶に残っている音楽ではなくて、その人の現在の音楽の嗜好を重視すべきということだ。

BGM（バックグラウンドミュージック）

BGMとは背景に流すことを目的に開発されたインストゥルメンタル音楽だ。このような音楽には、ブランドへの愛着を妨げるメンタルコンペティションがほとんど存在しないという利点があるが、その一方で、ただちに強力なブランディング資産になり得るプロミネンスや共同提示が存在しないことが多い。メイジャーらがさまざまな音楽タイプ別にブランドとのリンクを比較したところ、BGMはジングルやポピュラーソングよりもブランドとのリンクが有意に低いことがわかった（2012年）。

しかし、このタイプの音楽は時間をかけて培われて潜在意識に浸透していくものだ。私がBGMの力を実感したのは、アメリカでテレビをつけたとき、ごく普通の道路を車が走っているだけの典型的な車の広告が流れているのを見て、何かのきっかけで脳内のマツダの記憶が刺激されたときだ。そのとき、マツダが意識されるための外部刺激はなかった。しかも、私はマツダ車を所有したことはなく、ブランドは知っていても、強いポジティブな感情もネガティブな感情もなかった。車の独特のスタイルや〈ズームズーム〉などの明らかなブランドトリガーもなかった。各国のマツダの広告をグーグルで検索した結果、ブランドトリガーの源は同じBGMであることがわかった。

この音楽とマツダが結びついたのは、意識的なレベルではなく（その広告の音楽が特徴的であった記憶はない）、潜在的なレベルにおいてであった。この関連性を生み出すために広告を何回見る必要があったかは残念ながらわからないが、かなりの数の広告視聴体験をしたのではないかと思う。

音声資産のタイプ別の強さ

我々は、ある種の音声資産が他の音声資産よりも優れているというエビデンスが存在するかどうかを調査した。データベースには、10分野のブランドのブランドマネージャーと広告代理店がそのテスト用に選んだ127種類の音声資産を使った。知名度と独自性のスコアを、カテゴリー別に独自のブランド資産の強さを測る調査の一部として収集した。音声資産は、ジングル、BGM、人気楽曲（ポピュラーソング）、ボーカルサウンド、ノンボーカルサウンドの5つのカテゴリーに分けた。

ANOVA（一元配置の分散分析。3つ以上の群の平均の差を検定）の結果（**図17-2**）、知名度のレベルは、ポピュラーソングとジングルは同程度であったが、ノンボーカルでは有意に低いことがわかった[5]。独自性は、ジングルが他の資産よりも優れており、やはりノンボーカルサウンドは有意に低いスコアであった[6]。

資産別のパフォーマンススコアを見てみると、データは大きく分散していることがわかった。ジングルは他の資産よりもおおむね良いスコアを出していた。またほとんどの資産タイプが、〈使って価値を維持する〉の象限や〈無視またはテストする〉の象限にあった。**図17－3**に示したように、音声資産の大部分は、〈投資する価値がある〉の象限に入り（58％）、31％が〈無視またはテストする〉、11％が〈使って価値を維持する〉の象限であった。ちなみに、第16章のタグラインの分析で用いたデータベースを使って比較すると、55％が〈投資する価値がある〉、22％が〈無視またはテストする〉、23％が〈使って価値を維持する〉であった。タグラインは、音声資産と比べると、使用可能な資産の数は2倍だ。これらのデータから、音声を基本にして資産を構築することが難しいこと、またこのタイプの強力な資産は実際にまれにしか構築されていないことがわかる。

これで本章を終わるが、音声資産をタイプ別に詳しく考察した。次章では、独自のブランド資産を特定し、構築し、測定し、保護するための、独自のブランド資産管理システムの構成の仕方を紹介する。

図17-2　オーディオ資産タイプ別の相対的パフォーマンス

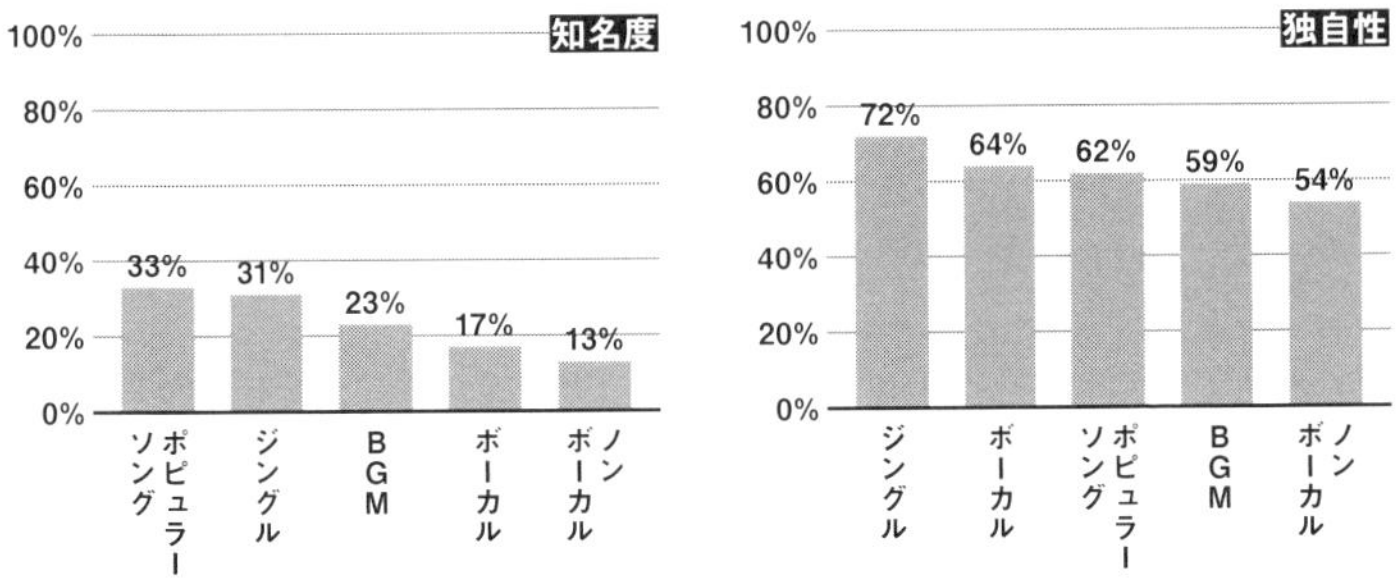

図17-3　オーディオ資産のタイプ別パフォーマンス分布

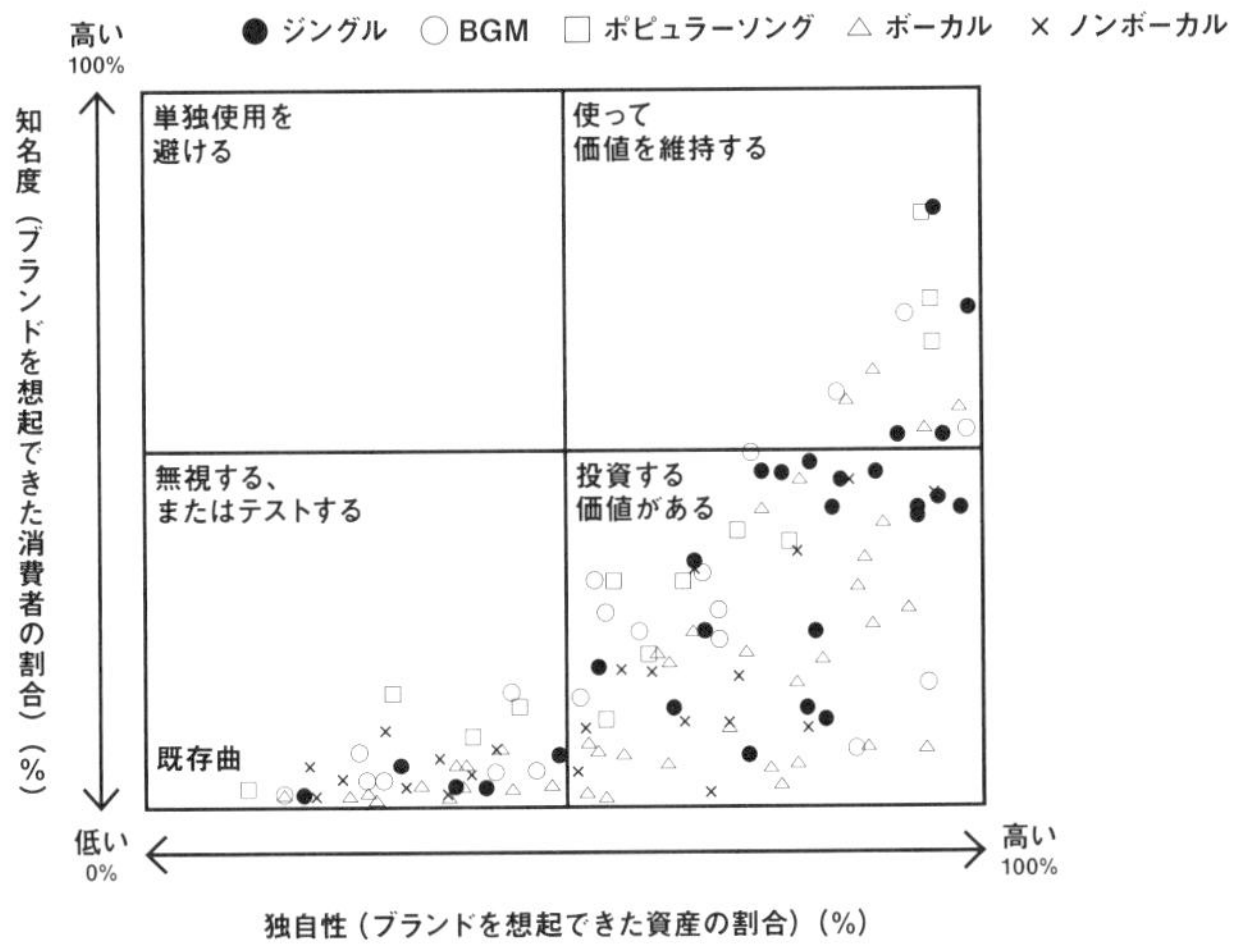

第18章

独自のブランド資産管理システムの作成

ジェニー・ロマニウク

Chapter 18

Creating a Distinctive Asset Management System

独自のブランド資産の構築は1回限りの作業ではなく、継続的なプロセスである。本章では、独自のブランド資産を長期的に開発、維持、保護するためのシステムを構築する方法について解説する。

5段階の計画を立てる

図18-1は、独自のブランド資産管理システムを構築するための5段階を示している。最初の2つのステージで、優先事項が明確にされ、障害が取り除かれる。残りの3つのステージでは、ブランドの現在と将来の独自のブランド資産のニーズを満たすために、継続的な情報とフィードバックのループを作るように設計されている。

第1段階　ベンチマーキング

最初のステージではベンチマークを行う。目的は、現在のどの資産が、今後さらに使用するための、あるいはさらに開発を進めるための潜在力を有しているかを判断することだ。通常、この段階の2つのステップでは関係者全員でリアリティチェックを行い、同時に、将来の独自のブランド資産の策定に向けて、全員が利用できる客観的事実を積み上げる。

資産の候補を把握する

最初のステップは、ベンチマーク調査でテストにかける資産候補を特定することだ。資産についての知識を得るための情報源としては、ブランドをどのように世界に発信すべきかについて発言権を持つ現在および過去のブランド関係者たち、たとえば、ブランドマネージャー、インサイト担当者、クリエイティブ担当代理店、デザイン担当代理店、さらにはCEOなどが挙げられる。必要に応じて過去の関係者を巻き込むことで、今では忘れ去られてしまった資産を復活させることができるかもしれない。

また、第三者にブランドのこれまでの素材を見てもらうことも効果的だ。一貫性のある資産や突出した資産を思いがけず発見することがあるからだ。たとえば、我々はあるブランドのBGMが一貫性のある資産であることを発見したが、これは

図18-1　独自のブランド資産管理システム

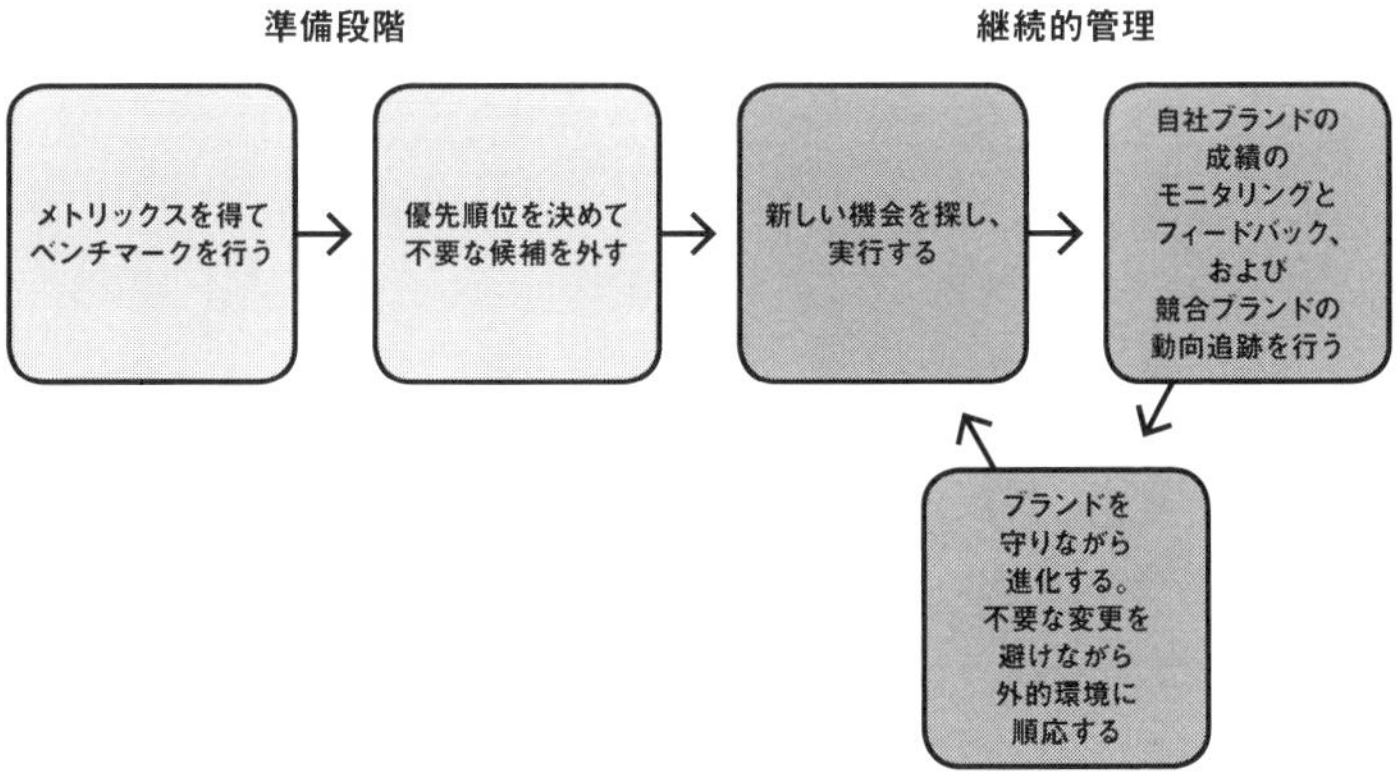

現在のブランドチームが気づいていないこと、代理店のスタッフも忘れていたことだった。このBGMはその後ブランドにとって投資すべき資産であることが判明した。第三者による評価がなければ見過ごされていただろう。

ベンチマーキングの段階では、データ収集が可能である限り、資産候補は多く選びすぎるくらいで丁度良い。そうすることで機会損失を未然に防ぎ、すべての関係者の声に耳を傾けることができる。グローバルブランドの場合は、現地のオフィスにこの時点での意見を求めることが重要だ。彼らは現地のキャンペーンや競合ブランドの詳しい情報を持っており、ブランド資産開発の機会や課題を明らかにできるかもしれないからだ。

競合ブランドの素材をレビューする

次のステップは、競合ブランドの潜在的資産を探索し、それをベンチマーク調査に反映させることだ。競合ブランドのパフォーマンスは次の2つの要因に影響を与える。

- 戦略的緊急課題
第10章では、強いブランド資産の数はカテゴリーによって異なることを明らかにした。競合ブランドが多くの強い資産を持っている場合は、独自のブランド資産は競争力を持つ（または維持する）ために絶対に必要な要因であり、投資が早急に必要である。
- ブランド資産を開発してはならない領域

競合ブランドが強いブランド資産を持っている領域は、混乱や誤判断を招く可能性が高いので避けるべきである。たとえば、もし競合ブランドがコミカルな広告スタイルに強い場合、同じような広告スタイルの導入は避けるべきだ。

定量的測定

第一段階の最後のステップは、これらのブランド資産の相対的強度を数値化し、独自のブランド資産グリッドを使って各資産の将来的可能性をプロットすることだ。使える資産や投資すべき資産は、次の段階の〈優先順位を決めて不要な候補を外す〉に備えてプールしておく。

第2段階　優先順位を決めて不要な候補を外す

第2段階には2つのステップがある。その名のとおり、優先順位を決めることと、一貫性に欠ける候補を外すことだ。

優先順位を決める

最初のステップはブランドとして優先すべき資産を選ぶことだ。第11章で説明したグリッドと行動プランは、あなたのブランドの現在のポジションに合わせて使えば、優先順位をつけるための指針となる。この段階でクリエイティブ担当代理店やメディア担当代理店に参加してもらい、潜在的ブランド資産が生み出すクリエイティブ面の可能性について、各メディアでの使用も含めて彼らの意見をもらうことが重要だ。この段階では、可能性が1つに絞られることはまれであり、取捨選択をしなければならないことを覚悟しなければならない。ブランドの出発点に使える資産や投資すべき資産がない場合は、ブランドの経営環境にも目を向けながら、もし開発すればメンタル／フィジカルアベイラビリティに影響を与える可能性がもっとも高いブランド資産を特定する。同時に、競合ブランドの実績にも注目し、競合ブランドが強い分野は避ける。むやみに競合ブランドのまねをして問題をさらに悪化させる必要はない。

優先すべきブランド資産の数を決めるときは、波状的に資産形成に取り組む。つまり、第一波の取り組みでブランド資産の基礎をしっかりと構築し、それが達成されたら第二波の取り組みに移る。そうすることで、1回で少数の優先事項に集中してリソースを注ぎ込むことができる。広告や宣伝の予算が限られている場合は、次の1年間で重点的に取り組むべき資産を1つ選ぼう。潤沢な予算がある場合も、やはり少数の資産にのみ焦点を当てて、迅速にブランド資産を構築することを目指そう。同時に多くのブランド資産を構築しようとすれば、実行段階で焦点を失い、各タッチポイントで必要なブランド資産とブランド名を効果的に共同提示することが難しくなる。

投資の可能性のあるブランド資産を複数所有するよりも、知名度も独自性も100%の1つのブランド資産を所有するほうがよい。

一貫性に欠けるものはブランド資産候補から外す

優先順位の高いブランド資産を特定したら、第二段階の最後のステップは、すべてのブランドの素材を見直して、資産とそのエグゼキューションに矛盾があればそれを取り除くことだ。デジタル素材、店舗、社内外のすべての資料などを広く見渡すことを忘れてはならない。年次報告書から採用広告、社内文書まで、そのブランド資産が使用されている可能性のあるものはすべて見直す。

ブランドの資産を総点検するための春の大掃除と考えればよい。一貫性を維持していないものは、その程度にかかわらず、できるだけ早くすべて取り除こう。そうすることで、将来の資産構築活動の障害にならずに済む。

第3段階　エグゼキューション

過去の一貫性の欠如を修正して再利用する

最初のステップでは、第2段階で特定された一貫性の欠如を資産形成の目的に沿ったものに修正する。これは、過去には強力な独自のブランド資産構築の障壁であったものを〈助っ人〉に変換することだ。

新しいエグゼキューション機会を探す

次のステップは、優先度が高いと判断した独自のブランド資産を活用できる新しい機会を特定することだ。独自のブランド資産のエグゼキューションも重要だが、ブランド名もおろそかにしてはならない。第一に、ブランド名は独自のブランド資産の新しい記憶を定着させるために必要だ（第2章を参照）。第二に、独自のブランド資産パレット次第では、ブランド名が最善のエグゼキューションになることもある。たとえば、音声資産がないからといって、音を使ったブランディングを怠っていいわけではない。ブランド名をはっきりと音声化することで、画面を見ていない人にもしっかり伝わる。

次に紹介する3つのPは、コミュニケーションの各部分を見直すときに役立つチェックリストとなるだろう。

- プレゼンス（Presence）――現在どのブランド資産を使っているか？　もしブランド資産を使っていなければ、これから導入することは可能か？
- プロミネンス（Prominence）――ブランド資産はブランドコミュニケーションの中で際立っているか？　プロミネンスを改善するために何かできることはないか？
- 共同提示（Co-Presentation）――ブランド資産とブランド名の距離は近いか？　視聴者はその資産に触れたとき（その視覚刺激／聴覚刺激の中で）ただちにブランドを体験できるか？

ブランドの過去のメディアやクリエイティブの取り組みを見直そう。ブランドのメディアプランはすべてのカテゴリー購買客にリーチすることを目的としているか、クリエイティブワークはすべてのカテゴリー購買客に訴求する作りになっているか、これらを確認しよう。どのカテゴリー購買層を無視しても、独自のブランド資産構築の可能性を阻むことになる。第9章で説明したように、もし知名度スコアの低い大規模な顧客セグメントが存在する場合は、メディアまたはクリエイティブのプランニングあるいはこの両者を見直して、この不均衡を修正しなければならない。

ブランド資産構築に要する時間

ブランドの資産が構築されるのに要する時間は、資産構築のリーチの広さや、それぞれが置かれている環境下での注目度によって異なる。投資によってリーチが大幅に増えれば資産はすぐに構築されるが、多くの場合は、リーチの累積には時間が必要であり、成長は着実な改善によってもたらされる（Sharp, Riebe & Nelson-Field, 2013）。ブランド資産の知名度スコアは、より多くのカテゴリー購買客に資産構築活動を届けることで着実に上昇するはずだ。しかもこの間も、既存の資産とブランドとのリンクの新鮮さは保たれている。ただし一夜にしてこのようなことが起きるわけではない。

第4段階　フィードバックとモニタリング

この段階は独自のブランド資産の構築活動を開始した直後からはじまる。

フィードバックを得る

最初のステップは、競合ブランドの活動に注意しながらも、自社ブランドの資産構築活動の成果にフィードバックをもらうことだ。通常、まったく新しい資産構築活動を展開するためには最低でも6カ月は必要だ。ベンチマーキングから12カ月後にフォローアップを行えば、ブランドの取り組みが広く効果を発揮するのに十分な時間を確保することができる。市場の変化が早く、取り組みが多岐にわたる場合は、途中で6カ月間のフォローアップ期間を設けることが効果的な場合もある。しかし、毎月あるいは四半期ごとに独自のブランド資産の強さを追跡する価値はほとんどないだろう。

競合ブランドをモニタリングする

独自性は強力な独自のブランド資産の不可欠な要素であり、またもっともコントロールしにくい要素でもある。したがって、競合ブランドの活動をモニターして、そのブランド資産のプロミネンスが変化していないか、他社のブランド資産を模倣していないか、新しいブランド資産を導入していないかなどを確認することが重要だ。

小売り業界は非常に競争が激しく、もし競合ブランドのほうが優れた切り口を持っていれば、あなたのブランドはその犠牲になる可能性がある。セールス部門を教育し、小売り業界で使用されている独自のブランド資産から目を離さないようにし、変化を早期に察知しなければならない。そうすることで、必要であれば、店舗内での自社ブランドの独自の資産の存在感を高めることで、形勢を迅速に逆転することができる。

第5段階　ブランドを守りながら進化する

ブランドを死守する

あなたのブランドが強力な独自のブランド資産を獲得したら、今度はそれを守り、状況に応じて適切に改善することが肝要だ。最初のステップは、独自のブランド資産を改善するための提案に「いいえ」と言えるようになることだ。そのような提案が役に立つことはまれだからだ。

独自のブランド資産には経営の邪魔をする天敵がいる。その天敵は、あなたの独自のブランド資産構築戦略にダメージを与えるような改善の提案をするために舞い降りてくる。以下に、注意すべき3つのタイプの天敵と、もし彼らと直接対決することになった場合の対処法を紹介する。

●集中力欠如型の天敵

このタイプは現状に飽きやすく、物事を変えることで「新鮮さを保つ」ことを望む。10分以上の会議ではすぐに退屈し、気晴らしに携帯電話やスマートウォッチに夢中になる。このタイプの天敵からブランド資産を守るためには、彼らの気を逸らすために、独自のブランド資産とは関係のない何か新しいものを常に用意しておくことが効果的だ。そうすることで、彼らの注意をその変化に引き付け、独自のブランド資産を守ることができる。

●破壊型の天敵

このタイプは破壊を夢見る人で、ただ目立ちたいがために人と違うことをしたいと思っている。イーロン・マスクの写真を財布に入れており、「ウーバーならどうするか?」が口癖だ。このタイプの天敵に直面したら、急激な変化の中にあっては独自のブランド資産を変えないことがもっとも破壊的な戦術であることを指摘するとよい。すると彼らは混乱し、あなたは十分な余裕を持って相手を退けることができるだろう。

●新しい物好き型の天敵

このタイプは、最新のメディアでもテクノロジーでも、とにかく何であっても最新のものを取り入れたいと思っている。いつも、新しいデバイス、アプリ、トラッカー（ウェブ上のユーザー行動分析データ）などを見せてあげようと他人に声をかけることで、自分の存在をアピールしている。このタイプの天敵に対処する最善の方法は、独自のブランド資産を新しいテクノロジーに組み込む方法について意見を求めることだ。彼らには、自分の意見や新技術のすばらしさを伝えることにだけに集中してもらい、独自のブランド資産についてコメントすることは忘れてもらおう。

ブランド資産を凍結させておく必要はない。変化しなければならない時期が来たら、レボリューション（革命）ではなくエボリューション（進化）を考えよう。ブランド資産を変更、更新、刷新することの必要性に迫られることがあるだろう。しかしそのような圧力ははねのけていただきたい。もし提案を申し出てくる人がいたら、まずその人に本書を読んでもらい、いかなる提案にもその後でなければ聞く耳を持たないようにしていただきたい。以下は、ブランド資産の変更を求める直接的（または間接的）な圧力がかかるもっとも一般的なケースだ。

- 新しいブランドマネージャーが着任した
- 新しいマーケティングマネージャーが着任した

- 新しいCEOが着任した
- 市場シェア／売り上げが低下している
- 新しい広告キャンペーンが始まる
- 担当広告代理店が替わった
- 新しいメディアを採用した
- 新しい流通チャネルを採用した

これらのきっかけのいくつか、たとえば新しいメディアや流通チャネルなどは、資産リストを見直す良い機会を提供してくれる。各環境下でのブランドエグゼキューションのどこに問題が存在するのかを見極めて、既存の資産を進化させたり新しい資産を導入したりしてエグゼキューションを強化しよう。その他のきっかけは、必ずしも資産を変更する理由にはならないが、なぜ一貫性が必要か主なステークホルダーたちを納得させなければならないかもしれない。ブランド資産を守ることは独自のブランド資産の保護者の重要な仕事だ。

次の最終章では、独自のブランド資産構築活動を軌道に乗せるために知っておかなければならない戒律とでも呼ぶべき4つの原則を紹介する。

第19章

独自のブランド資産構築の〈四戒〉

ジェニー・ロマニウク

Chapter 19

The Four Commandments for Building Distinctive Assets

第1章で「7つの重罪」について解説したが、本章では「強い独自のブランド資産を構築するための4つの戒め」と題して、常に心に留めておくべき重要な原則を紹介する。

四戒その1　賢明な選択

強固な独自のブランド資産の構築は難しい。選択を間違えて不利な状況に陥らないようにしよう。メンタルコンペティションを持つ資産、たとえば競合ブランドとリンクを持つ資産やブランドとは関連のない意味合いの強い資産などは避けるべきだ。使用可能な資産や投資すべき資産は、ブランドが有利なスタートを切れるかもしれないので、十分な根拠もなく放棄してはならない。忘れてならないことは、もしあなた（またはカテゴリー購買客）が既存のブランド資産に飽きているとしたら、それは現状よりも優秀なクリエイティブコンテンツが必要だということだ。

独自のブランド資産パレットを増やすことを考えているときは、賢明な選択をしなければならない。このような場合、自らに次の2つの質問をしてみよう。

- そのブランド資産は、他の資産にはまねのできないものをもたらすことができるか？
- そのブランド資産を構築した後も、既存の資産を守るための十分なリソースは残るか？

ブランド資産ならではの貢献があるか

似たようなブランド資産が増えると、余計に気が散ってしまうだけだ。長期的投資に値するブランド資産を構築するためには、少なくとも、ブランドにさらなる柔軟性、適応性、神経刺激的多様性をもたらすブランド資産でなければならない。

リソースの細分化に注意

ブランド資産を増やすためには資金力と集中力が必要だ。ブランドのリソースを細分化しすぎると、既存のブランド資産が弱体化する。既存の強力なブランド資産を守ることが常に優先されるべきであり、既存のブランド資産の強化よりも新しいブランド資産の開発に投資することで生じる危険を常に考慮しよう。

図19-1　ブランド資産構築の四戒

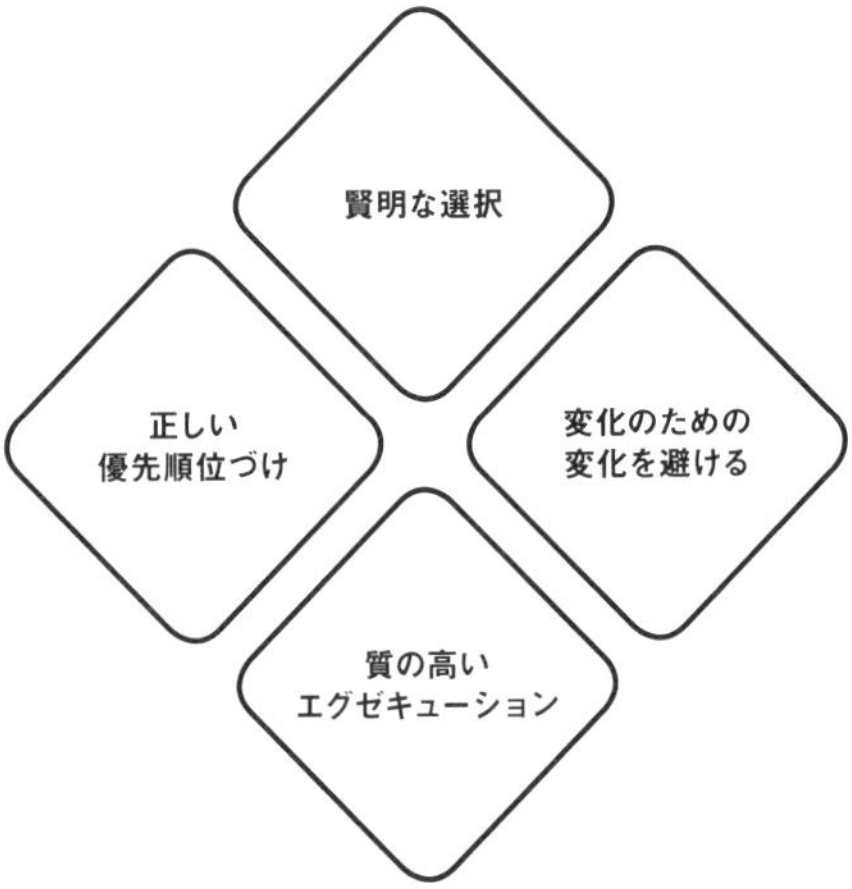

四戒その2　正しい優先順位づけ

一度に多くのブランド資産を築こうとしてはならない。目標は、100%の知名度と100%の独自性を持つまでブランド資産を成長させることであり、1つのブランド資産を持つことは、投資の可能性を秘めた資産1つの10倍分の価値があることを忘れてはならない。これは、今後1年間に構築するブランド資産の数について現実的な目標を設定し、その資産に集中することがいかに重要であるかを意味する。ブランド資産パレット全体を波状的に増やしていけば、時間の経過とともにやがてそのプロセスは容易になる。強固な独自のブランド資産を構築することが、その次の独自のブランド資産を構築する際のもう1つのアンカーになるからだ。

四戒その3　質の高いエグゼキューション

価値の高いブランド資産であればすべてのカテゴリー購買客に認知される。これは、エグゼキューションが広範囲であるほど、またプロミネンスがあって、すべてのカテゴリー購買客に届くようにデザインされているほど早く起こる。一方で多くのブランド資産がカテゴリー購買客の記憶に残るほどの注目を得ることもなく静かに消えていくが、これらのブランド資産とブランドとの距離感は大きく乖離しているため、容易にリンクを形成することができていない場合が多い。ブランド資産は注目を集めることもさることながら、ブランドとアンカリングされていなければ構築することは難しい。

強力なブランド資産であっても、新規のカテゴリー購買客との間にリンクを構築する必要がある。強力なブランド資産は、既存の購買者に対してはブランド名なしで使用できるが、新規のカテゴリー購買者にリーチするためには、ブランド名を使ったブランド資産構築活動が必要だ。このようなブランド資産構築活動は、既存のカテゴリー購買客とのリンクを刷新し、その衰退を回避することにもつながる。

自分が構築したいブランド資産が受け入れられる機会を探そう。ブランド資産が視聴者の注目を集められるかどうか、ブランド名にまで視聴者が注目するかどうかなど、ブランド資産構築の取り組みの質を吟味する必要がある。

四戒その4　変化のための変化を避ける

独自のブランド資産の構築においては一貫性を維持することが重要だ。ブランド資産が定着してしばらく経つとどうしても手を加えたくなるものだが、それは待ってほしい。ブランドのアイデンティティを変更するということは、たとえて言うと、誰かを夕食に招待しておいて、何も言わずに引っ越して、それでも約束の木曜日の午後7時の夕食にその人が来てくれることを期待しているようなものだ。

ブランド資産が存在するところではすべての瞬間を〈やるかやられるか〉の瞬間と考えよう。ブランド資産は上手に活用しなければ衰退していく。ブランドの活動に一貫性が欠ければ、別の記憶経路が出来上がるリスクがある。いずれにせよ、ブランド想起の機会は減っていく。

独自のブランド資産を変更したいという、自分や周囲の人の中に湧き上がる自然な衝動と闘おう。ブランド資産に賞味期限は必要ないので、消費者に飽きたかどうかを尋ねることはやめよう。消費者に正しい判断はできない。独自のブランド資産の陳腐化は、計画が不十分な場合にのみ生じる結果だ。

もしブランド資産を刷新または更新したくなったら、どのような結果が生じ得るかを論理的に考えてみよう。

- 変更にカテゴリー購買客が気づかない――この場合、変更することに意味はない。
- 変更にカテゴリー購買客が気づく――購買客のブランド認知システムが乱され、ブランドはこれまでの投資と売り上げを失う。

● 変更にカテゴリー購買客が気づき不満を訴える――これが広く知れわたると、少数の声の大きい顧客の不満に耳を傾けていることを示すために、ブランドを元に戻さざるを得なくなる。

ブランド資産を変更することでブランドが強化されると思いがちだが、特にパッケージ資産の変更は慎重にテストを行わなければならない。変更を実行するための要件を達成するためには高いハードルを設定しよう。現状維持では変更を正当化することはできない。私がかかわった最高の独自のブランド資産プロジェクトの中には、結果的に何の行動も取らなかったものもある。それはクライアントがブランドにダメージを与えるような変更を避けたからだ。

これらの4つの戒めにしたがうことで賢明な判断ができるようになる。重要なことは、努力して築いたブランド資産を守り、長期的に存続させることだ。

最終章

私はこの『ブランディングの科学 独自のブランド資産構築篇』の最終稿をニューヨークで書き上げました。そして本書のタイトルにふさわしい刺激を受けるために、私の好きな場所の1つであるニューヨーク近代美術館（MoMA）を訪れました。少なくともこの美術館を訪れたことを書けば、私が無教養な人物ではなく、すばらしいアートやデザインを評価できる人であることを読者の皆さんにわかってもらえると思ったからです。

実際、私は美や美的感覚を大切にしています。しかし独自のブランド資産が持つ機能的な役割（これが売り上げを伸ばします）も同様に大切にしています。美は見る人の目の中（主観）に存在するものですが、独自のブランド資産の機能的役割は脳の中（客観）に存在します。人の脳は完璧ではなく欠点もあれば克服すべき課題もあります。しかしそれらは、一過性のものでも気まぐれに存在しているものでもありません。したがって長期にわたって強力なブランドアイデンティティを構築することは、それほど難しいことではありません。

経験を重視するジェネラリストの考え方を脱することは難しいです。その例はどこにでも見つけることができます。MoMAでさまざまな展示物を鑑賞しながら歩いていると、アーティストもブランドと同じように、混雑した環境の中でいかに目立つべきかという問題を抱えていることを知って驚きました。実際、多くの人の注目を引きつけている作品もあれば、同じアーティストであってもほとんどの人が通り過ぎて行ってしまう作品もたくさんありました。

ゴッホ、ピカソ、ポロック、モネなどの著名な画家の画風は遠くからでも見つけることができます。私が個人的に好きなミロやデュシャンなどの作品も簡単に見つけることができました。「小さなブランド」とも言えるこれらの芸術家たちは、私の個人的なレパートリーの中には存在していますが、大勢の人々の興味を引くようなものではありません。他にも、周囲の人々同様、私もさっと見るだけでほとんど注意を向けない芸術作品もたくさんありました。人によって立ち止まる作品はさまざまで、中には誰にとっても人気のある作品もありました。

フランク・ロイド・ライトの展示作品にも足を運びました。全体の構成はもちろんのこと、家具や建具の細部に至るまで、デザインのすべてを調和させるための繊細な工夫があることに驚かされました。フランク・ロイド・ライトの建築物のスケッチに見られる椅子や、窓、家具からわかるように、全ての構成要素に一貫性を持たせることでフランク・ロイド・ライトの芸術スタイルが識別され維持されています。

アーティストが成功するための素質を私自身も所有していると言うつもりはありませんが、雑多な環境の中で目立つための独自のスタイルを持っていることは、ＭｏＭＡファンの注目を集めるのに役立っているように思いました。美術館のバイヤーも、このような美術愛好家の交通量をチェックして、どの芸術家の作品を仕入れるかを判断しているのではないでしょうか。おそらく、芸術も製品デザインもそれほど差はないのではないかと思います。

本書『ブランディングの科学 独自のブランド資産構築篇』（原著：Building Distinctive Brand Assets）の感想、また本書で紹介したアイデアが皆様のブランドにふさわしい強力な独自のブランド資産構築にどのように役立ったかについて、皆様のフィードバックをいただけたら幸いです。LinkedInでご連絡いただいても結構ですし、メールであれば、jenni@marketingscience.info までご連絡ください。

ジェニー・ロマニウク

脚注

序章

[1] 消費者の購買行動の根底にある心理や真実。購買意欲を刺激する。

第1章

[1] 良かれと思って行ったことが悲劇的な結果につながることのたとえ。

第2章

[1] ガイ・ピアース主演、クリストファー・ノーラン監督の映画（2000年製作）。

[2] 独自のブランド資産が形成されるためには、ブランド名がすでに記憶の中に存在していなければならない。もしあなたのブランドが広く認知されていないなら、独自のブランド資産を構築する前にブランドの認知度を上げることに取り組むことをお勧めする。認知度が早く上がるほどブランド資産の伸びしろは大きくなる。

[3] フレッシュネスという比喩は適切だ。時間経過とともに記憶が薄れることは、パンが古くなると硬くなるのと同じように自然であることを再認識させられる。

第3章

[1] ブランドメッセージを記憶しているかどうかではなく単に広告を覚えているかどうかを測定しただけの広告効果の値には注意が必要だ。脳にメッセージが届いたからといって、必ずしもそれが適切な脳領域に達したとは限らない。

第4章

[1] セイリアンスではなくメンタルアベイラビリティという用語を用いたのは、議論がトップ・オブ・マインド・アウェアネス（TOMA、最初に想起されるブランド）についての議論であるという誤解を避けるためだ。元々この用語を使いはじめたのは我々であり（Romaniuk & Sharp, 2003a; Romaniuk & Sharp, 2004）、セイリアンスの概念はTOMAとは異なることを指摘したが、セイリアンスの測定方法についてはまだ多くの誤解が残っている。この概念を新しい言葉を使って表現したのは、購買環境における記憶の想起という重要なステップを、TOMAという狭い尺度や記憶の中で目立つという一般的な概念から切り離すためだ（Alba & Chattopadhyay, 1956）。

[2] これはマーケターがCEP戦略を採用する際に犯す最大の間違いの1つで、ブランドに1つのCEPを所有させたいという気持ちに逆戻りするときに起きる。ブランドメッセージが正しくても、ブランド戦略は間違っている。ブランドポートフォリオを持ち1つのブランドに1つのCEPを割り当てようとする企業に特に多く見られる。これは見当違いで、各CEPでブランドがどのように競争するかを簡単に分析するだけで、これがなぜ実現不可能な戦略であるかは明らかになる。その原因のほとんどは、独自のブランド資産とCEPを混同していることにある。

[3] ほとんどの調査が単一のモデルの優位性を仮定していた。競合するモデル同士を比較しているものは非常に少なかった。

[4] 2017年に実施。1200人の米国成人を対象にスプリットサンプル試験（A／Bテスト）が行われた。ウェブサイト内比較のために使用された広告素材は全て同一。ウェブサイト間比較には異なるものを使用。

[5] 我々は、ブランド名よりも独自のブランド資産がより大きく成功する条件を探るために研究を続けている。現段階では、創造的なカウンタープログラミングの要素を検討する必要があると考えている。つまり、独自のブランド資産が埋没するのではなく目立つようにするために、独自のブランド資産が広告スタイルの中で際立つ必要がある。この仮説を評価するためにはさらなる研究が必要だ。

[6] これについてはたびたび反論をいただいてきた。ブランディングに失敗している広告でもそのカテゴリー内では広告として機能するので、結局、売り上げを伸ばすのではないか、という反論だ。しかし私は、それでは競合ブランドの売り上げも伸びて、特に小規模ブランドにとっては望まない結果を招いてしまうと思う。競合ブランドの売り上げを伸ばさずに自社ブランドの売り上げだけが伸びるのであれば、賢明な広告予算の使い方と言ってよいだろう。

[7] ライスの代わりにカリフラワーなどの食材を用いてパエリアを作ることも可能だが、これは一種の冒涜《ぼうとく》であり、私はそのようなレシピは認めたくはない。

第5章

[1] 製品の開封部を密封するために用いる、容器の蓋、栓、キャップ、ファスナー、開封部の総称。

[2] 複数の銀行と取引があり複数枚のクレジットカードを所有している人は多いので、クレジットカードはおたがいに財布の中で持ち主の注目を集める競合関係にある。目につきやすいカードほど使用される頻度が高い。

[3] 1000例を超えるブランド資産を調査するという目的にかなうために意図的に1001例とした。

[4] データセットの中のパッケージ資産のいくつかは、カテゴリー購買客の記憶を試験するために過去に使用されたパッケージのものであったが、全体の5%にも満たない。

第6章

[1] ここで選択された系列品にはオートマチックトイレットクリーナーなどの非ボトル製品や、業務用ボトル、浴室用ボトルは含まれていない。これらの系列品やエクステンションブランドのバリエーションは、ここで選択された製品のバリエーションよりも広い。

第7章

[2] 2017年6月17日にウォルマートドットコムからアクセスした。

[1] meaningless（意義がない）とも解釈されることがある。しかしこの言葉は、ブランド名という、資産にとってもっとも重要な意義を無視している。強力な独自のブランド資産には、決して意義がないわけではなく、ブランド名を第一の意義として有している。

第8章

[1] ロマニウク（2016b）は、知名度と独自性がともに非常に高いブランド資産の例としてアップル社のロゴやナイキのスウッシュなどを挙げている。

第9章

[1] その前提として、ブランド名と幅広いカテゴリー商品群が購買客に認知されていることが必要だ。ブランドの認知度が低いためそのブランドが何を提供しているのかさえ認知されていないのであれば、独自のブランド資産を開発する前にこの点を解決する必要がある。

第10章

[1] カラーについては、第5章のカラーパッケージ資産の結果を他のカラー資産に拡張したものである。

[2] 法的な手段に訴えることも可能だが、その費用は膨大で、成功しないことが多い。

［3］独自性が70％以上であれば、他のブランドの反応率が10％以上に到達する可能性は低い。

［4］ブランドは、その資産が10％以上の反応率を有していれば競合力があるとみなされた。

第12章

［1］目的次第だ。ジョン・オリバーが「ジェフ・ザ・ディジーズド・ラング」をスポークスパーソンとしてタバコ会社に提供したとき、美的側面はそれほど重視されていなかったのではないかと思う（Lopez, 2015）。

第13章

［1］グーグルはロゴに青、赤、黄、緑の色を使っている。

［2］これらの結果は2009年9月に880人のオーストラリア人を対象にオンライン上で実施された調査から得た。

第15章

［1］ジェイン・オースティンには申し訳ない。

［2］この女性は私の姪のマデレーネで、私の中ではとても豊かな連想ネットワークが構築されている。

［3］根拠は不明。アレンバーグ・バス研究所では、2016年、フロウ（知名度＝74％、独自性＝90％）はメイヘムマン（知名度＝28％、独自性＝65％）よりも強い独自のブランド資産であると認定している。

［4］これもアニメのキャラクターのメリットの1つだ。長年アニメを視聴してきた結果、人はアニメのキャラクターが死んでも痛みを感じないようになっている。

［5］ANOVAにより有意性の事後試験が行われた（p<0.05）。データベースはアレンバーグ・バス研究所が所有する独自のブランド資産研究から収集されている。

第16章

［1］「ロミオとジュリエット」のジュリエットのセリフより。

［2］共同提示（co-presentation）とはブランド資産とブランド名を同時に提示して、購買客の記憶の中のブランド連想の形成を強化すること。

［3］マーク・デイビスが運営するサイトWord and phrase:

infoは、タグラインに使われている言葉の希少性を判断するために使用されるサイトだ。6万語の英単語のランクとスコアが掲載されている。複数の使用例や意味がある場合は、もっとも低いランクのスコアを分析に使用している。

[4] この分析を他の言語にも応用できたらすばらしいことです。興味のある研究者の方は、この目的に使用できるタグラインのデータベースを持っているので、ご連絡ください。

[5] 修正R^2値はどちらのモデルもともに$p<0.001$であった。

[6] 選択バイアスがあったことを認めなければならない。対象となったフォントは独自のブランド資産と認められたもののみであったため、すでに独自性があるか、どこかに特別な特徴があったと思われる。多くのブランドのフォントが、独自のブランド資産として使用されることを意図されて開発されたわけではないので、独自性は低いだろう。

[7] アレンバーグ・バス研究所R&Dオンライン調査による（どの国もn＝600; 2014年）。

第17章

[1] この意識は潜在意識に生じて有意識の脳に到達することから〈ボトムアップ型〉の注意喚起と言われている。一方、何か具体的なものを意識的に求めようとすることから始まる〈トップダウン型〉の意識喚起もある。

[2] また、ブランド名は声に出して言いやすくなければならない。これはブランドのエグゼキューション戦術としては軽視されがちだ。

[3] 2016年に18歳以上の300人の被験者を対象に実施されたオンライン調査

[4] データソース：2015年に300人の被験者を対象に実施されたアレンバーグ・バス研究所のオンライン調査

[5] ゲームズハウエル事後検定の結果、P値は0・041で、ポピュラーソングよりも低かった（ゲームズハウエル事後検定を選んだ理由は、等分散性の検定で好ましい結果が得られなかったからだ）。

[6] ボンフェローニの検定の結果、P値は0・012で、ジングルよりも優位に低かった。

参考文献

AJ 2015, '10 of the highest paid celebrity endorsement deals', *The Richest*, 2 February,

<http://www.therichest.com/expensive-lifestyle/money/10-of-the-highest-paid- celebrity-endorsement-deals/>.

Alba, JW & Chattopadhyay, A 1986, 'Salience effects in brand recall', *Journal of Marketing Research*, vol. 23, pp. 363–9.

Anderson, J & Reder, L 1999, 'The fan effect: New results and new theories', *Journal of Experimental Psychology: General*, vol. 128, pp. 186–97.

Anderson, JR 1983, 'A spreading activation theory of memory', *Journal of Verbal Learning and Verbal Behavior*, vol. 22, pp. 261–95.

Anderson, JR & Bower, GH 1979, *Human Associative Memory*, Lawrence Erlbaum, Hillsdale, NJ.

Andrews, R 2009 'Confirmed: Compare the meerkat was devised by "drunk" ad men', *Gigaom*, 4 September, <https://gigaom.com/2009/09/04/419-confirmed-compare- the-meerkat-was-devised-by-drunk-ad-men/>.

Anesbury, Z, Nenycz Thiel, M, Dawes, J & Kennedy, R 2016, 'How do shoppers behave online? An observational study of online grocery shopping', *Journal of Consumer Behaviour*, vol. 15, pp. 261–70.

Barnard, NR & Ehrenberg, A 1990, 'Robust measures of consumer brand beliefs',

Journal of Marketing Research, vol. 27, pp. 477–84.

Beard, F. 2013, 'Practitioner views of comparative advertising: How practices have changed in two decades', *Journal of Advertising Research*, vol. 53, pp. 313–23.

Beizer, J & Zack, A 2017, 'Behind Huff Post's new logo and look', *Huff Post*, 25 April, <http://www.huffingtonpost.com/entry/huffpost-new-logo-design_us_ 58fe7104e4b018a9ce5ddd30>.

Bergkvist, L & Zhou, KQ 2016, 'Celebrity endorsements: A literature review and research agenda', *International Journal of Advertising*, vol. 35, pp. 642–63.

Bernard, BJ & Gage, NM 2007, *Cognition, Brain, and Consciousness*, Academic Press, Elsevier, London, UK.

Binet, L, Müllensiefen, D & Edwards, P 2013, 'The power of music', *Admap*, October, WARC.

Brickman, P, Coates, D & Janoff-Bulman, R 1978, 'Lottery winners and accident victims: Is happiness relative?', *Journal of Personality and Social Psychology*, vol. 36, pp. 917–27.

Calder, S 2016, 'La Compagnie: The business-class transatlantic airline closes its London–New York route', *Independent*, 5 September, <http://www.independent. co.uk/travel/news-and-advice/america-holidays-new-york-london-business-class- flights-la-compagnie-route-closes-a7226911.html>.

Caruso, W, Bogomolova, S, Corsi, A, Cohen, J, Sharp, A & Lockshin, L 2015, 'Exploring the effectiveness of endcap locations in a supermarket: Early evidence from instore video observations', Australia and New Zealand Marketing Academy (ANZMAC) conference, 30 November, University of New South Wales, Sydney, Australia.

Chou, HY & Lien, NH 2010, 'Advertising effects of songs' nostalgia and lyrics' relevance', *Asia PaciJic Journal of Marketing and Logistics*, vol. 22, pp. 314–29.

Collins, AM & Loftus, EF 1975, 'A spreading activation theory of semantic processing',

Psychological Review, vol. 82, pp. 407–28.

Coté, J 2007, 'Robbers relish iPod craze/Little white earbuds are almost everywhere, particularly on BART—thieves are capitalizing on players' popularity', *SFGate*,

21 March, <http://www.sfgate.com/crime/article/Robbers-relish-iPod-craze-Little-white-earbuds-2607983.php>.

Craik, FIM & Watkins, MJ 1973, 'The role of rehearsal in short-term memory', *Journal of Verbal Learning and Verbal Behavior*, vol. 12, pp. 599–607.

Dahlén, M & Rosengren, S 2005, 'Brands affect slogans affect brands? Competitive interference, brand equity and the brand–slogan link', *Brand Management*, vol. 12, pp. 151–64.

Danenberg, N, Kennedy, R, Beal, V & Sharp, B 2016, 'Advertising budgeting: A re- investigation of the evidence on brand size and spend', *Journal of Advertising*, vol. 45, pp. 139–46.

Dass, M, Kohli, C. Kumar, P & Thomas, S 2014, 'A study of the antecedents of slogan liking', *Journal of Business Research*, vol. 67, pp. 2504–11.

Davies, M n.d., *Word and phrase: info* <http://www.wordandphrase.info/frequencyList. asp>.

Dawes, J & Nenycz-Thiel, M 2014, 'Comparing retailer purchase patterns and brand metrics for in-store and online grocery purchasing', *Journal of Marketing Management*, vol. 30, pp. 364–82.

Desai, KK & Hoyer, WD 2000, 'Descriptive characteristics of memory-based consideration sets: Influence of usage occasion frequency and usage location frequency', *Journal of Consumer Research*, vol. 27, pp. 309–23.

Dickson, PR & Sawyer, AG 1990, 'The price knowledge and search of supermarket shoppers', *Journal of Marketing*, vol. 54, pp. 42–53.

d0nkeyshines 2011, 'Arnott's Yo-Yo biscuits', *YouTube*, 2 April, <https://www. youtube. com/watch?v=IsbHrhmm66I>.

Ehrenberg, A, Barnard, N, Kennedy, R & Bloom, H 2002, 'Brand advertising as creative publicity', *Journal of Advertising Research*, vol. 42, pp. 7–18.

Erfgen, C, Zenker, S & Sattler, H 2015, 'The vampire effect: When do celebrity endorsers harm brand recall?', *International Journal of Research in Marketing*, vol. 32, pp. 155–63.

Express Web Desk 2017, 'Virat Kohli charges more than other cricketers, Bollywood celebrities in brand endorsement', *Revenge News*, 2 April, <http://www. revengenews.com/virat-kohli-charges-more-than-other-cricketers-bollywood- celebrities-in-brand-endorsement/>.

Fajardo, TM, Zhang, J & Tsiros, M 2016, 'The contingent nature of the symbolic associations of visual design elements: The case of brand logo frames', *Journal of Consumer Research*, vol. 43, pp. 549–66.

Fisher, K 2017, 'Katy Perry becomes first person to reach 100 million Twitter followers', *ENews*, 17 June, <http://www.eonline.com/news/861515/katy-perry-becomes-first-person-to-reach-100-million-twitter-followers>.

Gaillard, E, Sharp, A & Romaniuk, J 2006, 'Measuring brand distinctive elements in an in-store packaged goods consumer context', European Marketing Academy Conference (EMAC), 23–26 May, Athens Business and Economics University, Athens, Greece.

Gobbini, MI, Gors, JD, Halchenko, YO, Rogers, C, Guntupalli, JS, Hughes, H & Cipolli, C 2013, 'Prioritized detection of personally familiar faces', *PLoS One*, vol. 8, pp. 1–7.

Groeppel-Klein, A 2014, 'Success with pleasure: Interview with Helmut Meysenburg, BMW', *GfK Insights* blog, 11 June, <https://blog.gfk.com/2014/06/success-with- pleasure-interview-with-helmut-meysenburg-bmw/>.

Haley, RI & Baldinger, AL 2000, 'The ARF copy research validity project', *Journal of Advertising Research*, December/January, pp. 114–35.

Harrison, F 2013, 'Digging deeper down into the empirical generalization of brand recall', *Journal of Advertising Research*, vol. 53, pp. 181–85.

Hartnett, N 2011, 'Distinctive assets and advertising effectiveness', Master's thesis, University of South Australia, Adelaide.

Hartnett, N, Kennedy, R, Sharp, B & Greenacre, L 2016, 'Creative that sells: How advertising execution affects sales', *Journal of Advertising*, vol. 45, pp. 102–12.

Hartnett, N, Romaniuk, J & Kennedy, R 2016, 'Comparing direct and indirect branding in advertising', *Australasian Marketing Journal*, vol. 24, pp. 20–8.

Hasher, L & Zacks, RT 1984, 'Automatic processing of fundamental information: The case of frequency of occurrence', *American Psychologist*, vol. 39, pp. 1372–88.

Hilbert, M 2012, 'How to measure "how much information"? Theoretical, methodological, and statistical challenges for the social sciences', *International Journal of Communication*, vol. 6, no. 1, pp. 1042–55.

Hintzman, DL 1988, 'Judgments of frequency and recognition memory in a multiple- trace memory model', *Psychological Review*, vol. 95, pp. 528–51.

Hintzman, DL & Block, RA 1971, 'Repetition and memory: Evidence for a multiple- trace hypothesis', *Journal of Experimental Psychology*, vol. 88, pp.

297–306.

Holden, SJS 1993, 'Understanding brand awareness: Let me give you a c(l)ue!', *Advances in Consumer Research*, vol. 20, pp. 383–88.

Hoorens, V 1993, 'Self-enhancement and superiority biases in social comparison',

European Review of Social Psychology, vol. 4, pp. 113–39.

Hoyer, WD 1984, 'An examination of consumer decision making for a common repeat purchase product', *Journal of Consumer Research*, vol. 11, pp. 822–9.

Janiszewski, C, Kuo, A & Tavassoli, NT 2013, 'The influence of selective attention and inattention to products on subsequent choice', *Journal of Consumer Research*, vol. 39, pp. 1258–74.

Jayasinghe, L & Ritson, M 2013, 'Everyday advertising context: An ethnography of advertising response in the family living room', *Journal of Consumer Research*, vol. 40, pp. 104–21.

Jones, JP 1990, 'Ad spending: Maintaining market share', *Harvard Business Review*, vol. 68, pp. 38–43.

Kanwisher, N, McDermott, J & Chun, MM 1997, 'The fusiform face area: A module in human extrastriate cortex specialized for face perception', *Journal of Neuroscience*, vol. 17, pp. 4302–11.

Kashmiri, M, Nguyen, C & Romaniuk, J 2017, 'Are two a crowd? Examining the prevalence of multi-brands on product packaging', Working paper, Ehrenberg- Bass Institute.

Keller, KL 1993, 'Conceptualizing, measuring, and managing customer-based brand equity', *Journal of Marketing*, vol. 57, pp. 1–22.

Kiley, D 2004, 'Can you name that slogan?', *Bloomberg*, 14 October, <http:// www. businessweek.com/bwdaily/dnflash/oct2004/nf20041014_4965_ db035.htm>.

Kitamura, T, Ogawa, SK, Roy, DS, Okuyama, T, Morrissey, MD, Smith, LM, Redondo, RL & Tonegawa, S 2017, 'Engrams and circuits crucial for systems consolidation of a memory', *Science*, vol. 356, pp. 73–8.

Klofstad, C., Anderson, RC & Peters, S 2012, 'Sounds like a winner: Voice pitch influences perception of leadership capacity in both men and women', *Proceedings of the Royal Society of London B: Biological Sciences*, vol. 279, pp. 2698–704.

Knoll, J & Matthes, J 2017, 'The effectiveness of celebrity endorsements: A meta- analysis', *Journal of the Academy of Marketing Science*, vol. 45, pp. 55–75.

Kohli, C, Leuthesser, L & Suri, R 2007, 'Got slogan? Guidelines for creating effective slogans', *Business Horizons*, vol. 50, pp. 415–22.

Kohli, C, Thomas, S & Suri, R 2013, 'Are you in good hands? Slogan recall: What really matters', *Journal of Advertising Research*, vol. 53, pp. 31–42.

Krader, K 2017, 'Restaurants put branding directly on their food to win Instagram', *Bloomberg*, 8 June, <https://www.bloomberg.com/news/articles/2017-06-08/ restaurants-are-branding-burgers-ramen-cocktails>.

La Monica, PR 2016, 'Good grief! MetLife is dumping Snoopy', *CNN Money*, 20 October, <http://money.cnn.com/2016/10/20/investing/metlife-snoopy-peanuts- blimp/index.html>.

Lang, C 2016, 'This is the world's ugliest color—and it has an important job', *Time*, 2 June, <http://time.com/4353765/worlds-ugliest-color-discourages-smoking/>.

Larson, JS, Bradlow, ET & Fader, PS 2005, 'An exploratory look at supermarket shopping paths', *International Journal of Research in Marketing*, vol. 22, pp. 395–414.

Le Boutillier, J, Le Boutillier, SS & Neslin, SA 1994, 'A replication and extension of the Dickson and Sawyer price-awareness study', *Marketing Letters*, vol. 5, pp. 31–42.

Lopez, G 2015, 'John Oliver wants "Jeff the Diseased Lung" to become the face of tobacco companies', *Vox*, 16 February, <http://www.vox.com/2015/2/16/8045745/ john-oliver-tobacco>.

Major, J, Romaniuk, J & Nenycz-Thiel, M 2012, 'The sound of music versus the rock of ages: Music in advertising', Australia and New Zealand Marketing Academy (ANZMAC) conference, 3 December, University of South Australia, Adelaide.

Matsuo, A 2014, '7 Richest commercial actors', *The Richest*, 21 February, <http://www. therichest.com/rich-list/world/5-richest-commercial-actors>.

McAlone, N 2017, 'These are the 18 most popular YouTube stars in the world—and some are making millions', *Business Insider*, 7 March, <http://www.businessinsider.com/ most- popular- youtuber- stars- salaries-2017/#no-1-pewdiepie-541-million-subscribers-18>.

McClelland, JL & Chappell, M 1998, 'Familiarity breeds differentiation: A subjective- likelihood approach to the effects of experience in recognition memory', *Psychological Review*, vol. 105, pp. 724–60.

McCracken, G 1989, 'Who is the celebrity endorser? Cultural foundations of the endorsement process', *Journal of Consumer Research*, vol. 16, pp. 310–21.

Meyers-Levy, J 1989, 'The influence of a brand name's association set size and word frequency on brand memory', *Journal of Consumer Research*, vol. 16, pp. 197–207.

Miller, DW & Toman, M 2016, 'An analysis of rhetorical figures and other linguistic devices in corporation brand slogans', *Journal of Marketing Communications*, vol. 22, pp. 474–93.

Mocanu, A 2015, 'The prototypicality of consumer packaged goods: An atomistic versus holistic assessment of packaging design', PhD thesis, University of South Australia, Adelaide.

Mortein 2015, 'Louie the Fly', <http://www.mortein.com.au/about/about-louie>.

Neeley, SM & Schumann, DW 2004, 'Using animated spokes-characters in advertising to young children: Does increasing attention to advertising lead to product performance?', *Journal of Advertising*, vol. 33, pp. 7–23.

Nelson-Field, K 2013, *Viral Marketing: The Science of Sharing*, Oxford University Press, Melbourne.

Nelson-Field, K & Romaniuk, J 2013, 'Brand prominence and sharing', in Nelson-Field, K (ed.) *Viral Marketing: The Science of Sharing*, pp. 43–56, Oxford University Press, Melbourne.

Nenycz-Thiel, M & Romaniuk, J 2011, 'The nature and incidence of private label rejection', *Australasian Marketing Journal*, vol. 19, pp. 93–9.

Nenycz-Thiel, M & Romaniuk, J 2016, 'Online shopping . . . Is it different?', in Romaniuk, J & Sharp, B (eds.), *How Brands Grow: Part 2*, pp. 173–86, Oxford University Press, Melbourne.

Nenycz-Thiel, M, Romaniuk, J & Sharp, B 2016, 'Building physical availability', in Romaniuk, J & Sharp, B (eds), *How Brands Grow: Part 2*, pp. 146–72, Oxford University Press, Melbourne

Newstead, K 2014, 'Branding element variation: A consumer and industry examination', Master's thesis, University of South Australia, Adelaide.

Nielsen 2016, 'Audio today: Radio 2016—appealing far and wide', *Nielsen*, 25 February,

<http:www.nielsen.com/us/en/insights/reports/2016/audio-today-radio-2016- appealing-far-and-wide.html>.

Nogales, AF & Suarez, MG 2005, 'Shelf space management of private labels: A case study in Spanish retailing', *Journal of Retailing and Consumer Services*, vol. 12, pp. 205–16.

OfCom 2015, *International Communications Market Report 2015*, OfCom, London.

OffbeatFrontier 2010, 'Mac Tonight commercial', *YouTube*, 9 April, <https://www. youtube.com/watch?v=0c4_b5PHWg8>.

Ogilvy, D & Raphaelson, J 1982, 'Research on advertising techniques that work—and don't work', *Harvard Business Review*, July–August, pp. 14–18.

O'Reilly, L 2014, 'Pepsi's new green cola looks exactly like Coca-Cola's new green cola', *Business Insider Australia*, 2 October, <https://www.businessinsider.com.au/ pepsi-has-launched-a-new-green-cola-pepsi-true-2014-10?r=US&IR=T>.

Padmore, N 2016, 'Specsavers trademark application highlights the power of using language as a logo', *Campaign*, 19 August, <http://www.campaignlive.co.uk/ article/specsavers-trademark-application-highlights-power-using-language-logo/ 1406192>.

Paech, S, Riebe, E & Sharp, B 2003, 'What do people do in advertisement breaks?' Australia and New Zealand Marketing Academy (ANZMAC) conference, 1 December, University of South Australia, Adelaide.

Pieters, R & Wedel, M 2004, 'Attention capture and transfer in advertising: Brand, pictorial, and text-size effects', *Journal of Marketing*, vol. 68, pp. 36–50.

Piñero, MA, Lockshin, L, Kennedy, R & Corsi, A 2010, 'Distinctive elements in packaging (FMCG): An exploratory study', Australia and New Zealand Marketing Academy (ANZMAC) conference, 29 November, University of Canterbury, Christchurch, New Zealand.

Rojas-Mèndez, JI, Davies, G & Madran, C 2009, 'Universal differences in advertising avoidance behavior: A cross-cultural study', *Journal of Business Research*, vol. 62, pp. 947–54.

Romaniuk, J 2003, 'Brand attributes—"distribution outlets" in the mind', *Journal of Marketing Communications*, vol. 9, pp. 73–92.

Romaniuk, J 2009, 'The efficacy of brand-execution tactics in TV advertising, brand placements and Internet advertising', *Journal of Advertising Research*, vol. 49, pp. 143–50.

Romaniuk, J 2013, 'Sharing the spotlight: Is there room for two brands in one advertisement?', *Journal of Advertising Research*, vol. 53, pp. 247–50.

Romaniuk, J 2016a, 'Building mental availability', in Romaniuk, J & Sharp, B (eds),

How Brands Grow: Part 2, pp. 62–86, Oxford University Press, Melbourne.

Romaniuk, J 2016b, 'Leveraging distinctive assets', in Romaniuk, J & Sharp, B (eds),

How Brands Grow: Part 2, pp. 87–108, Oxford University Press, Melbourne.

Romaniuk, J 2016c, 'Achieving reach', in Romaniuk, J & Sharp, B (eds), *How Brands Grow: Part 2*, pp. 110–24, Oxford University Press, Melbourne.

Romaniuk, J, Beal, V & Uncles, M 2013, 'Achieving reach in a multi-media environment: How a marketer's first step provides the direction for the second', *Journal of Advertising Research*, vol. 53, pp. 221–30.

Romaniuk, J, Bogomolova, S & Dall'Olmo Riley, F 2012, 'Brand image and brand usage: Is a forty-year-old empirical generalization still useful?',

Journal of Advertising Research, vol. 52, pp. 243–51.

Romaniuk, J & Nenycz-Thiel, M 2014, 'Measuring the strength of color brand-name links: The comparative efficacy of measurement approaches', *Journal of Advertising Research*, vol. 54, pp. 313–19.

Romaniuk, J & Nenycz-Thiel, M 2017, 'The impact of early branding on YouTube preroll advertising audience retention', Working paper, Ehrenberg-Bass Institute for Marketing Science, Adelaide.

Romaniuk, J, Nguyen, C & Simmonds, L 2017, 'The effectiveness of celebrities as a branding device', Working paper, Ehrenberg-Bass Institute for Marketing Science, Adelaide.

Romaniuk, J & Sharp, B 2003a, 'Brand salience and customer defection in subscription markets', *Journal of Marketing Management*, vol. 19, pp. 25–44.

Romaniuk, J & Sharp, B 2003b, 'Measuring brand perceptions: Testing quantity and quality', *Journal of Targeting, Measurement and Analysis for Marketing*, vol. 11, pp. 218–29.

Romaniuk, J & Sharp, B 2004, 'Conceptualizing and measuring brand salience',

Marketing Theory, vol. 4, pp. 327–42.

Rosch, E & Mervis, CB 1975, 'Family resemblances: Studies in the internal structure of categories', *Cognitive Psychology*, vol. 7, pp. 573–605.

Ryan, T 2015, 'The story of the Coca-Cola bottle', *Coca-Cola Journey*, 26 February,

<http://www.coca-colacompany.com/stories/the-story-of-the-coca-cola-bottle>.

Sacktor, TC 2014, 'Long-term memory is immutable', *2014: What Scientific Idea is Ready for Retirement?*, Edge, <https://www.edge.org/response-detail/25537>.

Sharp, B 2010a, *How Brands Grow*, Oxford University Press, Melbourne.

Sharp, B 2010b, 'How brands grow', in Sharp, B (ed.), *How Brands Grow*, pp. 16–27, Oxford University Press, Melbourne.

Sharp, B, Riebe, E & Nelson-Field, K 2013, 'Media decisions: Reaching buyers with advertising', in Sharp, B. (ed.) *Marketing: Theory, Evidence, Practice*, pp. 378–437, Oxford University Press, Melbourne.

Sharp, B & Romaniuk, J 2010, 'Differentiation versus distinctiveness', in Sharp, B (ed.),

How Brands Grow, pp. 112–33, Oxford University Press, Melbourne.

Sharp, B, Wright, M & Goodhardt, G 2002, 'Purchase loyalty is polarised into either repertoire or subscription patterns', *Australasian Marketing Journal*, vol. 10, pp. 7–20.

Slattery, L 2017, 'Bulmers calls time on long-running advertising theme', *The Irish Times*, 16 March, <http://www.irishtimes.com/business/media-and-marketing/ bulmers-calls-time-on-long-running-advertising-theme-1.3011964>.

Smit, EG, Boerman, SC & Van Meurs, L 2015, 'The power of direct context as revealed by eye tracking: A model tracks relative attention to competing editorial and promotional content', *Journal of Advertising Research*, vol. 55, pp. 216–27.

Soniak, M 2012, 'Which came first: Orange the colour or orange the fruit?', *Mental Floss*, 8 February, <http://mentalfloss.com/article/29942/which-came- first-orange-color-or-orange-fruit>.

Sorensen, H, Bogomolova, S, Anderson, K, Trinh, G, Sharp, A, Kennedy, R, Page, B & Wright, M 2017, 'Fundamental patterns of in-store shopper behavior', *Journal of Retailing and Consumer Services*, vol. 37, pp. 182–94.

Steinbuch, Y 2015, 'Jared Fogle pleads guilty, blames diet for his sex crimes', *New York Post*, 19 November, <http://nypost.com/2015/11/19/ subways-jared-pleads-guilty-to-kiddie-porn-and-sex-crime-charges>.

Stewart, DW & Furse, DH 1986, *Ejfective Television Advertising: A Study of 1000 Commercials*, Lexington Books, Lexington, MA.

Stewart, DW & Koslow, S 1989, 'Executional factors and advertising effectiveness: A replication', *Journal of Advertising*, vol. 18, pp. 21–32.

Svenson, O 1981, 'Are we all less risky and more skillful than our fellow drivers?' *Acta Psychologica*, vol. 47, pp. 143–8.

Taube, A 2017, 'The 21 best Absolut Vodka print ads of all time', *Business*

Insider Australia, 29 December, <https://www.businessinsider.com.au/the-21-best- absolut-ads-2013-12?r=US&IR=T#21-absolut-24th-1>.

Taylor, CR 2015, 'The imminent return of the advertising jingle', *International Journal of Advertising*, vol. 34, pp. 717–19.

Telegraph 2012, 'Students get cute at the world's only mascot school in Japan', *The Telegraph* (UK), 21 November, <http://www.telegraph.co.uk/news/newstopics/ howaboutthat/9693740/Students-get-cute-at-the-worlds-only-mascot-school-in- Japan.html>.

Tilley, J 2017, 'Orangina strips off for the summer', *AsianTrader*, 6 April, <https://www. asiantrader.biz/orangina-strips-off-for-the-summer/>.

Tulving, E 1972, 'Episodic and semantic memory', in *Organization of Memory*, pp. 381–402, Oxford University Press, New York.

Tulving, E & Craik, FIM 2000, *The Oxford Handbook of Memory*, Oxford University Press, Oxford.

Vaughan, K, Beal, V & Romaniuk, J 2016, 'Can brand users really remember advertising more than nonusers? Testing an empirical generalization across six advertising awareness measures', *Journal of Advertising Research*, vol. 56, pp. 311–20.

Walker, D & Von Gonten, MF 1989, 'Explaining related recall outcomes: New answers from a better model', *Journal of Advertising Research*, vol. 29, pp. 11–21.

Ward, E. 2017, 'Is sharing really caring? A descriptive investigation of brand sharing for distinctive asset types', Master's thesis, University of South Australia, Adelaide.

Wedel, M & Pieters, R 2006, 'Eye tracking for visual marketing', *Foundations and Trends® in Marketing*, vol. 1, pp. 231–320.

Winchester, M & Romaniuk, J 2008, 'Negative brand beliefs and brand usage', *International Journal of Market Research*, vol. 50, pp. 355–75.

Winchester, M, Romaniuk, J & Bogomolova, S 2008, 'Positive and negative brand beliefs and brand defection/uptake', *European Journal of Marketing*, vol. 42, pp. 553–70.

Winocur, G, Moscovitch, M & Bontempi, B 2010. 'Memory formation and long-term retention in humans and animals: Convergence towards a transformation account of hippocampal–neocortical interactions', *Neuropsychologia*, vol. 48, pp. 2339–56.

Zajonc, RB 1968, 'Attitudinal effects of mere exposure', *Journal of Personality and Social Psychology*, vol. 9, no. 2, part 2, pp. 1–26.

Zmunda, N 2009, 'Tropicana line's sales plunge 20% post-rebranding', *AdAge*, 2 April <http://adage.com/article/news/tropicana-line-s-sales-plunge-20-post- rebranding/135735/>.

著＝ **ジェニー・ロマニウク**
Jenni Romaniuk

南オーストラリア大学アレンバーグ・バス研究所のリサーチプロフェッサー兼アソシエイトディレクター。専門分野は、ブランドエクイティ、メンタルアベイラビリティ、ブランドヘルス指数、広告効果、独自のブランド資産、口コミ、ブランドのロイヤルティーと成長の関係。独自のブランド資産の強みと戦略上の可能性を評価するために世界中の企業で使われているディスティンクティブ・アセット・ギルドを開発。メンタルアベイラビリティの測定と評価基準のパイオニアでもある。ジャーナル・オブ・アドバタイジング・リサーチ誌のエグゼクティブエディターを、他の専門誌4誌では編集委員を務めている。
〈www.JenniRomaniuk.com〉

訳＝ **前平謙二**　まえひら・けんじ

1994年広告代理店を経てP&Gへ。多くのブランディング広告の製作に携わり、数々のブランド誕生のドラマに立ち会い、その成長をサポートする。2010年翻訳家として独立。主な訳書に『ブランディングの科学』シリーズ（朝日新聞出版）、『P&Gウェイ』（東洋経済新報社）他。

監訳＝ **加藤 巧**　かとう・たくみ

1992年P&G入社。ブランドマーケティング、市場消費者調査を担当。2011年より江崎グリコ株式会社CR部（コンシューマーリサーチ）部長に就任。2017年より中国にて上海江崎格力高食品有限公司の総経理（社長）に就任。2018年4月から江崎グリコ株式会社執行役員を兼務。

ブランディングの科学
独自のブランド資産構築篇

2022年7月30日　第1刷発行

著　者　ジェニー・ロマニウク
訳　者　前平謙二
監訳者　加藤 巧
発行者　三宮博信

装　丁　天池 聖（drnco.）

発行所　朝日新聞出版
〒104-8011　東京都中央区築地5-3-2
電話　03-5541-8832（編集）
03-5540-7793（販売）
印刷所　大日本印刷株式会社

Published in Japan by Asahi Shimbun Publications Inc.
ISBN 978-4-02-251831-6